VAWW-NET Japan（バウネット・ジャパン）編

日本軍性奴隷制を裁く
2000年女性国際戦犯法廷の記録
vol.2

加害の精神構造と戦後責任

責任編集／池田恵理子・大越愛子

緑風出版

刊行によせて

二〇世紀は戦争と暴力に満ちた世紀であった。しかし、最後の九〇年代に、戦時性暴力被害女性たちが沈黙を破って女性の人権と正義の回復を求め、二一世紀への希望を指し示した。中でも、アジアの日本軍性奴隷制（「慰安婦」制度）の被害女性たちが名乗り出て、その勇気が、同じ時期に性暴力の被害に苦しんでいた旧ユーゴなどの女性たちを励まし、歴史の新しいページを開いた。

日本軍性奴隷制被害女性たちは韓国を初め、フィリピン、台湾、中国、北朝鮮、インドネシア、マレーシアなどで相次いで声をあげ、加害国日本の政府に対して、真相究明、公式謝罪と国家賠償、そして加害者の処罰などを要求してきた。それに応えて日本でも女性を中心に全国各地に「慰安婦」支援運動が始まった。国連など国際社会も被害女性の要求を支持した。

しかし、日本政府は、当初否定していた日本軍の関与を、一九九三年にやっと認めたものの、戦後賠償問題はすでに解決ずみだと法的責任を否定し続けている。このため、被害者たちは日本政府に国家賠償を求めて日本の裁判所に提訴した。「慰安婦」訴訟は被害各国から八件起こされているが、これまでに出た四つの判決のうち、一件は原告の言い分を部分的に認めたものの、他の三件は原告の訴えを全面的に棄却し、日本国家の賠償責任を否定した。このように裁判による補償問題解決の難しさから、戦後補償立法運動も起こっているが、「自由主義史観」派などが勢力を強めるような政治的現実の中で、その実現の見通しは厳しい。

謝罪と賠償を求める被害者や国際世論の高まりを無視できなくなった日本政府は、九五年女性のためのアジア平和国民基金（国民基金）を設立して、政府からの補償の代わりに、民間から募金して被害者に支払うという仕組みを作った。しかし、これは国家が賠償金を支払わないための口実であると被害女性たちが強く反発し、戦後五〇年に「慰安婦」問題にけりをつけようとする日本政府の意図は阻まれた。

責任者処罰への潮流

もう一つの責任者処罰問題はほとんど手つかずだった。戦後の連合国による東京裁判で日本の戦犯二八人が裁かれ処罰されたが、日本独自には戦犯をだれ一人裁判にかけたことはなく、それどころか、A級戦犯を首相にし、戦犯を含む戦没者を靖国神社に英霊として祀り、戦犯を含めた旧軍人や遺族たちに巨額の恩給を支払ってきた。また、米国が冷戦下の占領政策から天皇を戦犯として裁かなかったために、その命令で動いた部下だった旧日本軍将兵たちも裁きを受けずにすむと考えることができた。とくに、「慰安所制度」が女性への暴力であり、犯罪であるなどとは考えもしなかった。一方日本とは対照的に、ドイツはナチ戦犯を一〇万人も捜査して六〇〇〇人を有罪にし、フランスやイギリスの裁判所も今なお裁判にかけ続けているのだ。

しかし、戦争中は「慰安婦」にされて心身を痛めつけられ、戦後はやっと生還した故国で貧困と孤独の歳月を過ごさなければならなかった被害女性たちが、勇気をもって名乗り出たのに日本政府から謝罪も補償も受けられず苦しんでいる。その一方で、加害者たちは裁きを受けることもなく平穏に生きている。このような理不尽な現実に年老いて死を意識した被害女性たちは、尊厳と正義の回復を求めて、責任者処罰を強く訴えるようになった。

国際的な潮流も、九〇年代になって、戦争犯罪や重大人権侵害についての不処罰を克服して、加害者の刑事責任を追及するようになっている。国連は旧ユーゴやルワンダ国際刑事法廷を開き、九八年には国際刑事裁判所設立のための規程が採択された。とくに、重要なことは、戦時性暴力は被害者が沈黙を強いられることから、東京裁判でもほとんど裁かれず、これまでは不処罰だったのに、旧ユーゴとルワンダ国際法廷では、集団強かんなどの責任者が有罪判決を受けるようになったことである。これは被害女性たちが沈黙を破り、支援女性たちが国際的な連帯で正義を求める運動をした成果といえる。

さらに、国連人権委員会差別防止・少数者保護小委員会のゲイ・マクドゥーガル特別報告者が九八年に提出した「武力紛争下の組織的強かん、性奴隷制および奴隷制類似慣行」報告書は、「戦時性暴力の不処罰の循環を断つ」ことを目的にし、日本軍性奴隷制について、被害者への補償だけでなく加害者の処罰が必要だと明記した。それは、九六年に国連人権委員会にラディカ・クマラスワミ特別報告者が提出した報告書よりもさらに明確に処罰を勧告したものだった。

しかし、責任者処罰は時効を盾にとる日本の裁判所に期待することはできないし、国際刑事裁判所が設立されても過去の戦争犯罪については管轄権がない。それでもなお、処罰を求める被害者たちの声に応えるにはどうしたらよいのか。一つの方法として、ベトナム戦争中に米国の戦争犯罪を裁くためにバートランド・ラッセルやジャン‐ポール・サルトルらが開いたラッセル法廷を参考に、日本軍性奴隷制を裁く「女性国際戦犯法廷」を二〇世紀最後の月である二〇〇〇年一二月に加害国の首都東京で開くことになったのである。

「女性国際戦犯法廷」の開催へ向けて

この女性たちによる民間法廷は九八年春、ソウルでのアジア女性連帯会議で「戦争と女性への暴力」日本ネットワーク（VAWW‐NET Japan《バウネット・ジャパン》）が提案した。VAWW‐NET Japan《バウネット・ジャパン》は九七年秋「慰安婦」問題だけでなく、現代の武力紛争下の性暴力の問題にも取り組む世界各国の女性たち四〇人が二〇カ国から参加して東京で開かれた「戦争と女性への暴力」国際会議の結果、九八年に結成されたもので、「慰安婦」問題、米軍基地の女性への暴力、現代の武力紛争下の女性への暴力の三つの分野で活動している。

「女性国際戦犯法廷」の目的は、「慰安婦」問題が日本の戦争責任の問題であるとともに、戦時性暴力は国際的に普遍的な女性の人権問題であることから、一つは日本軍性奴隷制が女性に対する犯罪であることを明らかにし加害者の責任を問うことによって、被害者の正義と尊厳の回復に資すること、もう一つは戦時性暴力不処罰に終止符を打ち、その再発を防ぐという二一世紀に向けた課題に挑戦することである。

「女性国際戦犯法廷」を開廷するために、加害国日本のＶＡＷＷ－ＮＥＴ　Ｊａｐａｎ《バウネット・ジャパン》、被害国六カ国（韓国、北朝鮮、中国、台湾、フィリピン、インドネシア）の支援団体、さらに、世界各地の武力紛争の問題に関わっている女性の人権活動家たちによる国際諮問委員会の三者からなる国際実行委員会が結成され、国境を越えて準備活動を進めている。

「女性国際戦犯法廷」憲章が各国の法律家たちの協力を得て作成され、この「法廷」は日本軍の性暴力について個人の刑事責任と国家の責任（天皇の責任を含む）、戦争中の犯罪行為だけでなく戦後の責任（日本以外の国家も含む）を対象にし、判決は法的強制力はないがジェンダー正義などに基づく道徳的権威を持つとしている。検察官は首席検事と各国検事をおき、裁判官は世界的に尊敬されている人々が務め、「法廷」の信頼性を高めることをめざしている。

「法廷」には、真相調査と記録という重要な役割があり、各国で、「法廷」に提出するための被害者証言や資料発掘などの調査研究活動、ビデオ記録、出版活動などが進められている。日本でもＶＡＷＷ－ＮＥＴ　Ｊａｐａｎ《バウネット・ジャパン》調査チームが各国の女性たちとも協力して「慰安婦」の被害、加害について広く調査し、また、旧軍人聞き取り調査なども全国的に行なっている。

その結果、ここに『日本軍性奴隷制を裁く―二〇〇〇年女性国際戦犯法廷の記録』全五巻を刊行することになったのは、記録を歴史に残すという「法廷」の重要な目的の一つを果たすためである。侵略戦争と植民地支配の加害責任に焦点を当て、ジェンダーの視点に立ち、被害女性の立場を尊重し、国際的な視野を持って、この記録をまとめることにした。

日本軍性奴隷制という二〇世紀最悪ともいえる戦時性暴力犯罪を歴史の闇に埋もれさせてはならない、たとえ被害女性たちが地上から去ったあともその記憶を後世に伝えなければならない、そして、女性の人権の視点で歴史は書き変えられなければならない、そのような女性たちの思いをこめて、このシリーズは刊行される。

執筆者をはじめこの記録の刊行に協力していただいた多くの方々に、VAWW-NET Japan《バウネット・ジャパン》として感謝の意を表したい。「法廷」後の第5巻が刊行されるまで、読者の皆さまの支持を心よりお願いしたい。

二〇〇〇年六月

VAWW-NET Japan《バウネット・ジャパン》

「戦争と女性への暴力」日本ネットワーク代表

松井やより

はじめに

大越愛子

第1巻の編者の一人である高橋哲哉さんは、『戦後責任論』（講談社、一九九九）において「応答可能性としての戦後責任」という論点を提起した。この画期的な論点を通して、戦争責任の問題は思想的問題としての地平を拓いたといえるだろう。

戦争責任は、実際に生じた戦争に関する諸問題や加害行為、犯罪行為に対する責任であるゆえに、法的責任としての側面を必要不可欠としている。戦後責任は、戦争責任を前提とし、戦争中の加害行為が法的に裁かれることを要求していく政治的な責任といえるが、それとともに法的追及だけでは明らかにされえない問題、つまり現実の加害行為を生み出した社会的・文化的・歴史的背景を明らかにする責任も含まれる。

「戦後」という言葉は、大日本帝国の遂行した侵略戦争という巨大な暴力的出来事が終結した後という時間的意味のみならず、理不尽な暴力によって踏みにじられ、犯され、遺棄された被害者たち、犠牲者たちの叫びや呻き、つぶやきを聞き取ってしまったことで、あるいは沈黙の呼びかけを知ってしまったことで、それ以前とは全く異質な世界関係の中に入り込んでしまった状況をも示している。呼びかけを聞き取ってしまったとき、その呼びかけに対し何らかの応答関係に入るか、あるいは応答関係を拒否するしかない。後者においても、応答関係を拒否する関係に入ったと捉えるならば、いずれにせよ応答可能性のただ中にいる状況が始まったことは否定できない。

「応答可能性としての戦後責任」を担うためには、様々な模索が試みられなければならない。生じた暴力的出来事の真相を明らかにし、戦争犯罪の責任者を処罰するための法廷が開かれ、刑事上の判決が出されること、被害者や犠牲者に対して加害者側からの賠償が行なわれることなどの実践的課題がある。二〇〇〇年一二月の「日本軍性奴隷制を裁く女性国際戦犯法廷」は、この課題を促進していくための国際的な試みである。こうした具体的実践とともに重要なのは、そうした暴力的出来事、戦争犯罪を生み出した軍事体制、植民地主義体制、他民族抑圧的国家体制、性暴力容認体制の歴史的責任を明らかにし、これらの体制の下で正当化されてきた加害の精神構造をえぐり出すという思想的課題である。

戦争を加害の精神構造から問い直すという試みは、戦争とは決して日常を超えた突発的な出来事ではなく、平時の社会的・文化的体制に内包されている暴力と地続きであるという発想から生じている。このような発想は、有史以来の数多の暴力の中で「女性」であるために性的暴力の標的にされ、差別的・権力的なヒエラルキーの中で沈黙を強要されていた「女性」というジェンダーと結びついている。
ジェンダー視点は、それに安住することのないとき、ジェンダー視点の加害性をも追及する切開力をもつ。ジェンダーもまた戦争体制に利用されつくすことで、加害の精神構造の形成に加担してきた。ジェンダーは民族・階級・人種・セクシュアリティなどの問題と交叉することで、その限界と直面しつつ、錯綜した差別構造の解明に貢献することができよう。その問題意識は、本著に生かされているはずである。

第I部「軍隊と加害の精神構造」において、まず戦争体制を直接的に支える軍隊がどのような精神構造において成立しており、それが末端の兵士にどのように内面化されていたかが、資料と調査に基づいて論じられている。藤原彰論文は、「世界に類をみないほどの不合理と暴力の組織」である「天皇の軍隊」の特色を、内には厳しい刑罰と身分差別によって兵士の人権や生命が全く軽視されていたことからくる抑圧委譲の意識、外には「脱亜入欧」に表されるアジア諸国民への差別意識と捉えている。「天皇の軍隊」が戦闘第一主義を盾に、むしろ弱い立場にある捕虜や民間人などの非戦闘員を標的にしてはばからなかったのはそのためである。特に戦場で無防備な状態にある女性たちに対する集団的な性暴力の行使は、人権感覚の全く欠落した軍隊の精神構造をあますことなくさらけ出した。

彦坂諦論文は、暴力的な軍隊教育を受けることで人間性を喪失し、モノと化した兵士たちが、戦場で土地の女性を強姦し、また「慰安婦」のもとに殺到したのは、「女」を所有することで自らの力を再確認する「男性神話」を内面化していたためと指摘している。兵士はより強い男となるために強姦するのであり、それが軍事行動の一部と容認されていたところに「大日本帝国軍隊」の残虐さの根があったと主張している。

「男性神話」に関して、米軍も同罪と指摘しているのが、田中利幸論文である。米軍は第二次世界大戦中、日本軍「慰安婦」制度について詳細な情報を収集していたが、「慰安婦」問題を重大な戦争犯罪と見なさず、当事者への尋問や調査を十分に行なわなかった。米軍の対応の理由として、被害者であるアジア女性への差別意識とともに、「生命をかけて闘っている兵士には女性の慰安を享受する道徳的権利がある」という近代以降普遍化した軍イデオロギーがあげられている。このような女性蔑視的思想の下に米軍や他の連合国軍にも管理売春が提供され、また戦後日本側から用意された「特殊慰安施設協会ＲＡＡ」も躊躇なく受け入れられたのである。

加害兵士の精神構造の歪みをアンケートと聞き取りを通して検証しているのが、井上摩耶子論文である。性暴力被害者のカウンセリングを数多く担当していた井上は、加害兵士への聞き取りやアンケート調査結果を分析して、兵士たちの心的外傷体験が戦後ずっと抑圧されてきたことの問題性を提起している。彼らは戦争を語ることがタブー視される風潮の中で、その加害心理を解きほぐす契機を失い、屈折した精神状況を生きてきたことが明らかにされている。

池田恵理子論文は、元兵士たちが加害責任を語ることの困難がどこにあるのかを見つめる中で、兵士たちの性暴力行為に対しては容認か、もしくは沈黙を守る日本の知識人たちの言説を問題化することの必要性を明らかにした。また意識調査を通して、「慰安所」の利用が当たり前とされた精神構造は、現在の買春男性にも共有されていることを指摘し、「慰安婦」制度を生み出した性意識が現在なお生き続けている問題をえぐり出している。

第Ⅱ部「天皇制と戦争責任」では、上記の軍隊暴力を正当化するイデオロギー的基盤となった天皇制の戦争責任が、様々な角度から論じられている。鈴木裕子論文は、日本軍性奴隷制が天皇制国家、天皇制軍隊による性暴力、性犯罪であることを明確に指摘している。鈴木は天皇制「国体」イデオロギー宣布の書でもある『国体の本義』に記されたエスノセントリズムが兵士たちの強姦・虐殺・略奪の暴力的行為を扇動する根拠となったことに注目し、このような「国体」思想は、敗戦時の天皇の「免責工作」によって現在に至るまで生き延びており、それが現在の「歴史修正主義」の源泉となっている点で、戦争責任は今日の天皇制にも引き継がれていると論じている。

源淳子論文は、日本仏教が近代天皇制国家に一体化する中で、戦争協力に邁進したことの加害責任を問題化している。源は出征体験をもつ僧侶の聞き取りを通して、仏教が「和の精神」や「報恩の真情」などを教化することで、天皇制への絶対服従、聖戦賛美に思想的に貢献した実情を明らかにした。このような仏教の戦争協力に対する加害責任意識は市川白弦において希有な例が見い出されるだけで、大半の教団は曖昧な総括にとどまっているという。「歴史の問い返し」「天皇制的エートスの内面化」を問題化していく論点の必要性が強調されるゆえんである。

山田朗論文は、敗戦後いち早く昭和天皇の「戦争責任」回避がアメリカの占領政策に組み込まれ、それを根拠づけるための天皇の「戦争責任否定論」が捏造された過程を振り返る。天皇の「戦争責任否定論」は⑴天皇の法的機能からの否定論、⑵天皇の「実態」からの否定論の二方面から論じられたとし、それらはいずれも当時の天皇の絶対的権力、情報収集や国家意思形成への積極的参与を軽視する議論であると指摘し、天皇の戦争責任を明確にすることの現代的必要性を提起している。

第Ⅲ部「民族・ジェンダーの視点から問う戦後責任」では、従来の論争で著しく欠落していた、民族、ジェンダーの視点からの戦後責任論が論じられている。徐京植論文では、「在日朝鮮人」の立場において、「日本人としての責任」問題をめぐる「戦後日本人」の姿勢が四つの論点から批判的に論及されている。まず右翼国家主義者の歴史修正主義の反動性が論じられる。次に右派への牽制勢力であったはずの中間勢力が、加藤典洋的な「国民主体」形成を欲望する実感主義と西川長夫的な「国民国家批判論」を装った非国民主義的無責任論へと拡散していく中で、戦後責任からの逃亡を企てている現状が厳しく批判される。「日本人としての責任」を担いつつ、同時に「日本人」という観念の自明性を解体しようとする高橋哲哉の立場は最も評価されるべきであるのに、彼への批判や反発がむしろ強まっている状況に、「考え抜かれた意図的怠慢」が見られると強く警告している。

山下明子論文では、「慰安婦」問題の視点から戦後フェミニズムの流れと戦後責任への姿勢が検証されている。被害者としての意識が強かった戦後女性運動は、七〇年代のウーマン・リブ運動を通して「生と性の意識の変化」、「アジアへの性侵略」の問題化に至ったが、結局国家観の甘さ、身体観の曖昧さを突破できなかったこと、それは八〇年代の女性学フェミニズムにも受け継がれ、皮肉にもフェミニズムのメジャー化をもたらしたことなどが跡づけられる。九〇年代の「慰安婦」問題は、日本のフェミニズムにナショナリズムとの対決を迫っており、各フェミニストの戦後責任が今こそ問われていると指摘している。

大越愛子論文は、二〇世紀後半に男性中心的な戦争論の中へ「女性」というジェンダー観点からの「戦争論」が介入したことの意義を論じる。それは被害者、犠牲者の立場から「戦争」を論じるゆえに、戦争体制を裁く思想的地平を拓くものであり、そこにフェミニズムはどのように関わりうるかが現在問われている。この「裁きの思想」は一八世紀以来自明視されてきた世界的な「国民国家」体制、「帝国主義」体制にも向けられており、ここから様々な「戦後責任」が追及されるであろう二一世紀への展望が紡ぎ出される。

数々の破滅的な戦争被害を生み出してきた社会的・文化的・歴史的背景を問題化していく試みは、ようやく始まったばかりである。戦争という人間的営為の非人間性、破壊性、暴力性を知ってしまったという意味において「戦争後」を生きる私たちの戦後責任は重い。大日本帝国の加害責任、それを担った兵士や一般の「日本人」の加害の精神構造をえぐり出すこの試みが、世界のすべての戦争の加害的状況や加害の精神構造を暴き出し、告発していく国際的アクションに繋がっていくことが期待されている。

最後になったが、国際的にも注目されている、二〇〇〇年「女性国際戦犯法廷」の記録全六巻の刊行を実現してくださった、緑風出版の高須次郎さんに心から感謝したい。「戦後責任」を私たちと共に担って下さる姿勢に、勇気づけられる思いがする。困難な仕事に忍耐強く取りくんでくださる吉田朋子さんにもありがとうと言いたい。装幀を担当してくださった高橋優子さんにも重ねてお礼の言葉を述べたいと思う。

二〇〇〇年六月

日本軍性奴隷制を裁く――二〇〇〇年女性国際戦犯法廷の記録　第2巻

加害の精神構造と戦後責任

目　次

加害の精神構造と戦後責任●目次

カバー絵・姜徳景作「奪われた純潔」
(提供＝韓国挺身隊問題対策協議会、協力＝ハルモニの絵画展実行委員会)

第Ⅰ部

軍隊と加害の精神構造

1938年正月、南京に開設された慰安所の風景（上海派遣軍司令部編纂『日支事變 上海派遣軍司令部記念寫眞帖』昭和13年2月刊より、洞富雄氏が発見したもの）

第1章　天皇の軍隊の特色
——虐殺と性暴力の原因

藤原　彰

一、天皇の軍隊の成立

日本の軍隊が、世界に類をみないほどの不合理と暴力の組織となり、南京大虐殺に象徴されるような虐殺と性暴力を犯したのには、どんな原因があったのだろうか。本来日本人というのは温和な農耕民族で、残虐さがその本性ではないという民俗学者の意見があるぐらいなのに、どうしてアジア太平洋戦争で、非人道的な戦争犯罪を大規模に犯すことになったのだろうか。それを天皇の軍隊としての成立と、その発展の過程の中で探ってみることにしよう。

近世までの武士団に代って、日本の軍隊が西欧式の近代軍隊として発足するのは、明治維新直後からである。そのさいの特色として、天皇親率の軍隊であるという建前を強調し、徴兵制を採用して各層の人民から兵士を徴集した。このさい手本としたのはフランスの徴兵制度であった。

ところでフランスの徴兵制は、フランス革命によって生まれたものである。それまでの絶対王政の傭兵軍に代る革命政権の徴兵軍は、革命によって解放された農民層から徴集された兵士を基盤にしていた。すなわち、それまでの農奴身分から解放されて、独立自営の農民となった層が兵士の主体であった。彼らは革命によって成立したフランス国家を守ることは、解放された自分たちの身分と土地を守ることになるのを知っていた。それだから、自発的な戦闘意志と愛国心をもっていたのである。フランス革命に干渉して攻め込んでいたオーストリアやプロイセンなど周辺諸国の国王の軍隊である傭兵軍と、その点で決定的な差違があった。ナポレオンの初期の軍隊の連戦連勝の原因は、この兵士の自発性と愛国心にあったのである。

フランス革命と明治維新の違いは、農民解放を実現し、独立自営の農民層を生み出したかどうかにある。明治維新では、地租改正が示すように、封建的年貢は高率の地租に代ったが、農民の地位はいぜん極めて低かった。また地主小作制度を残したために、貧困な多数の小作農民を再生産することになった。さらに当初の徴兵制は、広汎な免役・代人の規定があり、官公吏、資産家、地主などは徴兵を免れた。結局徴集された兵士は、貧困な小作農民層に集中していた。彼らに独立自営農民を基盤にしたフランス国民軍にみるような自発的戦闘意志を期待することは不可能であった。

絶対主義傭兵軍の時代の戦術は横隊戦術であって、兵士はぎっしり隊伍を組み、軍楽隊による鼓舞で勇気を振い立たせて、整列して敵に向って前進したのである。ところが一八世紀から一九世紀に代る時期、産業革命の進展によって武器が進歩し、大砲や小銃の威力が増大した。密集した横隊は徒らに損害を招くので、兵士は損害を避けるために散開しなければならなかった。バラバラに散開してもなお敵に向って進むためには、兵士個人の自発的戦闘意志が必要である。フランス国民軍はまさにこの時代の要請に適合したのである。

自発性を持たない兵士を、近代的な散開戦術の中で戦闘に駆り立てるためには、命令にたいする絶対服従を強制する以外にはなかった。世界各国の軍隊に比べても、とくにきびしい規律と教育によって、絶対服従が習性になるまで訓練し、強制的に前線に向かわせようとしたのである。そのためには、平時から兵営内で、厳しい規律と苛酷な懲罰によって兵士に絶対服従を強制した。それは兵士に自分の頭で考える余裕を与えず、命令に機械的に服従する習慣をつけさせるまで行なわれた。兵営内の内務班生活での非合理な習慣や私的制裁もそのためであった。「真空地帯」と呼ばれるような軍隊内での兵士の地位も、こうした絶対服従の強制のあらわれであった。このような兵士の人格の完全な無視が、日本軍隊の特色の一つである。すなわち厳しい規律と苛酷な懲罰によって、どんな命令にたいしても絶対に服従することを強制したのである。

二、近代日本社会の特徴と軍隊

こうした日本の軍隊を生み出した背景には、明治以後の日本社会の特徴がある。封建社会から近代への転換にさいして、ヨーロッパでもアメリカでも掲げられた理想は、人権と自由であった。フランス革命でもアメリカの独立でも、成立しつつある近代市民社会を基礎として、人権の確立と自由の獲得が目標とされたのである。ところが明治維新は、人権と自由を抜きにした近代化を目標としたものであった。そのスローガンは「富国強兵」であって、経済と軍事だけの近代化を目ざしたものであった。そこに抜け落ちていた人権と自由を獲得しようとしたのが自由民権運動だったが、その運動を弾圧することで成立したのが天皇制国家であった。一八八九年発布の大日本帝国憲法は、国民を「臣民」と呼び、見事に人権と自由を欠如させた欽定憲法だったのである。

一八七二年のマリア・ルーズ号事件（ペルー船が清国人奴隷を乗せて横浜に入港した事件）では、日本では国家が人身売買を公認していると指摘されて問題になった。政府は太政官布告で「芸妓娼妓」の解放令を出したが、遊廓を廃止する意志はなかった。遊女屋は貸座敷業者と名を変え、人身売買と公娼制度は、貧困な農村の存在と人権感覚の欠如を土台として、敗戦後まで存在しつづけたのである。

一般社会で人権が尊重されていなかったぐらいだから、強制と服従を柱とする軍隊内では、兵士の人権はまったく無視されていた。一八七一年に軍紀維持のために制定された海陸軍刑律は、のちの陸海軍刑法の母胎となったものだが、刑罰の厳しさと、身分差別の大きさを特徴としている。刑罰を将校にたいするもの、下士にたいするもの、卒夫にたいするものに分け、将校には自裁、奪官、回籍、退職、降官、閉門の六種、下士には死刑、徒刑、放逐、黜《ちゅつ》等、降等、禁錮の六種、卒夫には死刑、徒刑、放逐、杖刑、笞刑、禁錮の六種を課することにしていた。将校には自裁、閉門など武士道的刑を残す一方で、兵卒には杖刑や笞刑という奴隷制的な刑を課するものであった。この刑律は、一八八一年に陸、海軍各刑法に分離され、一九〇八年に全面的に改正し整備された。抗命や対上官犯罪などに極めて厳しいのが特徴で、軍刑法犯罪を裁く特別の裁判所として、陸海軍それぞれに軍法会議が設けられていた。

また刑法によらない軽易な非違にたいするものとして、一九一一年制定の陸、海軍懲罰令があり、陸軍では中隊長以上、海軍では分隊長以上の指揮官が、部下にたいする懲罰権を持っていた。これは裁判に依らないで、指揮官の判断で懲罰を課することができるもので、陸軍では三〇日以内の重・軽営倉、海軍では三〇日以内の拘禁などの種類があった。

こうした刑や罰のほかに、日常的に兵士を苦しめたのが、陸海軍ともに不法に行なわれていた私的制裁であった。軍隊経験者はいずれも、陰湿な私的制裁が初年兵にとっていかに苦痛だったかを語っている。つまり人権と自由を欠いた社会を反映して、軍隊内部はいっそう兵士の人権を無視した牢獄と化していたということができる。

三、アジア諸国民への差別意識

天皇制の軍隊は、早い時期から近隣のアジア諸国への侵略のための軍隊としての性格を持っていた。維新直後からの征韓論に見られるように、国内の矛盾を対外侵略に転化させる必要があったからである。一八七七（明治一〇）年西南戦争によって最後の士族反乱を鎮圧し、国内統一を達成すると、早くも隣国朝鮮へ目が向かい、対外軍備の強化が図られることになる。

朝鮮侵略の第一歩である一八八二と八四年の二度の京城事変（壬午事変と甲申事変）は、清国軍の武力に圧倒されて失敗したが、それ以後は朝鮮植民地化のための清国との戦争準備に国の総力をあげた。国民に最大限の負担を強いて軍備を大拡張し、一〇年間かかって近代化された陸海軍を整備した。

日清戦争は、小型ながら均衡のとれた近代的軍隊となっていた日本軍と、前近代的な老大国清国軍との戦いであった。一八九四年九月の陸軍による平壌の占領と、同時に起った黄海の海戦で簡単に決着がついた。この結果、イギリス帝国主義は、アジアにおける民族運動抑圧のための番犬として、日本を利用する道を選んだのである。

イギリスの支持のもとに、早熟な帝国主義国としての道を歩みはじめた日本の次の敵はロシアであった。日清戦争勝利後の一〇年間は、対露戦準備のための期間となり、国民には「臥薪嘗胆」を説いて陸海軍を拡張した。

一九〇四～五年の日露戦争は、日本の背後にはイギリス、アメリカ、ロシアの背後にドイツ、フランスのある帝国主義戦争であり、その餌食となったのは朝鮮や中国であった。この戦争は、日清戦争のような楽勝ではなく、大きな犠牲を払い、ロシア国内の革命情勢にも助けられて、ようやく勝利を得た。その結果朝鮮を植民地として獲得し、さらに南満州の利権を奪って中国侵略への足がかりをつかんだのである。

日露戦争後の日本の歩みは、一貫して中国への侵略の拡大であった。一九一一年清朝が滅亡し、中国が軍閥の抗争時代に入ると、これに介入して権益の拡大を図った。一九一五年の二一カ条要求いらい、中国への植民地拡大の動きは一貫している。

こうして日本が帝国主義国となり、朝鮮や中国を植民地としていく過程で、朝鮮人や中国人にたいする差別意識、蔑視感が育てられていった。もともと日本は長い歴史の中で、中国や朝鮮から多くのものを学んできた。稲作や鉄器の輸入にはじまり、文字も学問も宗教も文化もすべてが大陸からの輸入であった。だから日本人は、朝鮮や中国にたいして尊敬と親愛の情を持っていたはずなのである。

ところが明治維新以後、一転して日本が近代化の道を歩み、朝鮮や中国が封建社会にとどまっていたために、立場が逆になった。実は日本が先進国となったのは、経済と軍事の面だけだったことは前に述べた通りである。ところが、武力が優越だけなのに、文化も歴史もすべての面で日本が秀れているという意識が、政府によって国民に計画的に植えつけられていった。武力侵略を進めるためには、優越感と差別意識が必要だったのである。

また明治維新いらい日本が欧米に学び、多くの面で西洋にたいする劣等感を持ってきた。その裏返しが、アジアにたいする優越感となった面も大きい。「脱亜入欧」という言葉はその表現である。このアジア蔑視が、日清・日露戦争の勝利と、その後の中国侵略の進展によってさらに加重されたのである。

差別感はまた恐怖感にもつながる。関東大震災にさいし、民衆がおこした朝鮮人、中国人にたいする虐殺事件はそのあらわれである。官憲が民衆の反感を反らすために、意識的にデマをふりまいた面もあるが、差別していることの裏返しが恐怖感となり、デマに躍らされたのである。いずれにせよ隣人を軽蔑したり憎悪したりする悲しむべき意識が、計画的に育てられていたことも不幸の原因である。

このように、日本社会の中で育成されてきた隣国などのアジア人にたいする差別意識は、軍隊の中ではいっそう拡大した。侵攻し、占領した軍隊は、占領下の民衆にたいして優越感と支配者意識を持っている。それがかねてからのアジア蔑視と重なって、いっそう拡大することになる。朝鮮や中国での日本軍の現地民衆にたいする態度には、占領軍の支配者意識とアジア人蔑視が重なっていたのである。

さらに前に述べたように日本軍隊自体が自国民と兵士の人権を無視する構造をもっていた。兵士の人権を認めないぐらいだから、占領下の敵国民の人権など認めるはずがない。また抑圧された兵士は、その抑圧の捌け口をより弱い者である捕虜や占領下の民衆に向けることになる。アジア人蔑視に抑圧委譲の原理が重なって、日本軍の中国民衆への暴行が多発したといえよう。

四、生命の軽視

人権感覚を欠いた日本の軍隊は、兵士の生命を軽視する点にも特徴があった。貧困な国民大衆から、一片の令状でいくらでも兵士が補充できるとして、その生命をきわめて軽く扱ったのである。

創設期の軍隊の基幹となったのは旧武士階級であり、彼らの精神的基盤として武士道があった。武士道の大きな特徴は、「葉隠」が言うように「武士道と云は死ぬ事と見付けたり」とする、死を恐れず、潔ぎよいものとすることにあった。一八八二年に天皇が下付し、日本軍隊の金科玉条とされた軍人勅諭にも、「死は鴻毛よりも軽しと覚悟せよ」と、生命を惜しむなと説いている。明治維新後急速に普及した義務教育においても、日本国民としての最大の栄誉は、兵士となって天皇のために死ぬことだと教えている。

兵士の生命を尊重せず、生命を守る配慮に極端に欠けていたのが日本軍隊の特徴であった。圧倒的勝利に終った日清戦争をみてみると、日本陸軍の戦死、戦傷死者はわずか一四一七名に過ぎないのに、病死者はその一〇倍以上の一万一八九四名に達している。また患者総数は延べ一七万一一六四人に達し、出動部隊の総人員一七万三九一七人に匹敵する数となっている。これは軍陣衛生にたいする配慮が不足し、兵士に苛酷劣悪な衛生状態を強いた結果である。

日清戦争では悪疫疾病に兵士を斃したが、日露戦争の場合は兵士を肉弾として戦い、膨大な犠牲を出した。火力装備の劣る日本軍は、白兵突撃に頼るばかりで、ロシア軍の砲弾の集中と、機関銃の斉射になぎ倒された。ペトンで固めた旅順要塞にたいし、銃剣だけに頼る決死隊の総攻撃をくりかえして死体の山を築いたのであった。

旅順だけでなく、遼陽や奉天の会戦でも、日本軍は肉弾突撃をくりかえし、莫大な犠牲を払ってようやく勝利を得ている。この戦争は、砲火の威力の増大、とりわけ機関銃の出現による損害の増加で、軍事史の上に画期を示し、各国軍の戦法にも変化をもたらしたのである。ところが日本軍は、その変化を受け容れなかった。損害を物ともせず、生命をかけて肉弾突撃をする攻撃精神こそが勝利の要因だと信じたのである。

日露戦争後の日本軍は、科学技術の進歩、兵器の発達による殺傷威力の増大にもかかわらず、白兵突撃万能主義を堅持し、精神力こそ勝利の最大要素だと主張しつづけた。その点では第一次世界大戦の教訓も学ばなかった。兵士の生命の軽視を土台にした白兵突撃と精神主義の強調が、アジア太平洋戦争における大きな犠牲につながるのである。

兵士の生命の軽視がもっとも極端に現れたのが、補給の無視であった。兵士の健康と生命を維持するために欠かせないのが、兵站線の確保であり、補給、輸送の維持である。ところが精神主義を強調する日本軍には、補給、輸送についての配慮が乏しかった。「武士は食わねど高楊子」とか、「糧を敵に借る」という言葉が常用されたが、それは補給、輸送を無視して作戦を強行することになるのである。

日中戦争における日本軍は、上海から南京への進軍に典型的にみられるように、補給を無視し、功を競って突進をつづけた。食糧はすべて現地物資に頼ったのである。それは徴発という名の掠奪であった。民衆から食糧、燃料を掠奪しながら南京攻略が進展したことが、南京大虐殺の原因の一つであることは明らかである。

物資豊富な中国での食糧の現地調達に慣れた日本軍は、太平洋の戦場でも補給無視の兵力派遣をくりかえした。ガダルカナルやニューギニアでの大量餓死の悲劇は、兵士の生命の軽視のもたらした究極の姿である。アジア太平洋戦争における日本軍の死没者二三〇万人の半数以上が、餓死か栄養失調を原因とする病死である事実を直視しなければならない。

自国軍の兵士にたいしてさえこのような処遇をしていた軍隊が、敵国軍の捕虜や占領下の人民をどう扱ったかは、言わずと明らかであろう。

五、服従の強制とその責任

兵士の自主性を認めず、その生命を軽視している日本の軍隊が、その存立の基礎として重要視したのは、軍紀を確立し、絶対服従を強制することであった。

かつての軍隊経験者が、異口同音に述べることは、内務班生活での苛酷な私的制裁と、理不尽な服従の強制についてである。日露戦争後の一九〇八年に改定された『軍隊内務書』は、その綱領第一に「軍紀ハ軍隊成立ノ大本ナリ、故ニ軍隊ハ必ス常ニ軍紀ノ振作ヲ要ス。将校ト下士官トヲ問ハス時ト所トヲ論セス上官ノ命令ニ服従シ法規ヲ格守シ熱誠以テ軍務ニ努力ス、之ヲ軍紀振作ノ実証トス。而テ服従ハ軍紀ヲ維持スルノ要道タリ。上官ト部下トノ間ニ於テ絶対ニ之ヲ励行シ慣習遂ニ其性ヲ成スニ至ラシムルヲ要ス」と示していた。すなわち、絶対服従が慣習となるまでに、兵営生活の中で習熟させるのだとしている。軍隊内務（兵営での日常生活のこと）とは、兵士の自我を徹底的に抑圧し、命令にたいする絶対服従が本能的習慣となるまでに習熟させる訓練場だったのである。

服従を強制するために、命令に権威を持たせることが必要であった。軍人勅諭の中の「下級のものは上官の命を承ること実は直に朕が命を承る義なりと心得よ」という言葉が金科玉条とされ、その遵守を求められたのである。命令に関しては、是非や合理性を問題にすることは許されず、無条件で服従することが要求され、「抗命」は重い軍刑法犯罪とされていた。

服従の強制とともに強調されたのは、天皇を頂点とする指揮命令系統、すなわち統帥系統を重視することである。上から下への師団、旅団、聯隊、大隊、中隊という直属の指揮系統は、もっとも尊重すべきものとされ、下級者にとって直属の上官は、神の如き絶対者とされた。初年兵が入営したとき、真っさきに憶えさせられるのは、師団長以下の直属上官の官姓名であったことに、この指揮系統の重視の考え方があらわれている。

軍部が政治に介入し、国策を左右するようになってからは、天皇の統帥権の確立ということが、軍の権威と権力を保障する武器となったことは周知の通りである。統帥権の独立ということを楯として、軍部は政府や財界の関与を排除し、その独裁体制を樹立していったのである。

指揮命令系統すなわち統帥権が尊重されているということは、当然責任を伴うはずである。命令は絶対であり、それへの服従が強制される代りに、命令の結果の責任は、指揮官が負うべきものである。その行きつくところは直属の上長、最終的には天皇に至るはずである。すなわち軍隊では、命令なしの行為は存在せず、個々の兵士の命令にもとづく行為まで、すべて指揮官が責任を負うものであった。

ところが天皇制国家は、天皇の「神聖不可侵」を原則とし、天皇の責任を問うことができない「君主無答責」の建前をとっていた。すべての行為は指揮命令系統にもとづくものとしながら、最高責任者である天皇は責任を問われないという無責任きわまりない体系であった。つまり責任はすべて指揮官にありながら、最高指揮官である天皇に責任はないという矛盾にみちた原理に立っていたのである。

陸軍ははじめはフランス陸軍にならっており、その陸軍日典を翻訳したものが軍隊内務書の原型となっている。そこでも服従が強調されているが、「下の者命令の不都合を訴ふる事あらば、先づ其命令に服従し然る後ならでは訴ふる事を許さず」と、不都合な命令については訴える余地を残していた。しかし日露戦争後の内務書の改定では、命令にたいする絶対服従が強調され、訴えの余地はなくなっている。不正不合理な命令でも、服従が強制されるようになったのである。この点が欧米の軍隊との大きな違いで、不正な命令への服従の是非は、戦後のBC級裁判での大きな争点であった。この点でも天皇を頂点とする指揮系統の責任は大きいと言えよう。

六、軍隊の拡大と軍紀の崩壊

日中戦争開始後の日本軍は、思いもよらぬ戦争の拡大と、それに伴う軍隊の急膨張による矛盾をかかえることになった。辛亥革命後の中国が、軍閥間の抗争に明け暮れていたこと、日本国内で中国にたいする差別感が育てられていたこともあって、日本の政府や軍の指導者の間には中国にたいする蔑視感がひろがっていた。一九三一年の満州事変による中国東北の占領にたいしても、中国国民政府が抵抗しなかったことにより、こうした蔑視感はいっそう強くなった。

一九三七年盧溝橋事件がおこると、近衛文麿首相、広田弘毅外相ら政府首脳も、杉山元陸相ら軍中央部も、一撃を与えれば中国は簡単に屈伏するだろうと甘くみていた。陸軍の中にも、参謀本部の作戦部長石原莞爾少将などの現地解決を図る不拡大派があった。石原は、日本軍としては対ソ戦の準備に専念すべき時期なのだから、中国と事を構えて、ナポレオンがスペインに深入りしてゲリラ戦に悩まされたような失敗を冒すべきではないと主張していた。ところが近衛、広田、杉山らの拡大派は、中国の抵抗力を見くびって、内地から増援部隊さえ送れば事件は簡単に片付くと予想し、不拡大派を押えて派兵を強行したのである。

だがこのとき、一九三七年の中国は、六年前の満州事変のときの中国とは異なっていた。日本の侵略がつづく中で、中国国民の民族意識はようやくたかまり、抗日のための民族統一の動きが大きな流れとなっていた。政治的にも軍閥割拠の状態から抜け出し、国民党と共産党との第二次合作に向っていた。経済的にも英米の援助による幣制改革が成功し、統一市場が成立しつつあった。かつての分裂国家から、近代的国民国家へと転換しはじめていたのである。

拡大派が二カ月で片付くと予想した戦闘は、中国軍の烈しい抵抗で思いもかけない規模に拡大することになった。とくに上海に戦火が波及してからの激戦で、日本軍の苦戦がつづき、次々に増援兵力を送らなければならなくなった。このため兵力も、弾薬や資材も、予想もしなかった規模にふくれ上った。

もともと日本陸軍は、対ソ戦争を第一の目標としていた。中国との戦争が拡大しても、対ソ戦の準備を怠るわけにはいかなかった。そして対ソ用の現役師団をなるべく動かさないで中国に兵力を送るために、特設師団を多数動員した。特設師団というのは現役二年、予備役五年半を終了したあと、一〇年間服する年齢の高い後備役兵を召集して臨時に編成する部隊である。一九三七年後半から三八年にかけて、多数の特設師団が中国に派遣されることになった。現役を終ってから数年から十数年も経ってから召集された兵士たちが、特設師団の主力を構成していたということになる。また彼らの多くは、結婚して三人も四人も子供があるのが普通だった。「後顧の憂い」の多い兵士たちだったといえる。上海の激戦で生じた数万の戦死者の多くが、こうした後備兵だったのである。それだけに士気の衰え、軍紀の弛緩が生じやすかったのである。

軍隊の急速な拡大による素質の低下、士気、軍紀の弛緩も、掠奪、暴行などの戦争犯罪を多発させる原因を作ったといえる。

七、虐殺とその責任

以上は日本の軍隊、すなわち天皇の軍隊の特色を、人権の無視と生命の軽視、アジア諸国民への蔑視、軍紀の崩壊などの面から概観した。次にアジア太平洋戦争における日本軍の戦争犯罪の具体例、とくに虐殺と性暴力の二点を考察することとする。

虐殺の問題では、もっとも組織的で大規模な例として、南京における捕虜の殺害を取り上げてみよう。言うまでもなく捕虜は、日本政府も加入し批准している「陸戦の法規慣例に関する条約」などで、人道的に処遇すべきことが定められている。日本はみずからを近代国家として世界に認知させようとしている時期は、戦時国際法の遵守を心がけており、天皇の日清、日露、第一次大戦の宣戦の詔書には、国際法を守れという言葉が入っていた。そして日露戦争におけるロシア人捕虜、第一次大戦におけるドイツ人捕虜を好遇したとされている。しかしここでも、アジア人にたいする二重基準が存在しており、日清戦争では旅順で清国兵捕虜の虐殺が行なわれている。

満州事変後の一九三三年、陸軍歩兵学校は、『対支那軍戦闘法ノ研究』という参考書を配布した。その中に「捕虜ノ処置」という項目があり、次のように書かれている。

捕虜ハ他列国人ニ対スル如ク必ズシモ之レヲ後送監禁シテ戦局ヲ待ツヲ要セズ、特別ノ場合ノ外之レヲ現地又ハ他ノ地方ニ移シ釈放シテ可ナリ
支那人ハ戸籍法完全ナラザルノミナラズ特ニ兵員ハ浮浪者多ク其存在ヲ確認セラレアルモノ少キヲ以テ仮リニ之レヲ殺害又ハ他ノ地方ニ放ツモ世間的ニ問題トナルコト無シ

すなわち中国兵の捕虜は、他国人のように国際法にもとづく処置をしなくてもよい、殺しても問題にはならないと教えているのである。

日中戦争がおこり、華北で日本軍が総攻撃を行なった直後の三七年八月五日、陸軍次官は支那駐屯軍参謀長あてに「陸支密第一九八号　交戦法規ノ適用ニ関スル件」として、次のような通牒を出した。

一、現下ノ情勢ニ於テ帝国ハ対支全面戦争ヲ為シアラザルヲ以テ「陸戦ノ法規慣例ニ関スル条約其ノ他交戦法規ニ関スル諸条約」ノ具体的事項ヲ悉ク適用シテ行動スルコトハ適当ナラズ

これにつづいて「例ヘバ、戦利品、俘虜等ノ名称ノ使用」はなるべく避けるようにと指示している。つまりこの「事変」には戦時関係法は適用しない。「俘虜」（捕虜の軍用語）という言葉は使うな

と指示したのである。こうした指示を受けた第一線の部隊は、捕虜は作るな、殺してしまえというのが、軍の方針だと受け取るのは当然であった。

上海の戦闘で中国軍の主力を取り逃した日本軍は、南京攻略にさいしては完全な包囲作戦を計画した。中国軍側も、首都である南京を最後まで固守しようとしたため、一〇万もの防衛軍の大半が逃げ遅れて、日本軍に捕えられた。この大量の捕虜が虐殺の犠牲となったのである。

日本軍の最高指揮官である中支那方面軍司令官松井石根大将にも、国際法にもとづいて捕虜を処遇しなければならないという認識は乏しかった。戦後の回想の中で「さういふやうな勢で捕虜も相当出来たけれども、捕虜に食はせる物もない。さういふ状態で戦闘しつゝ、捕虜が出来るから捕虜を始末することが出来ない。それでちよん斬つてしまうといふことになつた。」と述べている。軍中央の最高司令官がこのような認識しか持っていなかったことが、捕虜の大量虐殺につながったのである。

上海派遣軍の情報主任参謀長勇中佐が、捕虜は皆殺せと電話で勝手に命令していたという証言もある。同軍隷下の各部隊にも、捕虜を殺せという命令があったという証言が多い（藤原彰『南京の日本軍』大月書店、一九九七年、に多くの例を紹介した）。

軍の中央部や上級指揮官の、中国軍捕虜にたいするこのような意識が、捕虜の大量虐殺の最大の原因だったということができる。さらにこのときの日本軍が、上海の激戦で大きな損害を受け、中国軍にたいする敵愾心に燃えていたこと、前にあげたように、中国人にたいする差別意識をもっていたこともあって、個人でも捕虜や住民の虐殺に走ったのである。

南京大虐殺が、日本軍の組織的犯罪であるとされるのは、捕虜の大量殺害があるからだが、それ以上に、一般民衆にたいする虐殺として問題なのは三光作戦である。中国共産党とその軍隊である八路軍が、日本軍の戦線の背後に浸透して解放区、遊撃区を作り上げたのにたいして、日本軍とくに華北の北支那方面軍は、一九四一年ごろから大規模な治安粛正作戦を行なった。これは日本軍自らが、燼滅掃蕩作戦（焼きつくし、滅ぼしつくす作戦）と名づけたことでも示されるように、抗日根拠地を徹底的に破壊焼却し、無人化する作戦であった。実際に北支那方面軍は、広大な無人地帯を作ることを作戦目的に掲げている。中国側はこれを「三光政策」（殺しつくし、奪いつくし、焼きつくす政策）と呼んだのである。

三光作戦は、南京大虐殺のような衝撃的な事件ではないが、長期間にわたり、広大な地域で展開されたので、虐殺の被害者数もはるかに多くなっている。その詳細はこれからさらに解明されなければならないが、姫田光義『「三光作戦」とは何だったのか』（岩波ブックレット、一九九五年）、笠原十九司『南京事件と三光作戦』（大月書店、一九九九年）などのすぐれた解説書があり、私も「『三光作戦』と北支那方面軍」（『季刊・戦争責任研究』第二〇、二一号、一九九八年六月、九月）で、その軍事的側面を解明した。南京大虐殺も三光作戦も、日本軍が組織的に展開した虐殺であり、その戦争犯罪の典型といえよう。

八、性暴力とその背景

アジア太平洋戦争における日本軍の戦争犯罪の中で、もっとも解明が遅れているのは強制連行、強姦、輪姦、強姦殺害、強制性奴隷などの性暴力である。これは加害者側が記録を残さないこと、被害者側も告発しにくい事情があることなどによって、一九九〇年代になって、ようやく問題にされはじめた分野なのである。

家永教科書裁判の第三次訴訟の争点の一つは、南京における日本軍の強姦についてであった。家永教科書の原稿が、南京占領のさいに「日本軍将兵のなかには中国婦人をはずかしめたりするものが少くなかった」となっていたのを、文部省の検定では、「軍隊において士卒が婦女を暴行する現象が生ずるのは世界共通のことであるから、日本軍についてのみそのことに言及するのは、選択・配列上不適切であり、また特定の事項を強調しすぎる」という修正意見（書き直さなければ不合格になる）をつけ、削除させられたのである。私はこの裁判の第一審で家永側の証人になり、意見書を提出するとともに証言を行なった（本多勝一編『裁かれた南京大虐殺』晩声社、一九八九年）。

しかしアジア太平洋戦争における日本軍の性暴力の実態は、文部省のいうようなどこの軍隊にも共通するような生易しいものではなかったし、その一端が最近ようやく明らかにされつつある。この裁判でも、一九九三年一〇月二〇日の東京高裁における控訴審判決で、「南京大虐殺」と「婦女への暴行」の二点の記述の検定は違法であると判定され、文部省は上告しなかったので確定した。

すなわち、少なくとも日本軍将兵による強姦の存在を、裁判も政府も認めたのである。

前にあげた日本軍の人権感覚の欠如、アジア人への蔑視、それに加えての軍紀の崩壊によって、アジア太平洋戦争での日本軍の性犯罪は夥しい数に上っていたはずである。ただ性犯罪は、その性質上実態の解明がきわめて困難である。

一例をあげると、一九三七年一〇月杭州湾に上陸し、南京攻略戦に参加した第十軍の場合、軍法会議を管轄する法務部の陣中日誌が残されている（『続・現代史資料・軍事警察』みすず書房、一九八二年）。それによると、三八年二月までの被告事件中強姦は既決二二人、未決二人となっている。また三七年一二月二〇日付の同軍参謀長の麾下部隊宛通牒で、次のように注意を促している。

掠奪婦女暴行放火等ノ厳禁ニ関シテハ屢次訓示セラレタル所ナルモ、本次南京攻略ノ実績ニ徴スルニ婦女暴行ノミニテモ百余件ニ上ル忌ムベキ事態ヲ発生セルヲ以テ、重複ヲモ顧ミズ注意スル所アラントス

参謀長の通牒と軍法会議にかかった数との間に大きな差があるのは、事件が表面化するのはごく一部であることを示している。

強姦が刑法による親告罪であるので、被害者が訴え出ることが少なく、事件となるのが少ないのである。また幹部の中には、事件になると面倒だから、強姦したあと殺してしまえと指導する者が

多かったとも語られている。事件化したのは、九牛の一毛に過ぎなかったといえるであろう。

アジア太平洋戦争、とりわけ中国戦線における日本軍の戦争犯罪の特徴は、性暴力の異常な多さである。前掲の笠原『南京事件と三光作戦』は、中国側の調査研究にもとづいた日本軍の性暴力の実態の一端を明らかにしているが、その内容は目を蔽うばかりである。軍の性犯罪の異常さとその膨大さは、特筆されなければならないであろう。

この日本軍の性暴力の多出の背景には、すでに述べてきたこの時期の日本軍の特質がある。すなわち近代日本の社会と、その中での軍隊が、著しく人権感覚を欠如していたこと、その中でアジア諸民族にたいする差別意識が意図的に養われたことなどが、性犯罪の背景にあったといえる。さらに予期しない戦争の拡大によって、軍隊が膨大な数に拡大し、素質、訓練が低下して、軍紀が乱れていったことも、性犯罪多出の温床になったのである。

こうした背景があったにせよ、日本軍の性犯罪多出の主要な責任が、軍中央部や現地の高級指揮官にあったことも疑いのない事実である。すなわち軍の基本は、戦闘第一主義であるとし、人権や人道を軽視していたことである。最後の支那派遣軍総司令官であった岡村寧次大将は、戦後の一九五四年四月一八日偕行社で行なった講演で、武漢作戦の前に第十一軍司令官になったときのこととして、次のように語っている。

軍司令官着任后先ず某師団長を訪問したところ、同師団長は「私の師団の将兵は戦闘第一主義に徹し、勇剛絶倫なるも掠奪、強姦等の非行を軽視し、団結心強きも排他心も強い。南京事件は前師団長時代のことであるが相当暴行をしたことは確実である云々」と、公平率直に報告した。

前後の関係から、この某師団長というのは、第六師団長稲葉四郎中将であり、前師団長とは、戦後の南京での、中国国民政府側の戦犯裁判で死刑になった谷寿夫中将のことである。当時の軍の高級幹部が、戦闘第一主義で、強姦は必要悪として軽視していたことが現れている。

岡村はさきの講演のつづきで、さらに次のようにも述べている。

当時各兵団は数十名の慰安婦を同行していた。兵站の重要なる一機関になっているが、強姦予防のために上司も黙認と云ふ有様であったのである。日露戦争時代には慰安婦の同行は無かったが強姦も無かったのである。

我が陸軍では、昭和七年春第一次上海事変の際、海軍側に倣って、公然慰安婦を設けたのが最初である。その当時極めて少数ではあったが、強姦罪が発生したが、此慰安婦を始めてからは、全く此犯罪が無くなったのを記憶している。然るに昭和十二年の今日慰安婦を同行しても、なお多くの強姦する者を続出するのである。

すなわち、南京攻略戦後は「慰安婦」が制度化していたが、性犯罪は続出していたとしている。軍が性犯罪防止のためにとった唯一の対策が、それ自体がよりひどい性犯罪というべき「慰安婦」すなわち性奴隷制度だったことが、ここに示されているといえよう。軍の中央部は、人権や人道、さらには国際法を無視し、第一線部隊の性犯罪防止にたいする配慮を怠った責任を免れることはできない。それどころか、唯一の対策として、「慰安婦」、「慰安所」という性奴隷制度を組織的に採用した戦争犯罪を犯したのである。その歴史を明らかにし、責任を追及することは、まさに現代の課題であろう。

第2章　男性神話からみた兵士の精神構造

彦坂　諦

一、「大日本帝国軍隊」の兵たちはなぜ残虐非道であったのか?

一九三一年から四五年までのほぼ一五年間にわたって「大日本帝国軍隊」の将兵は中国大陸をはじめアジアの各地で残虐非道のふるまいを繰りかえしていた。家々を焼き、ひとびとを殺し、「強姦」し、生きたまま解剖した。焼かれた家のまえで呆然としゃがみこんでいる母親の胸のなかから年端もいかない子供をもぎとって、母親のほうはその「からだを手荒くたのし」むために「手取り足取りどこかへつれ去」り、子供のほうは、カワイイからといって部隊のマスコットにしたりした。(1)あるいは、行軍の途上でたまたま見つけた村娘の「下腹部だけ裸にして、そこに」「近くの畑にころがっている泥土のついたままの」「ニンジンやイモやコウリャンがらを突っこんだりして遊」び、悶死させていたりもした。(2)

あまりにも無惨で眼を覆いたくなることばかりなので、そうした事実を戦後になってから知らされたひとびとにはわけがわからなかった。あのやさしい父さんや兄さんがそんなことをしたとは！ あの親切でいつも笑顔をたやさなかった健ちゃんがどうしてそんなひどいことを⁉ わからないってことはひとを不安にする。だからひとびとは考えた――戦争という異常事態が人間を狂わせてしまったのだ、と。それならそれで説明はつく。

ところが、そうしたふるまいにおよんだのは気の狂ったひとたちではなくごくふつうの男たちだった。つまり、家にいるときはやさしい父さんであったり兄さんであったり親切でいつも笑顔をたやさなかった健ちゃんであったりというひとびとであったのだ。しかも、そのような残虐非道を現におこなっているそのときですら、彼らはけっして狂ってなどいなかった。ただ、そのときその場で〈みんな〉とおなじようなことを〈みんな〉とおなじように〈みんな〉といっしょにやっていたにすぎなかったのだ。

だからこそ、これらの「日本鬼」たちは、「内地」へ向う引揚船のなかで口も顔もさっとぬぐって「善良な市民」にもどり、戦後の復興を、ついで高度成長をにない、今日のカネモチ大国ニッポンを築きあげるべく献身奮闘することができたのであり、そうしているうちに、よほどのことがないかぎり過去の悪事など思いださなくなってしまったのだ。(3)

それに、この平和な日常からすればまさに想像を絶するほど異常なことでも戦場ではごくありふれた日常のできごとにすぎなかった。戦場のありふれた日常のなかでは、そうしたことを〈みんな〉

とおなじように〈みんな〉といっしょにやることのほうが正常であって、やらないことのほうが異常だったのだ。

戦争はけっして異常な状況なのではない。それは私たちのこの平和な日常の延長上にある。逆に言えば、私たちのこの平和な日常のなかに戦争は孕まれている。戦争のなかで生ずる異常なことがらの根は、すべて、私たちのこの平和な日常のなかにある。それが、戦争という、この日常の凝縮された状況のなかで、凝縮されたかたちで、あらわにされてくるのだ。そこにこそ、戦争というものの真のおそろしさがある。

それに、人間はどんなに異常な状況にも慣れることができる。つまり、どんなに異常な状況でも日常として生きることができる。たしかに、人間をなぶりごろしにしたり嗜虐的な「強姦」をしたりといったことは、この平和な日常のなかでは、一部の犯罪者をのぞいては、だれもしはしないだろう。だが、〈みんな〉がやりだすとごく自然に自分もやりだす。そうしないことのほうがむしろ不自然だ、というより、おおいにカドのたつふるまいですらあったのだ。

二、罪責感の欠けた人間がつくられる教育

戦場や占領地で、その土地の住民にたいして、兵たちは、なぜ、あれほどまでに非道のふるまいをしたのか？　この問にたいしては、ひとまず、兵自身が軍隊のなかで非道のとりあつかいを受け

ていたからだ、と答えておこう。もっともひどく虐げられている者がもっともよく虐げるという哀しい真実がそこに露呈されていた。

兵にたいして、国家＝軍は間断なく抑圧を加えている。この抑圧は恣意的なものではなく制度的なものだ。そこに国家＝軍が存在するかぎり、兵が兵であるかぎり、この抑圧をはねかえすことは兵にとってはまず不可能だ。

そうはいっても、このような抑圧がかぎりなくつづくことに人間は耐えられるものではない。蓄積されていく抑鬱をときおりどこかへ逃してやらなければ、人間そのものがつぶれてしまうだろう。けれども、被抑圧者の抑鬱が抑圧者へと反転することなど、じっさいには、ほとんどない。そのはけぐちは、かならずといっていいほど、より弱い存在へ向う。不断に抑圧されている者たちがつかのまであれその重圧から逃れようとするあがきが、戦場で、兵たちを強くも残虐にもするのだ。(4)

ここまでは一般論だ。しかし、それぞれの戦争は、それぞれそこに具体的にコミットした者たちによる具体的な行為の総体としてあったのではないか？　そのような具体的な過程としての戦争のなかで、それぞれの国のそれぞれの民族に属するそれぞれの人間たちが、それぞれに、具体的に、強くも残虐にもなったのではないか？

戦地や占領地での兵たちの非道——掠奪や「戦時強姦」や——は「大日本帝国軍隊」に特有の現象ではない。どの民族のどのような軍隊も、多少のちがいはあれ、そういう非道をやってきた。(5)とはいえ、かんじんなのはその「ちがい」だ。それも、「多少の」であるかに見えるところにじつは決定的な差異がひそんでいたりもする。「大日本帝国軍隊」の兵たちがだれにたいしてどのように残虐であったか（ありえたか）のうちには、彼らの属していた民族と国家の特質が、つまり、彼らがどのような時代のどのような民族のどのような国家社会によってどのような人間として育てられてきたかが、刻印されているはずだ。

一九三一年から四五年までのほぼ一五年間に「大日本帝国軍隊」の将兵がアジア各地でおこなった残虐行為のかずかずについては、だから、そのひとつひとつを可能なかぎり具体的にあきらかにしなければならない。と同時に、彼らがなぜそこまで残虐になれたのかを可能なかぎりそのひとりひとりについて具体的にあきらかにする努力もつづけなければなるまい。まさにこのような努力のひとつの成果をすでに私たちは持っている。

「大日本帝国軍隊」の将兵はなぜあれほどまでに残虐になりえたのか？　なぜ、戦後も、自分自身のおこなった「犯罪行為」にきちんと向きあうこともなく、痛みも責任も感じないで、こんにちにいたることができたのか？　野田正彰が『戦争と罪責』において具体的にあきらかにしていったのはこのことだった。[6]

人間は「どこまで残酷になれるのか」、どのような「心理過程」をたどることによってそれは「可能になるのか」。野田の問題意識はそこに収斂している。そのことは具体的にあきらかにされなければならない。そうであってはじめて、「残虐行為への傾斜に抵抗できる精神」がもしあるとしたら「それはどのようなものか」について考えることもできるようになるだろう。[7]

野田がじかに会って話を聞いたのは、いずれも、「過去の自分の行為」を深く悔い、公衆の面前でそれを告白証言し、自分の犯したような過ちを二度と繰りかえさないでほしいと訴えつづけてきたひとたちだ。そのようなひとたちであるにもかかわらずそのうちにすらどうしようもなく欠けているもの――それを野田はあきらかにしていく。だからこそ、そこでどうしようもなく浮びあがってきてしまうのは、日本人一般の「人間像」なのだ。その典型的な特徴を野田はいくつか浮きぼりにしてみせた。だが、ここでは、もっともかんじんな一点にだけ関心を収斂させよう。すなわち、罪の意識を支える感情の欠落。

野田が話を聴いたひとたちは、中国戦線でかつて自分がなにをしたのか、そのときの状況はどのようなものであったのか、そのなかで自分はどのようにその行為をなしたのかを、記憶にのみたよって正確に再現し記述することができる。(8) にもかかわらず、ほかならぬ自分がそのときひどいめにあわせた――生きたまま解剖したり、刺し殺したり、首を切ったり、「強姦」したり、狩りたてて奴隷労働の現場に送りこんだりした――その相手の顔を思いうかべることはできない。これから殺されるという人間がそのときなにを思っていたのかを想像する〈知性〉を、そのとき欠いていたし、そうした行為を悔いているいまもなお欠いたままでいるからだ。

致命的な欠落だ。なぜなら、そのような〈知性〉を欠いていては他人とどのようにかかわることもできないからだ。そこでは、他人は、たとえば、一人前の兵隊（あるいは小隊長）になるために刺し殺さなければ（首をきらなければ）ならない物体であるにすぎない。(9)

このような感情の鈍麻は個人的特性ではない。まさにそのような人間であることを「大日本帝国」が期待していたのだ。そのような「期待される人間像」を、そして、つくりあげていたのだ。

たとえば、元中隊長小島さんの、「具体的事実についての思考」を好み「感情を抑制し、空想を排除する」性格。これこそ「近代日本の教育が求めたものであり、さらに戦争遂行の実務家として時代情況が求めたものであった」のだ。[10]

元軍医の湯浅さんは「現実をそのまま受け入れ、真面目に取り組んでいく」性格で「現実から逃避する傾向も、理念に走る傾向もない」。このような彼の性格がつくりあげられたのも、軍隊にとられる以前からだった。「記憶と経験のみを重視する」この国の医学教育が、「批判力をまったく欠如した好青年」に彼を仕立てあげたのだ。[11]

あるいは、「ひたすら自分の戦争犯罪を問い続け、犠牲者の遺族に許しを乞うてきた」元憲兵の土屋芳雄さんのばあい。彼は極貧の農家に生れたが「優れた頭脳と体力に恵まれて」いたおかげで憲兵となって、「軍国主義に過剰適応」することによって「貧しさを克服」することができた。その彼に、しかし、「唯一欠けていた知性は、批判精神、物事を相対化して見る力」だった。そしてこれこそ「日本の教育が最も嫌った知性」であったのだ。[12]

中国戦線での一二年間「極め付きの悪行を働いて」きたけれど帰国後は自分が犯した残虐行為についての告白証言の行脚をつづけてきた永富博道さん、この彼にあってすら「罪を感じる力は乏しかった、これは永富さん個人の生来の性格ではない、彼の「受けた躾と教育によって作られたもの」

なのだ、と野田は指摘している。永富さんは「尚武の気風の強い阿蘇の旧家」に長男として生れきびしい躾を受けた。幼少のころから虚弱だったが、「徹底的に鍛えられ」、その「鍛錬を通して、弱さを過剰に代償していった」。「やりとげるか死ぬか、といった暴力的修養は」と野田は書く、「少年の柔らかい感情を強張らせ、自分の内に生れる感情を抑圧していったのであろう」。

このようにして自分自身の感情にさえ気づかなくなった人間に、他人の感情についての「十分な想像力や共感」を持つことなどできるはずがない。永富さんの感情は「極めてイデオロギー的に秩序づけられる」にいたる。「名誉や恥の感情は肥大する一方で、自他の悲しみや喜びの感情には冷淡となる。他者との対等な関係は作れず、常に上下の関係に変え、例外的に自分が庇護する対象についてのみ憐憫の感情を部分的に残すようになる(13)」。

その時代のその民族の国家社会がその成員男子に対してなにを要求しているか、その凝縮された形が軍隊教育だ。

ダグラス・ラミスがそのむかしアメリカ海兵隊員であったときの体験をも踏まえつつ語っているところによれば、海兵隊における新兵教育の眼目は二つあって、その一つは女の権威を失わせること、もう一つは自分の理性を使わせないようにすることだ、という。

海兵隊はひとを殺す組織なのだから、ちゃんとひとを殺せる人間を養成しなければならない。これは「大日本帝国軍隊」における新兵教育の目的とも合致している。ただ、ちがうのは、軍隊に入ってくる者たちがそれまでどのような環境でどのように育ってきているか、だ。ラミスによれば、

「アメリカ合州国は暴力的な社会」で「人殺しが多い」けれども、それでもなお「普通の一八歳、一九歳、二〇歳の若い男」たちがそうそう「簡単に人を殺す能力」を持っているわけではない。だから、ひとを「殺せる」人間をつくるにはひじょうに厳しい「基礎訓練」が必要とされる。

では、まず、一つめの眼目について。一八歳、一九歳の若者の心のなかには親の権威がまだ生きていて、「なにか大事なことをやろうとしたとき」には、いま自分がやっていることを、あるいはそれをやっている自分の姿を、父や母がどう見るだろうか、といったふうに考える。そういったことをいっさい「無くす」。

この目的を遂行するために、ことあるごとに母親を引きあいにだして新兵をバカにする。ママの「エプロンの後ろに隠れたいのか」といったぐあいに。そのうちに母の権威がしだいに失われていき、いま自分がやっていることをお母さんが見たらどう思うだろうなんて考えること自体が「恥ずかしく」なってくる。要するに、女のものの考えかたを貶めること、女の権威を失墜させること、これが目標なのだ。

二つめの眼目は、ありえないことあるいは無意味なことを命令する、という形で実施される。およそ実行不可能な命令を下すばあいもある。なぜか？　「戦場になったら」と、ラミスは語る、「例えばこの場所を護って動くなという命令があって、それをすれば確実に死ぬ、あるいはなんでそうしなければいけないのか全く解らない、そういうことを考えないで、そう言われたらそうするという人間にならないと、戦争ができないんです。一々説明しなければいけないことになるのは軍隊じゃない」[14]。

軍隊における新兵教育というものは、日本でもアメリカでもそんなに大きくはちがっていないようだ。とはいうものの、「大日本帝国」時代の日本では、若者たちが生まれ育ったのはあきらかに家父長制的男尊女卑の社会であったから、たとえ母親のであれ、いまさら女の権威を失墜させる必要はなかっただろうし、また、その若者たちが軍隊に放りこまれる以前にそもそも失うべき「自分の理性」をどれほどまでに持ちえていたのかを思えば、おなじように「自分の理性を使わせないようにする」といったところで、そのやりかたがラミスの紹介している戦後のアメリカのどころか戦前のそれとも大きくちがっていたとしても、ふしぎではない。軍隊もまたその国の社会から隔絶した存在ではありえない以上、そこには、その国の社会のありようが凝縮されたかたちであらわれているのだ。では、「大日本帝国軍隊」における新兵教育のありようはどんなふうであったのか？

兵営の門をくぐったその瞬間から、ひとは、外界から物理的に遮断される。ついで、外界からのあらゆる情報から慎重に遮断されることによって、精神的にも隔離される。そのうえで、一刻も早く「地方」（兵営の外の世間一般のことを旧陸軍ではこう言った）の気分を払拭するようにと要求される。「地方」の「気分」を払拭させるとは、「地方」にいるときには各個人がまがりなりにも保ちえていた個性を徹底的にすりつぶし、「軍人精神」という統一規格に合格しうる品質のそろった製品をつくりだす、ということにほかならない。

この目的は、つぎの五つの手段を複合的に駆使することによって達成される。

第一、あらゆる「私」的行為を禁ずること。

第二、すべてを、命令によっておこなわせること。つまり、命令されていないことは、いっさい、してはならない。

第三、疲れさせること。新兵が疲れるのは、多忙の結果ではない。くたくたに疲れさせること自体が目的なのだ。

第四、猛烈にしごくこと。軍隊に猛訓練はつきものだが、「大日本帝国軍隊」の訓練はとりわけ猛烈だった。死のしごきだった。

第五、私的制裁（リンチ）をおこなうこと。新兵たちにとって、これは耐えがたかった。無理無体、不条理で、そこにどのような意味をも見いだせなかったからだ。ばかりか、いつ、どんな理由でリンチされるのか、予測が立たなかったからだ。おまけに、そこには、ほとんどつねに、耐えがたい屈辱がともなっていたのだ。

以上を、多少乱暴なことは承知のうえで図式化してみると、およそつぎのようになる。
1. 完全に閉鎖された環境のなかで、間断なく抑圧を加える。
2. 抑圧は精神と肉体との双方に加えられ、両者は相互補完的である。
3. 肉体的抑圧は、肉体を間断ない過労の状態にさせておくという形と、肉体に加えられる直接的暴力（リンチ）という形をとって、加えられる。
4. 精神的抑圧は、なによりもまず、精神にたえまない緊張を強いるという形でくわえられる。

そのような緊張をもたらすために、肉体的暴力をくわえられることへのたえまない恐怖、その不条理性・不可測性へのおびえ、ありうべき屈辱への先取りされた自己嫌悪などが総動員される。

このような抑圧が瞬時も中断されることなく累積的に加えられていくことに人間はそう長く耐えうるものではない。その耐えられなさからなかば本能的に逃れようとして逃げこむ先が、精神の一種の麻痺状態だ。これを当時は「軍隊ぼけ」と言った。具体的には、これは、つぎのような症状としてあらわれる。第一に、おそるべき知的鈍感。第二に、思考・判断の停止。第三に、倫理的感覚の完全な喪失。第四に、特定の信号ないし刺激以外のいっさいのものへの無反応。これをひとことで言えば、〈自己を失う〉ことだ。この状態になったとき、はじめて、「地方気分」が抜けて一人前の兵隊になった、と言われたのだ。

三、よりよく殺し・殺されるために「犯す」

このような民族のこのような国家社会によってこのような人間となることを期待され育てられ、軍隊にとられ、徹底した軍隊教育を受け、そのうえさらに、「一人前の兵」から「歴戦の勇士」となるまでに戦場で「鍛えられた」、そのような兵たちが、戦地であるいは占領地で、その土地の女たちを「強姦」し、「慰安婦」のもとに殺到していたのだ。その彼らのありようのうちには、だから、このような民族のこのような国家社会に生れ育った男たちが〈女〉にたいしていだいているもろもろの思いこみがあらわにされている。

激戦のあとしばしの「休養」をとるようなばあいには、ことのほか、兵たちの気分は高ぶり殺気だつ。

（……）生き残っている兵が最も女をほしがるのはこういう場合であった。彼らは大きな歩幅で街の中を歩きまわり、兎《うさぎ》を追う犬のようになって女をさがし回った。この無軌道な行為は北支の戦線にあっては厳重にとりしまられたが、ここまで来ては彼等の行動を束縛することは困難であった。

彼等は一人一人が帝王のように暴君のように誇らかな我儘《わがまま》な気持ちになっていた。(15)

兵たちのこうした行為は、命令によるものではけっしてない。どころか、「軍律」によって処断されるべきものであった。にもかかわらず彼らのこのような「行動を束縛することは困難であった」のは、なぜか？「簡単に言ってしまえば」と、高崎隆治は書いている、「戦場へ行けばなにかひとつぐらいはいいことがあってもよさそうなものだという、まさにそのいいことがそれ（「強姦」・引用者）であったのだ。けっしてそれはほめられたものではないという程度の認識は、兵士のだれもがもってはいたが、それは生命をかけて戦った正当な報酬だという勝手な？ 解釈をしていたことから彼等に罪悪感はほとんどなかったと言っていいだろう」[16]。
このたぐいの「報酬」をあたえたりあたえられたりするのは、しかし、洋の東西を問わず、信ずる神のちがいを問わず、人類の歴史とともに古い、いわば兵馬の常道であった。英語の「レイプ」には、ダグラス・ラミスによると、「強姦」と掠奪と虐殺とをひっくるめた意味があるのだという。それは「一つの軍事行動なんです」と彼は言う、「街に入って、物を盗んで、老人や子供を殺して、家を放火して、女性を強姦する。それを全部一緒にするものとして、レイプという言い方があるんです」。女にたいするそういう暴力と戦争の暴力とのあいだには、「深い深い歴史的な、そして潜在的な関係がある」[17]のだ。私自身もかつてつぎのように書いたことがある。

戦場における性のありようには、だから、人類の歴史とともに古い戦争の一断面――一つの集団が他の集団を殺し、ものにする――が、きわだってあらわれている、と言うこともできるだろう。たとえば、戦場における強姦とは、殺すこと・ものにすること、つまり戦争することの象徴的行為とも言うべきではないのか？ いささか逆説めくかも知れないが、兵隊はよりよく兵隊になるために、すなわち、よりよく殺し・殺されるために「女」を犯さなければならない――強姦としてであれ、「慰安婦」を「買う」というかたちをとってであれ――のではないのか[18]？

軍隊における兵は、自分で決めて自分で動くという、人間が人間でありうる最低の条件を剥奪されている。兵が兵であるかぎり、彼は、もちろん、ひとを殺すことができなければならない。冷然と、正確に。ただし、自分の意志や判断によってではなく。その責任をわが身に引きうけてでもなく。それは兵の任務ではない。どころか、兵は、自分で判断してはいけないのだ。いや、自分の頭で考えることそれ自体を、兵は、禁止されているのだ。

兵にとってもっともたいせつな能力は、命令に服従することだ。無条件に、反射的に。自分で考えたり判断したりしないで。いささかの疑いもさしはさまないで。兵は〈自分〉を持っていてはいけない。兵とは、主体性を剥奪されて客体と化さしめられている存在だ。つまるところ〈もの〉にほかならない。

この点では「慰安婦」もおなじ存在である、とひとまず言うことはできるだろう。けれども、そこには絶対的な差があった。「慰安婦」がほとんど絶対的に客体と化さしめられていたのにたいして、兵のほうには、失われたその主体性を、たとえつかのまであれ、とりもどしえたかのように幻覚しうるときがあったのだ。〈女〉を「抱く」という行為においてだ。そこにおいては、彼は、〈兵〉という客体ではなく〈男〉という支配的主体でありうるかのように感じることが、よし錯覚であれ、できた。

とはいえ、「慰安婦」という名の〈女〉を「抱く」というのは、じっさいには、軍というおかみによってしつらえられた場での、おかみによってしつらえられた〈女〉との性的行為にすぎない。

おぜんだてはあらかじめととのえられていて、兵は、その枠のなかで、あらかじめ心理的にもととのえられている「欲望」を「処理」するだけなのだ。言いかえれば、彼の「欲望」そのものがおかみによって管理されているのだ。彼自身がそこで主体でありうるなど、しょせん、幻覚でしかありえなかった。

「戦時強姦」なら、すくなくともおもてむきにはかたく禁じられていることをあえておこなうのだから、いちおうは、自由な個人の主体的行為のように見えもするだろう。けれども、あくまでそれはいちおうでしかない。なぜなら、彼に「犯される」であろう女は、彼の属する国家=軍の武力によって、あらかじめ身体的心理的に抵抗を封殺されている、つまり、あらかじめ「犯され」ているのだから。どのような意味においても、そこでの彼は、自分自身の力で〈女〉を征服しているのではない。とすれば、おかみにおぜんだてしてもらった買春といったいどこがちがうというのか？そこにあったのもまた主体性あるいは自由の幻覚にすぎない、と言わなければならないだろう。

にもかかわらず、なぜ、兵たちは「戦時強姦」に走ったのか？　それを許すこと——公認であれ黙認であれ——が、なぜ、兵への「報酬」でありえたのか？

どうしてこれが、「いいこと」などひとつもない戦場にあって、兵たちにとってほとんど唯一の「いいこと」でありえたのか？

掠奪という「目的」を「達成」するために「強姦をなしたる場合」には刑を加算するといった、なんともヘンチクリンな規定が陸軍刑法にはあった、と高崎隆治が指摘しているが[19]、たしかに、

「戦時強姦」と掠奪とはワンセットだったようだ。なぜか？　ほかでもない、「強姦」とは〈女〉を所有することの一形態であったからだ。そこでは、〈女〉とは、〈男〉によって所有される〈もの〉にすぎない。

〈女〉が〈もの〉であるかぎり、より多くそれを所有するのは富や権力を持つ者たちであるだろう。つねに貧しく虐げられる存在であった階層から徴集され軍隊に入ってからもつねに虐げられ貶められる存在でありつづけている兵たちには、それを所有する機会すらほとんどない。その、ふつうならめったに手に入れることのできない〈女〉を、戦地では、他のもろもろの財宝とおなじように自由に手に入れることができるのだ。

四、「男はそれをがまんできない」という神話

それに、〈女〉をものにすることのうちには独特の愉楽があった。それが性的なものに結びつけられていたからだ。その結びつけられかたのうちには、そして、〈男〉の「性欲」にまつわるさまざまな神話が見られる。その最たるものが、「男はそれをがまんできない」という信憑だ。

「性欲」は男の「本能」だから、それを適当に「処理」せずにながいあいだ押さえつけておくと、男は自制心を失い、イライラしやすくなり、ひどいばあいには精神に異常をきたすことさえある。軍隊というところは「精力」にあふれたわかい男たちばかりがひしめきあっているところで、その

男たちが、耐えられる限度ギリギリの精神的抑圧のもとにたえずおかれているのだ。まして、戦地にあってはそこに生命の危険まで加わるのだから、男たちの心理的抑圧は高まる一方だ。この鬱積に適当なはけぐちをあたえてやらなければ、どんなに異常な事態がもちあがってもふしぎではない。「戦時強姦」が増え、性病が蔓延し、占領地行政にも悪い影響をあたえるにちがいない。

男のセクシュアリティにたいするこのように単純であやまった信憑にこりかたまっていたからこそ、「大日本帝国軍隊」のエライさんたちは、「慰安婦」をかりあつめ――騙してであれ強制的にであれ――兵たちにあてがおうとしたのだ。

兵たちに〈女〉をあてがうという発想そのものは、しかし、「大日本帝国軍隊」だけのものではなく、世界中のほとんどすべての軍隊にあったものだ。ただ、日本軍のばあいには、物質的にも精神的にもあまりに貧しすぎたので、適当な時期を見はからって兵たちを交替させ休養させるだけの余裕などなかった。そういった発想そのものが生れてこなかった。生れてきたのは、国家＝軍が兵隊ひとりひとりの「性欲処理」の面倒をみてやろうなどという発想でしかなかったのだ。

なんとなさけない発想か！　だが、そのようになさけない国家＝軍に見あうほどになさけない男たちによって「大日本帝国軍隊」は構成されていたのだ。そのようになさけない男たちは、女たちとのあいだに人間として自由で対等な関係をきずくことはできなかった。金で女を「買う」か、力にものいわせて女を「犯す」か――文字どおり「強姦」するか、地位や権力を利用するかして――以外に、女とまじわるすべを知らなかったのだ。自分ではない他の人間との性的関係をもふくむ関係において、私たちは、いやおうなしに、自分とはことなる自立した精神身体に出会う。その自立した他人の精神身体とほんとうにここちよい自由で対等な全体的関係をつくりあげるだけの力を、彼らは持っていなかったのだ。

ところが、そのように自由で対等な関係をつくりあげることのできない男たちにかぎって、じっさいには、性的関係における「男らしさ」にやたらこだわったりするものだ。そのような男たちにかぎって、オナニーにふけるなんて男の沽券にかかわると信じこんでいる。それくらいなら女を「買い」に行ったほうがいい？　そうはおっしゃいますが、「娼婦」とは、要するに、オナニーにおける非現実の女を、金銭を代償にして、現実に演じさせられる存在ではないのか？　逆に言えば、この役割を演じさせられている女を手段としてオナニーにふける、というのが、女を「買う」ことのすくなくとも一つの意味なのではないか？

とはいえ、現実に「娼婦」の役を演じるのは生身の女だ。つまり、生きた心と身体を持つ全的な人間だ。その女は、だから、オナニーにおける想像上の女のように男の意のままになるとはかぎらない。だいいち、女を「買う」ばあい、男は、自分もまた女が金を稼ぐための手段とされていることに甘んじなければならない。それがいやなら、「強姦」でもするほかあるまい。そのばあいには、女をもっと完全に「ものにした」と錯覚しうるだろうから。

「戦時強姦」が兵たちへの「報酬」でありえた一つの根拠はおそらくここにある。もし単に「性欲」を「処理」するだけの役割しかはたさなかったのなら、それは「いいこと」でありえたはずがないだろう。女を「ものにする」ことにかける男たちの執念はすさまじいものだ。妄執と言ってもいいのではないか？　たかだか一度、それも暴力的に、ペニスをワギナに挿入しえたからといって、相手の身体を知ってしまったかのように思いこむのはコッケイだ。まして、女が自分の「ものになった」などと信じこむのは、さらにコッケイなことではないか。なのに、どれほど多くの男たちがこの種の迷妄にとらわれていることか。とらわれているからこそ、男たちは、現実との落差に悩まなければならない、疑念と不信にとりつかれもしなければならない——その女はほんとうに自分の「ものになった」のか？　とどのつまり、もしほんとうにその女が自分の「ものになった」ことを実感したければ、殺すほかあるまい。けだし、ある「もの」を完全に所有することを立証しうるのは、その「もの」をみずから失う（完全に処分する）ことによってのみなのだから。

五、生きかたの総体がそこに凝縮される

ところで、私にはひとつ素朴な疑問が残っている。「生死の境をくぐった」その直後に「慰安婦」のもとに駆けつけたり「戦時強姦」をしたりしていた兵たちは、そうすることでほんとうに性的に「きもちよく」なっていたのだろうか？

「セックス依存症」のひとたちがさいきん増えているそうだ。そういうひとたちは、なみはずれて性的欲望が強いわけでもないし、性的関係から快楽をえているわけでもない、という。ただ、だ

れかに性的に触れていないと鬱になって吐いたり起きあがれなくなったりする。偶然の死をからくも逃れて生還した兵が「女」を求めるその求めかたにはこれとひじょうに似たところがあったのではないか？

兵隊はそれ（掠奪・引用者）をやらなければ生きてゆけなかったし、女にも飢えていた、しかしおれ自身を振返っても、女に飢えていたというのは、食物に飢えていたというのとは違っていた、性器の刺激に飢えていたのではない、女の肌に飢えていただけではない、もっとこころの奥にやさしい欲求があって、それが生死を懸けた戦場では、強姦という荒々しい行為を生んだのではないか、だから女を犯しても満たされるものはなかったし、慰安所の女を抱いても満たされぬものは依然として残り、渇きはいっそう深まるばかりではなかったか、そして密偵の射殺を命じられたとき、それから竹藪に隠れていた女を犯そうとしたとき、おれは訳のわからない恐怖にとり憑かれたのだ。[20]

これは作者の実体験ではない。結城昌治には戦場体験はないからだ。だからこそ、この描写のうちには、こういうばあいの兵の心理を当時の平均的日本人男性がどのように理解していたかがよくあらわれている。それは、おそらく、兵たち自身が無意識のうちに抱いていた感慨ともおおむね重なっていたのではなかろうか。

ひとりよがりと言えば、これ以上のひとりよがりはないだろう。「こころの奥にやさしい欲求が」あったのであろうがなかろうが、「強姦という荒々しい行為」をこうむった女にとってゆるせないのはその「行為」そのものではないか。しかし、問題は、ここで怒ることではない。このような感慨をいだかせていたものはなにかをあきらかにすることだ[21]。

引用文のさいご「訳のわからない恐怖」とはなにかについて、おなじ作品のなかからそれに触れた部分を抜きだしてみよう。

（……）みんな祖国へ還る日を夢みていたのである。そしてその夢の内側で、血腥《なまぐさ》い戦場生活に馴らされ、絶えず獲物を追っていなければ落着かない野獣の習性を身につけてしまっていたのだ。見渡す限りの水田地帯を、行軍は涯なくつづく。重い背嚢を背負い、三八式の小銃を担ぎ、汗と埃にまみれ、クリークを渡り、山を越え、また山を越える。そんな強行軍が三日も四日もつづく。落伍したら敵に殺される。ふらふらになって、真っ暗な夜は、前を歩いている戦友の背嚢に結びつけた白布を頼りについて行く。そして部落を発見する。旰が揚っていたら、それは民兵の合図だから警戒しなければいけない。しかし日本軍が部落に着く頃は、住民はほとんど逃げたあとで、老人や幼い子供が残っているだけだ。兵隊は野獣に等しくなっている。飢えを満たし、渇を癒《い》やし、女を見つければ強姦した。泣叫ぶ嬰児《えいじ》を、うるさいという理由だけで刺殺した兵隊もいた。あるいはまた、行軍の途中、通りかかった老人を敵の密偵に違いないと言い、追いかけて射殺した下士官もいた。彼等は単に獰猛《どうもう》だったのではない。心の奥底で、つねに何かを恐れ、気が狂いそうなほど怯えていたのだ。(22)

いかにもステレオタイプな文章だ。兵たちが「怯え」ていたようすは描いてあるが、なぜどのように「怯え」ていたのかは描いてない。

見えない敵への「怯え」が「敵前上陸」を決行する側の兵たちをどのように犯していくかを、ノーマン・メイラーは『裸者と死者』において迫真的に描いてみせた。(23) 敵状が不明であるだけに、彼らの「怯え」は不条理なまでに高まる。これは一般的真実だ。当時中国大陸に「進出」していた日本軍の兵たちにとっての「怯え」の原因はこれにとどまらなかった。なぜなら、その原因は、彼らがそのときそこにいることとそれ自体から発生するものであったからだ。侵略軍の兵たちの宿命である。まわりじゅうが敵だった。「良民」とゲリラ（「便衣」）とを区別しようがなかった。「落伍したら敵に殺される」その「敵」とは「正規軍」であるとはかぎらなかった。単独で行動すれば、いつでも、どこでも、生命の危険にさらされた。

そのような状況のなかで偶然に生き残って、その自分がいまここにいることを確認したいという欲求がわいてくることとそれ自体は、ごく自然なことだ。けれども、それが、なぜ、「女を求める」という行動に直結してしまうのか？

自分がいま生きていることを自分自身に感じさせるためにどのような行動をとるか？　そこにこ

そ、じつは、そのひとのそれまでの生きかたの総体が凝縮される。死の瞬間がそのひとの生涯の凝縮であるように。「大日本帝国軍隊」のおおかたの将兵の行動が「慰安婦」のもとに駆けつけたり「戦時強姦」をしたりといった方向にしか向いていなかったのだとすれば、彼らのそれまでの生のありようそのものがそのようなものでしかなかったのだ。そして、その底には、その彼らをそのような人間でしかありえなくしてきた、この国のこの社会の文化があったのだ。

註

（1）富士正晴「ひとこま」（『富士正晴作品集』岩波書店、一九八八年、所収）、二一二頁。

（2）本多勝一・長沼節夫『天皇の軍隊』八八頁、朝日文庫、一九九一年。

（3）戦時中に戦場でやっていたのとおなじことを戦後日本「内地」に「引揚げ」てからも続けてやっていた男（小平義雄）だけは、未曾有の「強姦魔」の汚名をきせられて処刑されたけれども。

（4）隊長が横暴で部下をぼろくそに扱っているとその分だけ兵たちは獰猛になる、といったことはよくあった。日ごろから「中隊長の功績漁りの討伐行軍に引っ張り廻され」ている兵たちは、「腹を立て、八つ当たりのはけ口を行く先々の部落の住民に向けるようになって、めぼしいものがあるとそれを掠奪してくる風習が、いつのまにか身についてくる。「強い兵隊というのは、同時に粗暴である」（伊藤桂一『ひとりぼっちの監視哨』、一四三頁、講談社文庫、一九七八年）。

（5）ごく一部の例外は、歴史上たしかにあった――し、こんごもありうる、と私は信じたい――にせよ。

（6）野田正彰『戦争と罪責』岩波書店、一九九八年。
ところで、「将兵」という語を、私は四カ所でしか用いていない。あとはもっぱら「兵」たちのふるまいに焦点をしぼってきた。問題の本質がそこにおいてもっとも鮮明にあらわれる、と考えたからだ。とはいえ、いまさら言うまでもなく、残虐非道のかぎりをつくしたのは「兵」たちにかぎらなかった。現に、野田が話を聴いたなかにも下級とはいえまぎれもなく「将校」であったひとたちがいる。
（7）野田、前掲書、一四七頁。
（8）なかには、調書と諸資料を綿密に照合した戦犯法廷の検事から「あなたの頭脳は千人に一人。抜群の記憶力だ。名前が間違っていたのは一人だけだった」と「感心された」ひとまでいる（野田、前掲書、二七五頁）。
（9）だからこそ、軍医速成のための「手術演習」の材料として、生きた人間が目の前に横たえられても、青年医師であった湯浅さんは（野田は、話を聴いたひとびとの実名を挙げるとともに「さん」という親しみのこもった敬称をつけているので、私もこれにならうことにする）「生来の真面目さ」から、「傷病兵」を治療するのとおなじ「実務として」生体解剖をやってしまう。のちに悔恨をもってその行為を想起したときにも、自分がげんに生体解剖した男の顔や手を思い出しはしない。そのとき「切り開いた臓器は眼前に浮かんでも、無念の思いをこめた顔貌は想起しない」。
自分が犯した罪についてまれにみるほど誠実に語る元中隊長の小島隆男さんの語りくちもなにか「説明的である」と、野田は感じた。罪責感が感じとれない。罪責感とは「より直接的な体験の想起であり、今は思い出したくないと思っていても、日常の意識に侵入してくるものである」と野田は書く、「もしそうでなければ、彼は元中隊長として自分の行為を解釈しなおすことはできたが、ひとりの人間としては本当に傷ついてはいないことになる。彼においてすら傷ついていないのなら、日本人に戦争における罪責感を求めることはほとんど絶望的だということになってしまう」（野田、前掲書、二七、三五、一三三頁）。
(10) 野田、前掲書、一三八頁。
(11) 野田、前掲書、一六頁。
(12) 野田、前掲書、二四三〜二四四頁。
(13) 永富さん自身は、みずからの「罪の意識の欠如」を「天皇制の思想」と「そこから導かれた民族的な蔑視観」によるものだと説明したそうだ。たしかに、そうではあるだろう。「ただし」と、野田は的確に補足している、その欠如は「知的な認識のレベルより深く、感情の表層のレベルよりさらに深く、感情鈍麻、無感覚にまで到っている。相手に対してかわいそう、むごい、ひどいと感じることも、自分自身が辛い、苦しいと感じることもない。自他の悲痛に対し無感覚である」。
「永富さんの感情鈍麻は、心的外傷ストレス障害（ＰＴＳＤ）を発症させない精神構造になっている」とも、野田は指摘する、「死の脅威を体験した後、多くのひとが恐怖の体験を忘却しようと努めながら、忘れようとすればするほど侵入する回想に苦しむ。回想を避けるためにも、あるいは回想に振り回されて、彼は自分を閉ざし、無感覚と感情鈍麻に到る、ところが永富さんの場合は、前もって感じない構造となっている」（野田、前掲書、二〇七〜二〇八頁）。
(14) ダグラス・ラミス「悪夢は続く・ガイドラインで自衛隊は海兵隊へ」六〜七頁、『反天皇制じゃーなる』一六三号、第Ⅳ期・反天皇制運動連絡協議会、一九九八年。
(15) 石川達三『生きている兵隊』七〇頁、新潮文庫、一九七三年。私が引用したのは戦後の文庫版からだが、この作品が中央公論誌に発表されたのはじつは日中戦争のさなか、一九三九年のことであったということを念頭においていただきたい。
(16) 高崎隆治『戦争と戦争文学と』六五頁、日本図書センター、一九八六年。
(17) ラミス、前掲書、七頁。
(18) 彦坂諦『男性神話』九八頁、径書房、一九九一年。
(19) 高崎は内海愛子との対談でつぎのように語っている。「今から二〇年くらい前に陸軍刑法を読んだことがあるんです。(……)そこに掠奪の罪はあるんですね。それには(……)こう書いてあった筈なんです。前項のっていうのは掠奪ですね――前項の目的を達成する為に強姦をなしたる場合は七年以上の懲役』と、『掠奪をなしたる場合は一年以上の懲役』、ところが、そのあとにこう書いてあるんですね。『前項の――こう書いてあるんです。(……)ということは、つまり、掠奪が目的ではなく、強姦だけが目的なら罪にならない、ということになりますね」(高橋隆治「戦争と性―語られなかった強姦」[内海愛子との対談]、内海愛子編『ぼくらはアジアで戦争をした――教科書に書かれなかった戦争 part3』梨の木舎、一九八六年、一七～一八頁)。
(20) 結城昌治『軍旗はためく下に』七八頁、講談社文庫、一九七五年。
(21) この問題については、これまであまり論じられてこなかったように思う。いずれきちんととりあげる必要があるだろう。私自身は、あの戦争当時の日本兵たちが「慰安婦」も自分もともにかわいそうなのだと無邪気に思っていたらしいことについて、それは「つらい環境のもとで生きなければならない者たちの自己欺瞞の一つ」としての幻想であり、この種の幻想が兵隊たちのあいだに「広く存在していたであろうことを、そしてまた、ばあいによってはそれが『慰安婦』たちに共有されることさえあったのであろうことを、私は否認しない」と書いたことはあるが、それ以上に考察を深めてはこなかった。

ところで、「ベトナム帰り」の元兵隊たちをたくさん相手にしてきたアメリカの売春婦マーゴ・セントジェームズが語っていることも、この問題と深くかかわっているだろう。

手足やほかの身体の一部がなくなった男にとって、誰かとセックスしてもう一度自分を確認して大丈夫と思うことがほんとうに必要なの。これは大変な仕事よ。だってその男は相手の売春婦に心から感謝して、あっという間に恋におちいっちゃうこともあるから。だからこういう連中を相手にするのは大変。愛情こめて抱きしめて、相手の気持ちに応えてあげなくちゃ。それを必要としてるんだから。ほんとうにさびしいのよ。街を歩いてもそっぽを向かれるし、地下鉄に乗ってもなるべく目立たないようにして、バスの中では顔も上げないのだから。ものすごい孤独感よ。特にベトナム帰還兵はね。おまけにお金で買えるセックスも禁じられれば、孤独感と疎外感は強まる一方じゃないの。（……）皮肉な話だけど、戦争みたいに人間の生命を粗末にする企てにのった男たちは、温かさとか慰めとかセックスとか、生命を大事にするものを必要とするのね。だからこそ、軍隊はキャンプについて歩く者たちを歓迎するんだし、いつだってそういう女たちがいるのよ（サリー・ヘイトン＝キーヴァ編著、加地永都子ほか訳『戦争を生きぬいた女たち』一二一～二、一二三～四頁、新宿書房、一九八九年）。

アメリカ兵たちはベトナム戦争で精神的に深刻な傷を負った。一方、「大日本帝国軍隊」の将兵のばあいは「身体は傷ついても、心は傷つかない不死、すなわち感情麻痺の強さ」を持っていた（野田、前掲書、三五三頁）。そういうちがいはあっただろう。だが、いずれにせよ救いを女とのセックスに求めるという点ではどこかで通底しているようにも思われる。それをそのように求めるのは、まず、〈男〉たちが一般に〈女〉という存在をそのように見ているからだろう。そしてまた、その求めかたのうちに、それぞれの時代のそれぞれの民族のそれぞれの国家社会によって育てられた男たちがそれぞれに抱いていた女性像が投影されていたであろうこともたしかだ。

(22) 結城、前掲書、五五～五六頁。
(23) ノーマン・メイラー、山西英一訳『裸者と死者』上巻、一一～七〇頁、新潮文庫、一九六六年。

第3章　なぜ米軍は「従軍慰安婦」問題を無視したのか

田中利幸

一、「従軍慰安婦」問題に対する米軍の無関心

第二次大戦中、日本軍の「従軍慰安婦」と呼ばれる制度と実態について米軍がかなり詳細な情報を収集していたことは、ＡＴＩＳ（連合軍翻訳通訳課）が作成した調査報告書、第一二〇号『日本軍隊における生活利便施設』の第二章「慰安」の内容から明らかである。この報告書は、東南アジアや太平洋戦域で捕獲した慰安所規則文書や関連の命令書を下敷きに、「慰安所」がどのように経営され、利用する将兵がどのような規則に従わなければならなかったかなどが具体的な例を明示して解説されている。またこの他にも、捕虜となった日本人将兵が尋問に答えて、「軍慰安所」と、朝鮮人、中国人、インドネシア人などの「慰安婦」の存在に触れており、やはりＡＴＩＳのいくつかの尋問報告書の中にそのことが記されている（詳しくは吉見義明編『従軍慰安婦資料集』を参照）。

しかし「慰安婦」を直接対象とした米軍の「尋問書」そのもので、現在までに発見されているものは極めて少ない。「慰安婦」から直接入手した情報に関する資料としては、一九四四年八月にビルマで米軍捕虜となった二〇人の朝鮮人女性に対してアメリカ戦時情報局心理作戦班が行なった尋問内容を簡単にまとめた「日本人捕虜尋問報告書・第四九号」と、同じ女性たちを対象に東南アジア翻訳尋問センターが行なった尋問をもとに作成された「心理戦・尋問報告・第二号」が、アメリカ国立公文書館でこれまでに見つかったものの中でよく知られている二つである。

沖縄戦では、米軍は数多くの「慰安婦」を保護したことは間違いない。しかし、一五〇名近い数の朝鮮人「慰安婦」を沖縄で保護し朝鮮へ送還したにもかかわらず、米軍がこれらの女性を詳しく尋問し、日本軍がこれらの女性に対してどのような犯罪を犯したかを調査したことを裏付けるような資料が存在しない。したがって、米国のみならず連合諸国のいずれの軍部も、十分その存在を知りながら、「慰安婦」問題を国際法に反する重大な戦争犯罪とは見なさず、調査もろくに行なわなかったというのが当時の状況ではなかったかと推測される。(1)

では、なぜ米国をはじめ連合諸国には「従軍慰安婦」問題を犯罪として取り扱う意思が欠落していたのであろうか。おそらくその最も主要な理由は、被害者である女性たちのほとんどがアジア人であり、欧米諸国の市民ではなかったということであろう。インドネシア在住のオランダ人女性に対する強制売春を犯罪視したオランダも、当時の植民地住民であったインドネシア人女性被害者の問題には全く目を向けようとしなかったことも、この「アジア人被害者の軽視」に原因するものと思われる。東京裁判における「アジアの欠落」が歴史家たちによって指摘されているが、「従軍慰安婦」問題もまた同じ理由によって、歴史上希有な由々しき戦争犯罪として戦後取り上げられる可能性が抹殺されてしまい、ほぼ半世紀もの間無視され続けるという運命を背負わされたわけである。

もう一つ考えられる理由としては、普遍的性質として軍イデオロギーが国の違いを超越して持っている「戦時における対女性観」、ひいては「性」そのものに対する兵士一般の観念が指摘されるであろう。すなわちそれは、「女性は軍隊に慰安を提供する道義的義務がある」という考え、換言すれば「生命をかけて闘っている兵士には女性の慰安を享受する道徳的権利がある」という軍イデオロギーである。

この極端な男性中心主義イデオロギーは、東西南北、過去現在を問わず、ごく一部の人民解放軍を別としてあらゆる国の軍隊に広くかつ深く根を下ろしている。それゆえ一般に軍人たちは、性的サービスに限らず女性に慰安を求めるということに対して極めて無神経である。第二次大戦中のアメリカの軍人たちも、多かれ少なかれこの種のイデオロギーに染まっており、それが彼らをして「従軍慰安婦」問題を重大な戦争犯罪と認識させることを阻害する一つの要因となったのではないかと考えられる。したがって、米軍が「従軍慰安婦」犯罪の重要性を認識することができなかった原因を探究するためには、米軍自体の「性観念」と「性問題関連政策」が詳しく検討されなければならない。

二、第二次大戦期における米軍の性病予防対策

第二次大戦期の米軍が、自軍の将兵たちの性問題や売春問題に関してどのような政策を持っていたのかについては、これまでごくわずかの二次文献が存在するだけで、その詳細な分析を可能にするような豊富な資料の具体的存在が知られていなかった。しかし筆者は、数年前アメリカ国立公文書館でかなりの数の関係資料を発見した。そこで、以下、これらの資料の紹介と分析を行ないながら、事実究明を試みてみたい。

分析の対象となる資料は、米国陸軍省（War Department）が作成した国内基地ならびに海外に駐留している自軍内部の性病、売春、性犯罪対策をめぐる大量の資料と、アメリカ将兵が引き起こしている性問題に関して軍内部ならびに部外者から陸軍省に提出された苦情とその処理をめぐっての資料の二種類で、時期的には一九四二年八月から一九四五年七月までのほぼ三年にわたっている。なおこれらの資料の詳しい出典は限られた原稿枚数のために割愛するが、特に明記しない場合は全てアメリカ国立公文書館所蔵のRG165, Entry 43, Box 437-438ならびにRG165, Entry 418, Box 465に含まれる数多くのファイルから選択したものである。

この中で最も初期の資料は、陸軍省需品部内で回覧された一九四二年八月六日付けの秘密メモで、その内容は性病予防器具（コンドームと化学消毒薬の両方）の配付を兵の個人実費負担の形で許可するというもので、その運送を陸軍空輸部に割り当てるというものである。船を使わず空輸すること

にした事実は、問題がかなり緊急事態であったことを示唆している。予防器具配付の対象はアメリカ国外に駐留する兵員であった。しかしこの段階では、一体どのくらいの数量が必要なのか陸軍省も見当がつかなかったのであろう。同年九月の資料によると、軍医総監にその推定配付必要量を算出するよう要請している。この要請に答えるためであろう、一〇月一五日には、陸軍医務局のジョン・A・ロジャーズ大佐が表3-1のような推計をだしている。

つまり、米軍兵士は平均週一回の割合で性交渉をもつという想定の上に必要量を算出しているわけであるが、その配付には三四〇〇万ドルという膨大な年間予算が必要であったことがわかる。したがって、当初無料配付とせず、その費用を各兵の個人負担としたのにはこの莫大な経費の問題があったからだと考えられる。

一九四二年八月から一〇月にかけてこうした性病予防器具の配付計画が真剣に検討され、かつ実行された背後には、海外駐留の米軍の中に性病に罹る兵員数が急速に増えていたという問

表3-1　ロジャーズが算出した性病予防器具の必要量

(b)　必要量は以下のように定める

(1)　海外駐留兵一名につき最初の（試験的な）配付として

予防道具〔＊〕	12個（1セット）
予防化学消毒薬	12個

以上は3カ月の必要量と見なす。

(2)　毎月一名につき予防道具4個、消毒薬4個を、すなわち、1,000名の兵員当たり、各々4,000個を必要在庫量とする。

(3)　配付率－当初、1,000名の兵力につき3,000個あるいは25パーセント

〔＊「予防道具」とはコンドームを意味する：田中〕

(c)　1943年度に必要な費用は以下のように推定される

予防道具1個	$ .03
予防化学消毒薬1個	$ .15
最初の配付総額	$ 6,480,000.〔＊〕
必要在庫総額	$ 25,920,000.
配付経費	$ 1,620,000.
1943年度用総額	$ 34,020,000.

〔＊1943年度海外駐留兵数3,000,000として算出〕

題があった。とりわけ、アフリカ、中近東、インド、インドシナ戦線に配置された米軍に性病感染率の増加が顕著で、例えばカラチ駐屯の黒人部隊の場合、売春宿への米軍兵の立入り禁止命令にもかかわらず、二人に一人が性病を患っているという状況であった。調査した検閲総監は、「他国がやったように、管理売春宿を設置してこの問題をかたづけ、この地に蔓延している悪性の性病に我軍の多くの若者が罹るのを避けることができるのである」と報告書の中で述べ、軍が直接管理する、日本軍の「軍慰安所」に近い施設の設置を推薦している。さらに、彼は「一九四一年陸軍回覧一七〇の規定は外国においてはほとんど適用できないことを認識すべきである」と陸軍省の政策を批判している。「陸軍回覧一七〇規定」というのは、通称「五月布告」と呼ばれた軍規定で、常設の米軍基地や駐屯地近辺にある売春地区が米軍兵員の健康を阻害し、軍活動に支障を起こすような状況をうみだした場合には、陸軍長官の権限により特定地域の売春業を即時停止させることができるというものである。しかし、外地駐屯部隊の性病問題を調査したこの検閲総監は、赤線地帯の売春業を停止させても売春業自体はヤミ市化するだけで、まったく問題の解決にはならないと言っているわけである。

陸軍省は軍管理売春宿の設置を助長したり公に許可することはしなかったが、海外駐屯兵たちがコンドームと消毒薬を原価で入手できるように手配するだけではなく、兵たちがたむろする赤線地帯に軍専用の「洗浄消毒所」を設け、売春婦と交渉した後は必ずこの洗浄消毒所を訪れ、性病予防に努めるようにと注意を促している。この洗浄消毒所もかなり早い時期から様々な駐屯地域で開設されたようで、陸軍予防医学局のスタンホープ・ベインジョーンズ大佐がG‐1参謀部員、ローレンス・ハンレー大佐に提出した一九四二年九月二五日付けの報告書ではすでにその存在について言及されている。しかし、アフリカ、中近東、インド、インドシナ戦線に駐屯している米軍の性病問題が相当深刻な状況であったとみえ、ベインジョーンズ大佐は、これらの地域での現状調査と対策提案のために性病予防対策の専門家であるウィリアム・A・ブラムフィールド少佐を至急派遣するよう同じ報告書の中で進言している。この進言にそって、N・L・デイ軍務局長は、一〇月一日、ブラムフィールド少佐に調査派遣を命じた。

ブラムフィールド少佐の現地調査は一九四二年一〇月下旬から翌四三年の一月下旬まで行なわれ、その報告結果が出るには四三年三月二日まで待たなくてはならなかった。その間もこの問題はますます悪化していたのであろう。陸軍医務局のジョーン・A・ロジャーズ大佐がG‐1参謀副長に提出した一九四二年一〇月一五日付けの報告書では、予防器具配付地域にアラスカ、カナダ、ニューファウンドランド、パナマが新たに含まれており、かつ個人負担購入であるはずの予防器具が、ある特定地域では無料配付となっている。さらにこの報告書では、これまでに空輸で無料配付された数量と配付地域がリスト・アップされている。この空輸無料配付地域は南米（ブラジル・トリニダッドなど）、アフリカ（ラゴス、カーツーム、カイロなど）、それにインド地域（カラチ、カルカッタなど）の計一四カ所で、配付総数量はコンドームが四九〇〇箱（一箱三個入り）、消毒薬一万四七〇〇個となっている。これら三地域に予防器具が優先的にしかも空輸で無料配付された理由は、おそらくこの地域に駐屯している米軍の性病感染率が異常に高かったためであろうと考えられる。この他に海外各地に駐屯している作戦部隊からの注文に答えて、これまた無料配付として、一九四二年九月二九日にはコンドーム一〇万箱、消毒薬一五万個が、一〇月二日にはコンドーム五万五〇〇〇箱、消毒薬一六万五〇〇〇個という大量の予防器具がニューヨーク港から船で発送されている。しかしこれらの作戦部隊の具体的な部隊名と駐屯地は明らかにされていない。また、同じ時期、有料配付として海外駐屯地の全ての陸軍販売所にすでに発送済みで、寒暖地域の駐屯部隊には一〇〇〇人当たりコンドーム二一六〇箱、亜熱帯地域の駐屯部隊には一〇〇〇人当たり三〇〇〇箱というのが配付の基準であった。

三、ブラムフィールド報告書と軍管理売春

それでは実際に米軍海外駐屯部隊はどのように性病問題と取り組んでいたのか、ブラムフィールド少佐が提出した前述の報告書の内容を検討してみよう。ブラムフィールド少佐の調査範囲はすでに述べたように、アフリカ（とりわけ西海岸地域）、中近東（エジプト、パレスチナ、イラン、イラク）、それにインド・パキスタンの広域にわたっている。

この報告書を一読して気がつくことは、性病感染予防の手段として軍が売春宿を直接管理するか、ほぼそれに近い形態をとっている部隊がいずれの地域にもあったという事実である。これはもちろ

ん陸軍省の基本政策に真っ向から対立するものであるが、各現地部隊の指揮官の判断で、陸軍省の規則に違反していることをはっきりと知りつつも、独自に行なっていたわけである。一般には、既存の売春宿のうちある特定の売春宿が軍指定の施設とされ、その売春宿には洗浄消毒器具が常備され、部隊所属の軍医が売春婦の性病検査を定期的に行ない、兵員にはこの指定宿以外の施設を使わないようにさせることによって性病感染の可能性を少なくしようと試みたわけである。

しかし場所によっては、特設の軍専用売春宿が新たに駐屯地近辺に建てられるというケースもあった。例えば、アフリカ西海岸のリベリアのロバーツ・フィールド駐屯部隊の場合がそれである。リベリア政府のはからいで駐屯地に隣接する形で「女村」が二つ建設されており、この村で商売を希望する女性は性病検査を受けて合格しなければ入村が許されなかった。合格した女性は顔写真を撮られ、この顔写真のついた札を首から下げることを要求された。つまりこの札を持たない女性は性病を持つ可能性があることを、利用する兵員にこうして知らせたのである。入村が許された女性は草ぶき屋根の家、すなわち売春宿を購入させられ（三部屋付きの草ぶき屋根の家一軒が一五ドル）、毎週性病検査を受けなければならなかった。性病に感染したと思われる女性からは札が取り上げられ、治療が施され、完全に治るまで札を返却しないという方式が取られた。ブラムフィールド少佐によると、この「女村」の設置によってこの部隊は兵員の性病感染率をかなり減少させた。しかしアメリカ国内の部隊の性病感染率と比較するとまだまだ高いため、村の周りを柵で囲って現地男性が近づけないようにし、村の入り口に洗浄消毒所を設け利用する全兵員に消毒を強制すればもっと効果的であると、ブラムフィールドは提案している。しかし、部隊に隣接するこうした管理売春宿の存在については、ワシントンの陸軍省の幹部たちはブラムフィールド少佐の報告を目にする前から知っていた。例えば、第四一工兵部隊（詳細な駐屯地は不明、しかしアフリカないし中近東地域）は「パラダイス」と呼ばれる売春宿を設置し、現地の売春婦を使って部隊が直接管理しており、白人、黒人両グループの兵士たちが利用していると、陸軍従軍牧師長が一九四二年一二月一八日に陸軍省に報告しているのである。

ブラムフィールドの報告によると、同じような管理売春宿をエリトリア（エチオピア）では米軍は英軍と共同で利用している。もともとはイタリア軍管理下の売春宿であったものを、一九四〇年に英軍がエリトリアに侵攻してからそのまま引き継いだものである。アスマラに三軒、マッサワに二軒あったが、ブラムフィールドはアスマラの三軒を視察している。彼によると、これらの売春宿には憲兵が張り込み、米英軍兵士以外とは売春婦が接触できないようにし、また酔っている兵士の利用を許可しないようにしていたようである。売春宿内での飲酒も許されていなかった。これらの売春宿を利用した兵士たちは売春宿内に設けられた洗浄消毒室まで必ず連れていかれ、自分の名前、兵士番号、利用時刻、相手の女性の名前を用紙に記入し、備付けの鍵のかかった箱に投入することが義務づけられていた。そして、洗浄消毒処置を受けなければ営舎に帰ることが許されなかった。用紙を鍵のかかった箱に入れさせたのはプライバシーを保つためで、箱は毎朝軍医のもとに届けられ、軍医だけが記録を保管し、性病に感染した兵士が出た場合はすぐにその相手の女性が誰であったかを確認して営業を停止させ、治療ができるようにしたわけである。こうした厳格な管理のためにエリトリア駐屯部隊では性病感染率がかなり低かったようであるが、この管理方法も実はイタリア軍からそのまま継承したものであった。憲兵によって管理されるこの種の売春宿はペルシャにも存在すると、ブラムフィールドは報告している。

中近東でも米英両軍が同時に駐屯した地域が多くあるが、そうした場所において管理売春宿が存在せず兵士たちが通常の赤線地帯を利用していた場合でも、両軍が洗浄消毒所を共同利用しており、この面での「英軍と米軍間の協力はすばらしい」とブラムフィールドは称賛している。因みに、英軍は中近東戦線でイタリア軍から五〇〇万個という驚くべき数のコンドームを捕獲しており、これを今度は自軍の兵士たちに無料配付した。パレスチナではブラムフィールドは英連邦豪州軍の管理売春宿を視察しているが、軍医と憲兵が売春宿を厳しくチェックし、兵士には予防器具を与え、指定以外の場所を立入り禁止にして性病感染率を英軍より低く押さえていると、その厳格な管理方法に感心している。

しかし問題は、感染率が比較的低い中近東駐留豪州軍の場合でも、性病が砂蝿熱病についで軍の健康を脅かしている二番目に多い病気で、性病患者の絶対数がマラリアや赤痢患者数の二・五倍という状況であったという事実である。したがって、海外駐留の連合軍にとっては、米英豪を問わず、性病が最も軍指導部の頭を悩ませた問題であったことは疑いようがない。アメリカ陸軍省のF・H・オズボーン准将がダルトン大将に宛てた一九四三年二月八日付けのメモで、「どうしたらよいかわからない」と嘆いているのも全く不思議ではない。そして陸軍省はこの問題に対処するために、アフリカ、中近東、インド・パキスタンのいずれの地域にも大量のコンドーム、消毒薬、洗浄器具を配付し米軍兵士たちが売春婦を利用することを黙認していたことが、ブラムフィールド少佐の報告によってもはっきりと裏書されているのである。

ブラムフィールド少佐は調査の結果として九項目にわたる提言を行なっているが、その第一番目で彼は次のように述べている。「陸軍規則を修正し、戦闘地域で指揮をとっている将官たちが、その地域の状況から鑑みて必要と考えられるような性病抑止策をとれるようにすべきである。そうした政策が米国内の性病抑止に適切と考えられようとそうでなかろうとにかかわらず、規則を修正すべきである」。かなり遠回しな表現であるが、ここでブラムフィールドが言っている「陸軍規則」とは前述した「五月布告」のことであり、「必要と考えられるような性病抑止政策」とは「軍管理売春」を指していることは明らかである。つまり、「五月布告」を変更して、海外駐留軍の現地指揮官の独自の裁断で軍による管理売春が大っぴらにできるようにしたほうが、性病防止の効率を上げることができるとブラムフィールドは示唆しているわけである。しかもすでに軍管理売春がいくつもの地域で実際に行なわれていることを視察してきた彼にとっては、既成の事実に合うように規則を変えたほうがよいというのが、本心ではなかったろうか。しかし、陸軍省幹部たちはブラムフィールドのこの提言を受入れることなく、タテマエだけはその後も維持し続けたのである。

さらに、ブラムフィールド報告書とは別の米軍資料から、カリブ海地域でも、アフリカ、中近東、インド・パキスタン地域同様、現地の駐留軍の中には陸軍省の政策を明らかに知りながらそれに違反する軍管理売春を行なっていた部隊が数多くあったことが判明する。また陸軍省の方でも、こうした現地の状況を十分把握していながら、最初から「五月布告」の海外駐留軍への適用を諦めており、管理売春を黙認していたことが以上の情報からも再確認できるのである。管理売春を黙認したどころか、ある場合にはその事実を意図的に隠匿したこともあったことが別の資料から明らかとなる。それは、陸軍G‐1、国家戦争奉仕局社会防衛部のエリオット・ネス部長がカリブ海地域でとられている性病予防対策をめぐって一九四三年一〇月九日にはやはりG‐1幹部の一人であるH・A・クーニー大佐に宛てた手紙で、この問題に関する報告が「このままの形で公表され一般に配布されるべきではないし、〔現地〕諸部隊の活動に関する説明が軍外部の人間に入手可能となれば戦争努力に損害を与えることになろう」と述べ「〔現地〕諸部隊の活動に対する助言は、陸軍の担当士官たちだけに知らされればよいことで、すべて〔原文から〕削除されるべきである」と忠告している。

四、オーストラリアでの駐留米軍

筆者がアメリカ公文書館で入手した陸軍省の関連資料には全く現れないが、明らかに現地の売春宿を利用していたもう一つのケースとして、オーストラリアの駐留米軍が挙げられる。オーストラリアでも太平洋戦争開始後まもなく、海外駐留軍だけではなく国内在留の豪州軍の中にも性病感染者が急激に増えていたため、軍と政府は様々な調査を行ない予防対策を練っている。オーストラリアの対策は、アメリカの国内向け・海外向け対策の使い分けとは違って、国内でも兵士にはコンドームを無料配付し、基地近辺や赤線地帯には洗浄消毒所を設置して、売春宿を利用した兵士には必ず近くの洗浄消毒所に立ち寄り処置を受けるよう指示している。米軍に関する関連情報は、こうしたオーストラリアの資料に付随的に現れる。それらによると、駐留米軍は別個にその洗浄消毒所を駐屯部隊周辺や赤線地帯に配置していたようで、場所によって米軍と豪軍は相互にその洗浄消毒所を利用できるような協力体制をとっていたことが判る。また米軍兵士の性病患者の治療も豪軍病院で受けられるようになっていたようだが、かなり重病でない限り米兵たちは自軍の軍医の治療で済ませるようにする傾向が強かったようである（オーストラリア国立公文書館所蔵、MP742/1211/6/236）。しかしオーストラリア駐留の米軍が赤線地帯の一定の売春宿を軍指定とし、軍医による売春婦の医療検査などによって売春管理を行なっていたかどうかは、ある特殊なケースを別として、オーストラリアの資料からは明らかではない。

ある特殊なケースとは、米軍黒人兵専用の管理売春宿の存在である。米兵とはいえ黒人兵は「白豪主義」に国民の意識が強く染まっている当時のオーストラリアでは、市民女性どころか売春婦とさえ接触するのが困難だったようで、こうした黒人兵の不満を解消するために駐留米軍は黒人兵専用の管理売春宿を特別に設置していた。この事実は、オーストラリア政府が一九四三年二月にメルボルン大学の生理学教授、R・D・ライトとシドニー大学人類学講師、イアン・ホグビンの二人に委託した「クィーンズランド州北部における市民のモラル」に関する調査報告書の中で明らかにされている（オーストラリア国立公文書館所蔵、MP742/165/1/92)。それによると、米軍はこうした黒人兵専用の管理売春宿をいくつも持っていたようで、ここで働くオーストラリア人売春婦には破格の礼金を払うという誘導政策で女性を集めた。ある売春婦は、黒人兵を相手に一年間で三八〇〇ポンドもの貯金を蓄えたとも、この報告書は述べている。

五、軍内外からの非難

数は多くなかったであろうが、米軍内部にも自軍のこうした管理売春に憤慨していた者がいたことは確かで、彼らがしたためた苦情の手紙がいくつか残っている。例えば、一九四三年一二月には北アフリカ駐留のある部隊のカソリック信者である兵士が、自分の所属する部隊だけではなく同じ地域の別の部隊でも売春宿を設置していると非難する内容の手紙を、故郷のニューヨークのエドモンド・クレーマー神父に送った。この手紙の中でこの兵士は次のように述べている。

神父様、「郷に入れば郷に従え」ということわざがあります。それが今まさにここで起こっていることなのです。「フランス軍が〔売春宿を〕持っているのだから、我々だって持っていいはず」と彼らは言います。男の、とりわけ既婚の男の欲望を満たすには必要なのだ、とも彼らは言います。

同じ部隊のもう一人のカソリック信者兵士がやはり故郷の神父に同じような内容の手紙を出したようで、今度はその情報が神父たちから米国議会下院議員であるハミルトン・フィッシュと上院議員ロバート・ワーグナーに伝えられた。二人の議員はそれぞれ軍が売春問題に対してどのような方針をとっているのかについて、陸軍省に問い合わせを行なった。これに対して陸軍は「売春宿はアフリカの米軍によって経営されてはおりませんし、陸軍省は北アフリカであろうとどこであろうと売春宿の設置または経営には断固反対であります」と回答している。現地部隊の指揮官には形式的に真偽のほどを質しているが、もちろん指揮官たちはそんな事実はないという数行の簡単な報告で済ませている。しかし陸軍省の「売春宿はアフリカの米軍によって経営されてはおりません」という表現はかなり意味を含んだ言い方で、「売春宿は存在するが、米軍が直接経営してはいない」とも解釈できる余地を残した表現法であることに注意しなくてはならないであろう。

一九四四年九月には、フランス駐留の第二九師団のある兵士がやはり故郷の神父に、師団長であるゲアハルト大将自らの指揮で師団兵員のための売春宿を設置したという内容の手紙を送り、この情報が最終的にはアメリカ・カソリック教会の重鎮であるマイケル・リディー神父に届けられた。リディー神父は、陸軍の最高責任者であり、大統領の片腕とも称されたヘンリー・スチムソン陸軍長官に真偽のほどを確かめるように要求する手紙を一一月三日に出している。カソリック教会の大物が陸軍長官を通して調査を依頼してきたということで、陸軍省の幹部たちやゲアハルト大将も簡単には無視できなかったのであろう。調査の結果「ある手違いで第二九師団駐留地に売春宿の開設が許可され」、これに気がついたゲアハルト大将は四時間後にこの売春宿の閉鎖を命じた、ということが明らかになったというのである。しかし「ある手違い」で売春宿が開設されたというのはひじょうに口実がましく聞こえる表現であるし、四時間後に閉鎖されたのが果たして事実かどうかを確認する資料も存在しない。この件についても陸軍省が詳しく調査した形跡が見られないのである。

一九四五年一月には、ニュー・カレドニアのヌメアに駐留している米軍の従軍牧師から、ヌメアには「ピンク・ハウス」と呼ばれる売春宿があり、現地駐留の陸軍ならびに海軍当局の全面同意を得て、軍医と憲兵がその管理に当たっているという非難が陸軍省に届けられている。同年二月八日の陸軍省の内部資料によると、この「ピンク・ハウス」に関しては同じ従軍牧師が一九四四年六月二〇日にもこれを咎める報告を出しているが何の処置もとられなかったことが明らかになっている。一九四五年二月一七日には陸軍省のH・R・ヒックマン軍務局長が陸軍太平洋地域司令部に調査の指令を出し、これが真実であるならば「ピンク・ハウス」を「立入り禁止区」にするようにと勧告しているが、果たしてどのような処置がとられたのかは明らかではない。それにしても、従軍牧師からの最初の報告があってからほぼ半年もの間なんの調査もしなかった事実から、陸軍省が軍管理売春の探知と撲滅にどれほどの熱意を持っていたのか明らかであろう。

六、陸軍省の態度変化と戦後の軍管理売春

　したがって、以上の資料から陸軍省は一九四五年二月の段階でもタテマエは「米軍兵員の売春婦との接触はいかなる地域においても禁止」という方針をとり続けたが、実際にはこれを黙認し、軍内外からの批判があった場合には一応形だけは調査し適切な処置をとることにしていたと考えられる。ところが一九四五年四月下旬になると陸軍省の態度に変化が見られるようになる。その変化は、四月二四日、軍務局長J・A・ウリオ少将が南西太平洋、カリブ海地域、アラスカ地域をはじめ諸海外駐留軍の司令官たちに軍管理売春問題について二ページ、四項目にわたって与えた指示に現れている。この中で彼は海外駐留軍が直接、間接に売春宿を管理しているという「数多くの未確認報告が陸軍省に届いている」ことを一方で認めながらも、陸軍省の政策としてはこうした活動は認められないこと、管理売春が性病予防に役立つということはないことを強調し、各駐留軍がこの陸軍省政策に沿った適切な処置をとり売春撲滅に努めるようにと勧告している。

　陸軍省がこの問題でその基本方針を強調し、全海外駐留軍に宛てて売春撲滅に努めるよう指示を出した事実を明らかにするような資料は、筆者が入手した数多くの関連資料の中で、これが最初で最後の唯一のものである。したがってこれは、新しい軍務局長、ウリオ少将がこの問題についてそれまでの陸軍省幹部たちと全く違った見解を持っていたと考えることも可能である。しかしまた、この時期、ヨーロッパ戦線ではもうナチス・ドイツ軍の敗北は目前で、ヨーロッパ各地に米軍が侵

攻して大勢の市民との接触が急に多くなった。太平洋戦域でもフィリピン、沖縄へと米軍は進出し同じように大量の民間人との対応が重要な課題となってきた。それゆえ、米軍がそれらの駐留先で軍管理売春をおおっぴらに行ない、駐留地住民のひんしゅくを買うことは軍政上好ましくない、という見解が陸軍省上層部内に出てきたとも考えられるのではなかろうか。しかし、陸軍省のこうした指示を各駐留軍司令官がどこまで徹底させたかについて知ることができるような資料は、筆者はまだ入手していない。

日本へ進駐してきた米軍が、「大和撫子の防衛」と称して日本政府が用意し提供した「国際親善協会RAA」の管理売春をほとんど何の躊躇もしめさずに受け入れた背景には、実は戦時中の米軍の広域にわたるこうした軍管理売春の経験が横たわっていたのである。しかし米軍は日本政府による「国際親善協会RAA」の提供を待つまでもなく、日本進駐の最初から売春を許容する計画を持っていたのである。一九四五年八月下旬から九月上旬にかけて日本に上陸した進駐軍は、到着するやすぐに赤線地帯を視察し、自軍将兵の性病予防対策を目的として洗浄消毒所を赤線地帯に設けたのである。この事実は、例えば、公衆衛生福祉局のジェームズ・ゴードン中佐が、第一機甲師団軍医、ワイズバック少佐と会談したその内容に関する九月三〇日付けのゴードン中佐のメモ（米国立公文書館、RG331, SCAP BOX 9370）から明らかとなる。左記はその抜粋訳である。

一・ワイズバック少佐は、諸部隊が東京に到着するや都内の主な売春街を視察し、以下の四ケ所に洗浄消毒所を設置したと報告した。

a　千住地域

b　向島地域

c　横浜道

d　第1旅団地域

これらの洗浄消毒所は毎週七〇〇〇から一万回の〔予防消毒〕処置を行っており、さらに大量の個人用物品を配給している。

二、性病予防器具、サルファチアゾール、甘汞軟膏、プラドゴール、紙タオルの供給が非常に少なくなってきている、と少佐は述べている。これらの物品の補充を第八軍兵站部を通して確保しようと何回か試みたが、現在のところ確保できない。

ここで「個人用物品」と称されているのは、おそらくコンドームのことを指すのであろう。毎週延べ数にして、第一機甲師団だけで一万人近い兵士が売春婦と交渉していたことがこの資料から明らかになる。日本上陸後一カ月あまりで、コンドームをはじめ洗浄消毒薬の師団在庫がなくなりつつあると軍医が心配したのも不思議ではない。

すなわち、進駐軍が日本政府の「RAA提供」という自主的協力を得て行なった「性病予防目的の軍管理売春」の方法は、戦時中に米軍が様々な海外駐留地でとった方法を全くそのまま応用したものであった。しかもすでに見たように、こうした軍管理売春は陸軍省の政策、とりわけ一九四五年四月下旬に軍務局から出された指示を頭から無視する行動であったことは明白である。日本の公娼制度は進駐軍が促進するデモクラシー思想に反するものであり、さらには進駐軍に蔓延している性病の原因であるという公式的理由により、RAAは一九四六年三月に閉鎖されるが、この閉鎖命令の発信源はそれゆえ、GHQ内部よりはむしろ、日本進駐軍が政策に違反して軍管理売春を続行していることに憤慨したワシントンの陸軍省ではなかったかと推測される。

したがって、戦時中も戦後の進駐初期にもこのような「軍管理売春」を当然のこととして行なってきた米軍には、日本軍が犯した重大な戦争犯罪、歴史上最も由々しい「人道に対する罪」の一つである「従軍慰安婦問題」を「犯罪」として認識、洞察する目が最初から完全に欠落していたのである。

七、問われるべきことは何か

このような背景を持った米軍が「従軍慰安婦」問題を犯罪視しなかったからといって、政府を含む我々日本人が数多くの女性に対して組織的に犯した行為が重大な犯罪であったという厳然たる事実に変わりがあるわけではもちろんないし、そうした犯罪に対する責任を免れることもできないことは言うまでもないことである。

また、日本の「従軍慰安婦」問題と米軍をはじめその他の連合国軍が行なった「管理売春」を全く同質なものとして見なすことも間違いである。なぜなら、「従軍慰安婦制度」の場合は、その多くの女性たちを強制連行したり騙したりして強姦同然に売春を強要するという形をとっており、彼女たちの基本的人権を徹底的に侵害するという重大な犯罪を日本は軍指導部を直接巻き込む形で犯しているのに対し、連合軍の場合は既存の商業売春婦を利用していることから、「犯罪性」の点において違いがある。したがって「慰安所」を商業行為に基づく公娼制と見なし、連合軍の「管理売春宿」と同一視することは誤りである。また米軍をはじめとする連合軍の「管理売春」における「管理」の目的は「性病予防対策」に集中しており、日本軍の「従軍慰安婦制度」のように「慰安所」の経理への介入や女性の物理的拘束といった強権的監督統制を伴っていたとは思われないところからも、「管理」の内容の点でも違いがあったことを忘れてはならない[2]。

しかし連合国軍の「管理売春」を日本軍の「従軍慰安婦制度」と比較検討してみるとき、このような違いがあるにもかかわらず（そしてこの違いこそ我々日本人にとっては重要なのであるが）、軍が女性を組織的に搾取するという根本的な点においては変わりがない。それゆえ我々が、とりわけ男性が自問しなければならないのは、「なぜ戦争においては女性が性的搾取を受ける傾向が、平和時よりはるかに強まるのか」という普遍的、根本的な質問である。

性行為は人間に単に肉体的な快楽を提供するだけではなく、たとえつかの間ではあっても、「現実からの絶対的逃避」という心理的歓喜をもたらす機能を有している活動である。したがって、戦争期に限らず平和時においても、個人を取り巻く現実状況が厳しければ厳しいほど、人は性交渉による現実逃避を強く願望する。また肉体的に密着した愛情行為を通じて、個々人はそれぞれ自己の存在、生命の再確認を行ない、自己存在価値の確証を新たにする。性行為の喜びは、したがって二人の人間が相互に自己存在を鋭く深く再確認しあう歓喜でもあるのだ。飲酒も「現実からの逃避」作用という性格を強く持つ人間行為であるが、飲酒には「自己存在価値の確認」という機能が欠落している。性行為が持つこうした特異な本質的機能のゆえにこそ、戦闘に駆りだされ自己の生命を常に危険にさらさなければならない軍人が女性との肉体交渉を強く求めるのは、肉体的・心理的に当然の帰結であるといえよう。戦闘が激しくなればなるほど兵が女性を求めるのは、こうした理由による。戦闘という極限状況におかれた兵が女性を求める心理を、あるアメリカ人のベトナム帰還兵は次のようにみごとに描写している。

男と女がつかの間しっかりと抱き合い、恐ろしい戦争の現実からの逃避をセックスに見いだすのだ。「明日はないかも知れないから今愛しあおう」というように、戦争がセックスを強烈なものにするのは、「死」があるからだ。戦場でどんな武器を持っていようと、死を最後まで拒む唯一の武器は「愛」だ。セックスは生命の武器だ。発射された精子がゲリラ部隊のように卵子の防御を突き破っていく、この勝利だけが重要だ。戦争は孤独の井戸へとおまえを突き落とし、死がおまえの耳元で息づく。この孤独からおまえを引上げ助けだし、おまえに再び生きていると感じさせる生命の留め金は、セックスなのだ。（W. Broyles, Jr., "Why Men Love War" in Walter Capps ed., *The Vietnam Reader*）

第二次大戦に限らずどんな戦争においても、兵が女性を求めて走り回るのは歴史的に普遍的な現象である。第一次大戦でイギリス軍は、兵士の性欲を減退させるために鎮静剤を大量に使ったと伝えられている。にもかかわらず、英軍は四〇万人、米軍は三四万人という信じられないほど大勢の性病感染者を第一次大戦中に出した。またどこまで確かかは判らないが、一説によると、第二次大戦期ヨーロッパ戦線で、ノルマンディー上陸時点から終戦までのほぼ一一カ月の間に、連合軍兵士は平均して一人が二五人の女性（必ずしも売春婦とは限らない）と性交渉を持ったという。このように、戦争と軍人の性欲、性行為とは相互に密接にからみ合っており、分離して考えることができない問題なのである。

しかし、戦争期における軍人の性行為はまた同時に、平和時には影をひそめている暴力を頻繁に伴うという性質を持つ。それは次のような理由によるものと思われる。自己の生命を守るために敵を攻撃、支配するという激しい「暴力性」が、戦場では兵士一人一人に求められる。しかも敵もまた、同じ理由で必然的に暴力性をおびざるをえないという全く同じ状況におかれている。したがって、敵の暴力から我身を守るために自分がより暴力的になるという悪循環のラセン階段を、兵士たちは急速な速度で滑り落ちていく。それゆえ戦争が一旦始まると、暴力が暴力性を強め、兵をますます残虐にするという「暴力の乗数効果的作用」がまたたく間に兵士たちの間に拡がり、彼ら自身の人間性を剝奪し、同時に敵を非人間化してとらえるようになる。自己自身と敵の人間性の徹底的な剝奪は、当然第三者の非人間化へと拡大されていく。そこに、すでに述べたように、「死の恐怖」という「厳しい現実」から逃避する手段として女性との性行為が激しく求められると、女性の肉体を暴力で支配してでもこの欲望を達成しようという、「女性の非人間化」という醜悪な現象が噴出することになる。自己存在、自己生命の再確認、すなわち人間性再獲得の喜びそのものであるはずの性行為が、ここでは人間性の剝奪という全く逆の行為へと堕落し変態化するというアイロニーが、戦争という暴力の極限化によって生み出されるのである。暴力による女性の支配は、敵を支配しなければならないという兵士の「支配意欲」、「攻撃意欲」をも満足させる。かくして「敵の支配」と「女性の支配」が相互に刺激、助長しあうという現象が現れる。それだからこそ、戦争では大量強姦が頻繁に起きるのである。

殺すか殺されるかという戦闘状況におかれた兵士、暴力性によって自己の人間性を剝奪され他者を徹底的に非人間化した兵士の眼中には、「国際法規約」、「人道に対する罪」といった抽象的な法概念やモラル概念はほとんど意味を持たない。第二次大戦だけではなく、ベトナム戦で、湾岸戦争で、ソマリアで、ボスニアで、ルアンダで、チェチェンで、コソボで「国際法」が完全に無視され、多くの女性が強姦され虐殺された背景には、上述したように、戦争そのものが暴力的性行為を必然的条件としてなりたっているという厳然たる事実が存在している。したがって「従軍慰安婦」や

「軍管理売春」といった「軍人による女性の搾取」を防止するためには、戦争そのものが、ひいては軍隊という強力な暴力集団組織の存在そのものが根本から問われなくてはならない。

＊なお、本稿は同名のタイトルで『世界』一九九六年一〇、一一月号（岩波書店）に発表したものを、修正、まとめたものである。

註

（1）インドネシアで若いオランダ人女性たちを強姦し、彼女たちに売春を強制した日本軍将校たちをBC級戦犯裁判にかけたオランダの事例があるが、これは被害者が白人ないしは白人系であるという点で例外であろう。また、グアム島住民への強制売春を米国旗侮辱事件との併合でアメリカは裁いているが、日本軍による占領地住民に対する強制売春の裁判としては唯一のケースである。

（2）上野千鶴子氏は、氏の著書『ナショナリズムとジェンダー』（一三五～一三七頁）において、私のこうした「慰安婦」と「売春婦」の差異の指摘は、「任意性の有無（自由意志による売春と強制売春の違い）に」基準を置くもので、したがってそれは、「商業売春婦」を「カネと引き換えにどのような『人権侵害』を受けても文句を言えない存在として差別」するものであるという批判をされている。しかし、「商業売春婦」を差別することは私の意図するところではないことは、当論文中のすぐこの後に続く段落での私の論考を注意深く読んでいただければ、明らかではないかと思う。ともあれ、この御批判に対しては近い将来、別稿で私はさらに詳しく論じ、お答えするつもりである。

第4章　旧日本軍兵士の加害意識
——慰安所体験・強姦体験への聞き取り調査から

井上摩耶子

一、はじめに

「戦争と女性への暴力」日本ネットワーク（VAWW-NET Japan《バウネット・ジャパン》）は、二〇〇〇年「女性国際戦犯法廷」に向けて、旧日本軍軍人の「慰安婦」や戦場での強姦被害者に対する加害意識を明らかにするために、全国レベルでの「旧日本軍軍人の『慰安婦』に関するアンケート調査」を行ない、一九九九年八月一五日には靖国神社を訪れた旧日本軍兵士への聞き取り調査を実施、また集会に旧日本軍兵士Kさんをお招きして話を聞いた。後日、もう一人のメンバーと二人で、Kさんに五時間にわたって面接し、Kさんのより個人的な、深い感情レベルでのお話を聞くことができた。

私の課題は、そのデータを基にして、旧日本軍兵士の加害意識を分析することなのだが、ここでの分析はまだ中間報告段階でしかないことをお断りしておきたい。集められたアンケート調査を読み、Kさんのお話を聞き、この問題について書かれた文献も読んでみたが、私にはまだ旧日本軍兵士の加害意識をはっきり摑めたという気がしない。おそらく、もっと対話を重ねる必要があるのだろう。と同時に、「従軍慰安婦」や強姦被害者と性を同じくする私たちがもっと「女性の視点」を明確にして、旧日本軍兵士のかたたちとの対話に臨む必要もあるだろうと感じた。その対話は、カウンセリングでいうところの「対決」的なものになるだろう。本来、カウンセリングは、相手の語るままに耳を傾け、受容することを原則としているが、どうしてもカウンセラーが受容することのできない事柄や問題について、相手と「対決」的な話し合いを必要とする場合があるという意味である。

私は、フェミニストカウンセラーとして、強姦、セクハラ、近親姦、児童期の性虐待といった性暴力を受けた被害者や、ドメスティック・バイオレンス（夫・恋人からの暴力）被害者とカウンセリングをしている。フェミニストカウンセリングとは、そのまま日本語にすれば「女性解放カウンセリング」あるいは「女権拡張カウンセリング」ということになるだろうが、私たちは「女性のための女性による」カウンセリングといっている。

簡単にいえば、男性中心の視点ではなく女性の視点、あるいはジェンダーの視点に立ったカウンセリングである。相談に訪れる女性の問題解決は、彼女たちが今よりもっと自由で、平等で、人権を認められる方向において見い出されなければならないとするところに、フェミニストカウンセリングの特徴がある。

性暴力被害者やドメスティック・バイオレンス被害者への心理的サポートは、フェミニストカウンセリングならではの仕事だと思っているが、「女性への暴力」という視点に立って、「被害者のあなたには何の落度もない、悪いのは加害者である」と伝えるところからカウンセリングをはじめる。また、被害者への心理的カウンセリングと同時に、性暴力裁判において、被害者の強姦時の心理状態や強姦後遺症である心の傷についての専門家証言をしたり、意見書を提出したりして、性暴力被害者を代弁するアドヴォカシィ（擁護・代弁）活動もしている。まだまだ男性中心的な司法制度のなかで、性暴力被害者やドメスティック・バイオレンス被害者に無理解な司法関係者の意識覚醒を促すためである。

というわけで、旧日本軍兵士による「従軍慰安婦」問題や強姦加害に対する私の問題意識は、現在の性暴力加害者あるいはドメスティック・バイオレンス加害者への不可解さから出てきたものである。

女性の私にとっては、とくに相手の意に反して無理やりに、暴力をも行使してセックスをしたいという男性のセクシュアリティは理解しがたい。そして何度も、旧日本軍兵士の性暴力行為と現在の性暴力加害者との行為は同じなのか、違うものなのかと考えた。もし違うというなら、何が違うのだろう？　戦争だったから違うのだろうか？　この点が、旧日本軍兵士の加害意識分析への私なりの切り口である。

まず、アンケート調査や聞き取り調査から彼らの考えや感情を聞いてみよう。

慰安所について

靖国神社での聞き取り調査は、次のような結果だった。

一、慰安所は必要だったと思う（三五人）、思わない（三人）、無回答（一五人）

二、「慰安所は必要」とする主な理由は、「男には性欲のはけ口として必要」「性病予防のために必要」「強姦防止のために必要」「他に娯楽がない」「明日死ぬかもしれぬときには必要」などである。

三、実際に慰安所に行った人（一四人）、行かなかった人（一九人）、無回答（九人）

旧日本軍軍人の「慰安婦」に関するアンケート調査については、最終集計ができていないので、「慰安所は必要」とする代表的な意見についての記述を二、三書き出してみよう。

「強姦は犯罪だ。しかし、戦争の時は仕方なかったのではないか。命もしれず、兵隊は毎日、女とセックスの話ばかり。自分は『慰安婦』に感謝し、愛していた。当時は、悪いこととは思わなかった。若い兵隊は純真に女のところへ行き、女も兵隊をかわいそうに思っていた」、「自分はもともと女を金で買うことには反対だ。しかし慰安所に行ったのは、戦争時の異常心理。もう命はない、明日にも死ぬかもしれないという気持からだった」、「慰安所を知らぬものは、海軍士官として肝っ魂の座っていない者であるとばかりに中隊長自らの指揮ですぐ近くにある慰安所へ総攻撃をかけることになった。我々若い士官たちは、その夜スンバ（スンダ列島スンバ島）美人の接待を受けて愉快に過ごすことになった。それ以来ぐっと気持が落ち着いて軍人精神がいっそう高まった」などと、その当時は必要あるいは必要悪として慰安所を認めた人が大部分だった。

だが、慰安所の存在を是認せず、断固として慰安所に行かなかった人もいた。「性欲は、環境と自覚で制限出来る。私の例は、初年兵～三年兵時代（三年間）、シベリア抑留時代（五年間）、中国管理所時代（六年間）の計一四年間、性欲処理に困ったことはない」と書いた人もいた。

強姦について

旧日本軍軍人へのアンケート調査から、二例をあげる。「ある日の夕方、みんなが目の色を変えて走っていく。行ってみると泣き叫ぶ母親を兵隊が取り囲み、少女のズボンを無理やり脱がせ、一人の兵隊が強姦しているところだった。その回りを兵隊が取り囲み、見物していた。その兵隊は部隊でも一番優しい兵隊だった。悪い人ではなく優しい人がレイプしているのに驚いた」。「中隊長当番兵と馬の餌をやりに行く途中の山に、祖母、母親、少女が住んでいた。ある日、二人の女が泣いていた。少女と当番兵がいない。当番兵は少女をレイプしていた。咄嗟に自分は母親をレイプした。母親は泣き叫んでいたが、自分は口を押さえてレイプした。今でも忘れられず、申し訳ないと思っている。あの後、どうしたのか気になっていた。強姦は許されることではなく、申し訳ないことをしたと思う」。

これに似た記述がたくさんみられ、強姦がそれほど特別なことではなく、日常茶飯の出来事だったことがわかる。しかし、なかには「強姦は『良家の子女』を犯すことなので絶対にダメ。自分も強姦した兵士を軍法会議にかけて処罰したことがある」、「強姦した兵隊は宣撫のため重営倉に入れられて罰せられた」という記述もあった。

二、性暴力加害者の心理状態を知る必要性

先に述べたように、私は性暴力被害者のカウンセリングを担当し、けっこうたくさんの裁判ケースに関わってきた。そのため、性暴力被害者の強姦時の恐怖、どうにもできない無力感、恥辱感、屈辱感についてよく知っている。また、性暴力という一生涯消えることのない心の痛手、その外傷体験がストレスとなって引き起こされる「心的外傷後ストレス障害」（ＰＴＳＤ）の激しい症状に苦しむ被害者を知っている。

性暴力被害者は、強姦前と同じように世界や他者を信頼することができなくなり、彼女にとっての周囲や他者は自分に危害を与える脅威でしかない。神経は張りつめ、過覚醒状態で常に緊張し、怯え、決死の警戒態勢をとっている。また、強姦という信じられない出来事が、フラッシュバックによって、何度も何度もその時と同じ生々しさでもって再体験される。真っ昼間、何かをしようとしてもフラッシュバックにみまわれて集中できない。眠ろうとすれば、あの忌まわしい出来事が再

び悪夢となって襲いかかってくる。

このような被害者の苦痛と涙を前にして、ときとして被害者と同じような無力感に苛まれる私にとって、加害者はいったい何を考え、その心理状態とはいったいどのようなものなのかを考えざるをえなかった。

しかし、私には加害者をカウンセリングする機会はなかったし、法廷で垣間見る強姦加害者は平然として、その内面を表情や態度に表わすことはなかった。もちろん、そう装っているのではあろうが……。

そのような理由から、私は、なぜ加害者は強姦するのか？　強姦の後でどう感じ、何を考えているのか？　加害者もまた被害者と同じように傷つくのだろうか？　というようなことを理解したいと思ってきた。その意味でも、旧日本軍兵士の人たちの慰安所体験や強姦体験についての物語を聴くことに大いに期待していた。後述するように、被害者の心的外傷からの回復にとって、加害者心理は決して無縁なことではないからである。

しかしながら、アンケート調査の自由記述や集会でのKさんの話は、淡々としてよどみがなく、私の疑問に応えてくれるものではなかった。何かピンとこないのである。この感想は、私だけのものではなく、聞き取りに参加した女性たちの多くに共通した声だった。

そこで、もっと時間をかけて、もっと密着して、Kさんの物語を聴くことにした。

三、Kさんの戦争体験を聴く

中国帰還者連絡会（以下、中帰連）のメンバーであるKさんは当年、七九歳。二一歳で戦地へ、敗戦後も中国の戦犯管理所に送られ、帰国したのは三八歳のときだった。帰国後二年して四〇歳で結婚。平和な時代を生きてきた私たちには想像しがたいことだが、一七年間をまるで戦争に捧げたような人生だった。「もし戦争がなかったら、あなたの人生は違っていたでしょうか？」と思わず出た私の質問に、「過去のことは振り返りようがない。兵隊に行かなかったらと思っても、丁稚小僧だったから、学校に行ったわけじゃなし、考えようがないよ」と言われた。

「出征する二日前に、おふくろに『上等兵になってやる』と言ったら、しばらく黙っていたおふくろに『コンペイ糖などはいらない、生きて帰ってこい』と言われた。一七年間に、おやじの顔は忘れてしまったけど、おふくろの顔はいつも思い出された。

出征して六カ月後のはじめての作戦で、友だちに弾丸が当たった。『おっかあ、おっかあ』と呼びながら、三日で死んでしまった。兵隊は『おっかあ』と言って死ぬのであって、『天皇陛下万歳』と言って死ぬことはない。そんなこと言ってるのは、死なない人だけだよ。舞鶴に帰ってきたとき、生きててよかったと思い、忘れないで頭にあったのは母の顔だけだった。母を見つけて『おっかあ』と呼んだら、母は『おまえ、お化けじゃないね』と言った」。

と語ったKさんは、とても七九歳とは思えない若々しさで、気負いもてらいもない自然体で、とくに女性相手には語りにくいであろう慰安所体験や強姦体験についても率直に話して下さった。Kさんの語り口から、おそらくKさんの体験は、多くの平均的な日本兵士の体験だったろうと直感した。

「慰安所体験については、あんまり妻や娘には話せない。以前、本に出すなら離婚すると妻に原稿を取り上げられたことがあった。戦犯管理所でも、殺す、盗む、放火については男らしい行為であり、手柄だと思っていたので答えることができたけれども『強姦したか？ 慰安所に行ったか？』と聞かれると、とたんに答えられなくなった。

最初の慰安所体験は、山東省の「つばめ楼」で、慰安婦は日本女性だった。『大和撫子がなぜ売春するのか！』と言ってしまって、『好き好んで売春で金を稼ごうとしているわけではない。主人は上海で戦死。どうして食っていけばいいんですか』と言われ、何も答えられず、セックスもできず、一円五〇銭がパァーになった。日本人がピー（当時の「慰安婦」の呼称）やってると、侮辱されているような気がする。朝鮮の人なら何とも思わないのに……。

その前年、トラックに女性三人を乗せ『慰問に行く』と言われたが、そのときは若くて慰問という意味がわからなかった。こんな売春婦の護衛中に戦死したらあほらしい、不名誉なことだと思った」。

そんなKさんも、軍隊生活のなかで徐々に変わっていく。

「初年兵、二年兵のときは、古参兵の顔色をうかがっていたし、仕事量も多くて、慰安所にも行かなかったし、強姦する気もしなかった。三年兵になってからは、軍隊生活にも慣れてきて、軍隊での楽しみはセックスと甘いものを食べることしかないと思うようになった」と語るKさんに、私が「エッ」という顔をした。Kさんに「それ以外に何かありますか?」とつめよられたが、私にも答えることができなかった。毎日重装備で二、三〇キロの行軍をこなし、弾丸がとんでくると伏せられるので歩かなくていいと喜んだという生活に、どんな楽しみがあるのだろうか。

「月に一回、慰安所に行くようになった。朝鮮の人で、売春婦だと思っていた。『従軍慰安婦』なんて言葉も知らなかった。股をひろげて待っている女性たち……。慰安所に行かなかったら、仲間うちで『小田原提灯じゃないの?』なんて話になる。

軍から三円もらったが、慰安所は一円五〇銭なので、そんなに慰安所に行けるわけでもない。三、四年兵には『強姦はただだし、何人やってもいい』という風潮があって、『今日、何人やった?』『二人だ』『三人だ』という会話が普通だった。私も、三年兵になった頃に、八人で中国女性を輪姦した。『どうせ死ぬんだったら、男としてやるんだ』とただただ夢中でやった。女性はぐたっとなって死んだような状態だった。女の身体を抱くことは、マスターベーションとは違う。

強姦をしなかった人のほうが少なかったと思う。当時は、強姦なんて、何でもない、やればやり得と思っていた。細かいことは何も考えない。相手が泣こうが、困ろうが関係ないという感じで、罪の意識もなく、一〇分後にはもう忘れていた。でも一人ではできなかった。

女性のなかには、自分の身体に墨を塗ったり、便を塗って、日本兵のやる気を喪失させて、強姦を防ごうとした人もいた。『食べ物や衣服は盗らないで』と、身体を差し出す女性もいた。それに、みんな纏足ですばやく逃げることができなかった」。

Kさんは、強姦体験だけは戦犯管理所でも、帰国してからの中帰連の活動のなかでさえも、なかなか話し出すことができなかったと言う。やっとのことで妻には話すことができたが、娘には未だ話せていない。

「強姦の体験だけは、なかなか人に話せなかった。人を殺したということは、平気で言えたけれども、どこかで強姦は恥だと思っていた。『それで男か、軍人か』と責める気持もあった。戦犯管理所でも、強姦のことは隠そう、隠そうとした。調査官に聞かれて『はい、しました』とは答えるけれども、具体的にくわしく話すことはどうしてもできなかった。

帰国して二年後に結婚したが、強姦シーンが夢に出てきた。セックスするときに、ワァーと思い出すこともあって、そんなときにはセックスする気がなくなってしまった。妻には、中帰連の活動をはじめて、だいぶたってから話すことができたが、娘には話せない。話そうにも口から出てこない、言えない。『戦争だったから仕方ない』と言っても、娘は納得しないだろう」。

「死ぬ気になれば何でもできる。相手の目つき、恐怖におびえている顔に、気持がゆらぐ瞬間もない。やるときには相手のことなど、何も思っていない。しかし、なぜか相手のことを思ってしまったときには、後でカクンとなる。

このことは今も頭から離れない。ある日、古参兵と部落掃討作戦に出かけた。彼が『監視してろ』

と言って、家のなかに入って行った。外で待っていると、セックスを拒否する女の髪の毛を摑んで出てきた。子どもの悲鳴が聞こえる。女を共同井戸のところに連れてきて、『おい、足持て』と言われ、二人で女を井戸に落とした。母親を追って出てきた四歳くらいの男の子が『マーマ、マーマ』と泣きながら井戸の回りをグルグルと回りはじめた。子どもの背の高さでは、井戸の中が見えない。そのうち、男の子は箱を持ってきて、その上に立ち、井戸に飛び込んだ。兵隊はいつも手りゅう弾を二発持っている。それを井戸にぶち込んだ。

今もって何としてもこのことは忘れられない。今でもゾォーとする。戦犯管理所で、古参兵の手伝いをした、殺人援助だったと言ったら、『殺人だ！』と怒られた。『あの男の子が命令だったからと聞いて了解しますか？』とも言われた。一時は忘れていたが、結婚して子どもができたら、このことがチラチラしてしょうがない。胸が圧迫されて苦しい。夜思い出すと、眠れない。孫ができて、あの男の子と同い年くらいになると、また孫を見るたびにあのシーンが出てくる。ほんとに残酷だった。子どもってのは、母親のところは安全だと思って、飛び込んでいったんだねぇ」。

「戦犯管理所に入れられたとき、なんで戦犯なんだとはじめはそんなつもりだった。三年目くらいから『まずいことをしたかなぁ』と思いはじめた。罪を認めるために供述書を書かされたが、強姦のことを供述するのには時間がかかった。管理所に入って四年後からやっと書けるようになり、すっかり言うのに六年間もかかった。はじめは、出来事の八〇％を書いた。あとの二〇％は、チラッとおふくろの顔が現れて書けない。

ある日、部落掃討作戦で女をさがしに行った。家に六〇歳くらいのおばあさんがいて、馬小屋の粟がらの中に一五、六歳の男の子がいた。引きずり出してアカシヤの木にしばりつけた。おばあさんとみえたのはその子の母親だった。母親が地面に額をつけて助けてくれと言うのに、頭を足で押さえつけ、友だちに銃剣で母親の腹を刺させた。二個所から血がたらたらと流れた。そのまま帰ったが、後でまた一人でそこに戻った。木にしばった男の子がいない。中に入った。ふとんの中で子どもを抱きかかえていた母親が、私を睨みつけた。そのまま帰った。母親の顔がおふくろの顔と重なった」。

Kさんが何をしに戻ったのか、私たちに語らなかったが、やはり強姦しに戻ったということだろう。そして、その母親の年格好からKさんの母親が連想されてしまった。Kさんは、この件を調査官に言おうか言うまいかと思い煩ったという。しかし、中国人の調査官もあまり強姦については強く追求しなかったという。Kさんは強姦よりもっと重い罪があると思っていたからだろうと言ったが、それは、中国の調査官もまた男性であり、「女性の人権侵害としての性暴力」、あるいは女性差別という視点を欠き、強姦を軽い罪だと見誤っていたからにすぎないだろう。

「強姦なんて、相手のことを考えてたらできるわけない。あの頃は、自分だけよかったらいいと荒んでいた」と語るKさんだが、考えてもいなかったはずの女の人の表情を思い出して、セックスできなくなったこともあった。「今も、えびの踊り食いはダメ。えびを殺すのがイヤだ。牛肉も食べない。牛は殺されるときに暴れもしないで涙をこぼすから。ごきぶりも殺せない。ほんとうにものを殺すのはイヤだ」とも語った。

そして、あの井戸に飛び込んだ男の子の姿は、Kさんの心に永遠に刻印された。結婚して、子どもができたときも「おろそうかな」と心配したという。自分の子どもにあの男の子の一生が重なり、不安に襲われたからにちがいない。男の子についてのフラッシュバックは、「もう一生もんでしょうな」と言った。

面接の終り近くになって、このような話が出てきたとき、やっとKさんは私たちと同じ現実世界に戻ってきたという感があった。慰安所体験や強姦体験を語るKさんの現実は、なかなか私たちには馴染めない、共感しがたい現実であり、面接の間中、私は過去の彼と目の前の彼とを一人の統合された人間として捉えにくかった。私の意識も彼の存在のあり様にそって二つに分離されるかのようであり、幾度も「この人がそういうことをしたのだ」と自分に言い聞かせていた。

Kさんの妻は、彼の中国での話を聞いて、戦犯管理所を訪ねている。彼女は「お父さんが、あんなに悪いことをしたのに、中国の人はちゃんと丁重に扱って下さった。ありがとうございました」と彼にも内緒で百万円のカンパをしてきた。また、中国人留学生六人をあずかって面倒をみた。Kさんは「ほんとにうちの家内には頭が上がらない」とテレながらもその表情はうれしそうだった。

Kさんは、中帰連の運動のなかで、自分がしてきたことの意味がはっきりわかってきたという。「罪の意識は一生消えない。償いとして『従軍慰安婦』問題にも取り組んできた。自分が癒されるためにも謝罪しなければならない」と語り、「中国人はがまん強いというか、大したもんですよ」

と話を結んだ。

四、「従軍慰安婦」問題への社会的意識

学生時代、ある教授が「女性には徴兵制がないからいい、女になりたかった」と言った。どこか釈然としないものを感じながらも「そうか」と思った記憶があるが、それは大間違いだった。あの戦争で強制的に「従軍慰安婦」にされた女性、強姦され殺されていった女性の存在が、彼はもちろんのこと私にもほとんど見えていなかった。

アンケート調査の「『慰安婦』は『性奴隷』だったとも言われますが、あなたはどう思いますか」という設問に対して、「性奴隷だったと思う」「慰安所は強姦所だったと思う」を選択した人が多く、「商売の女性たちだったと思う」を選択した人は少なかった。Kさんのように実際に加害体験をした人が、「従軍慰安婦」は性奴隷であり、強姦被害者だったと認識しているにもかかわらず、それを認めようとしない人も多い。この現象は何なのだろうか。

私にとっては、それほど不可解なことではない。京大元教授の強姦セクハラ事件のときも、大阪府元知事のセクハラ事件のときも、まったく同じ社会現象がみられた。おおかたの人は、「京大教授が、知事がそんなことをするはずがない」とまず加害者を擁護し、百歩譲ってもしそんなことがあったとしても「それは被害者も望んだからでしょう」「嫌ならなぜそこについて行ったのか」「な

ぜその場で抵抗しなかったのか」「今頃言い出すのはおかしい」「やっぱりそれは嘘なんじゃないの」と被害者を責め立てる。誰も悪いのは加害者だとは言わない。「従軍慰安婦」の人たちに対しても、同じ論理が適用される。「日本軍人がそんなひどいことをするはずがない」「慰安婦の人が金儲けのために進んで行ったんだ」「嫌ならやめておけばよかったのに」「（戦後賠償も済んでいるのに）何を今さらまだ文句があるのか」と。

この論理は、社会一般に根深く、そして広く流布されている「強姦神話」に由来するものだ。「女は心の底では強姦されたがっているのだから、女のノーはイエスのサイン」「男の性欲はコントロールできないのだから、挑発した、スキを見せた女が悪い」「強姦はある種の性的にふしだらな女にだけ起きる出来事だ」「誇りのある女性なら死ぬまで抵抗するはず」などといずれも女性側の落度を責めるものであり、また、「強姦加害者は、いわゆる普通の男ではなく異常者なのだ」との神話もある。現実の強姦加害者は、仕事も家庭ももつ、きわめて普通の男性であることが多い。

この「強姦神話」は、男性が自分たちに都合のいいようにつくり上げた物語である。それは、男性加害者に甘く女性被害者に厳しい「性の二重基準」を謳いあげるものであり、その根っこには女性差別意識がある。

この「強姦神話」的解釈を一方的に「従軍慰安婦」問題に適用し、旧日本軍兵士ひいては日本国家に何の責任もないとする意見は、みごとに被害者側の現実を欠落させたものである。そして、五〇年以上にわたる沈黙を破って、命をふりしぼるように語られはじめた被害者の物語をかたくなに聴こうとしない。現在の強姦被害者にもいつも投げかけられる言葉、「そんなに嫌だったんなら、もっと早く言うはず」というわけだ。

五、旧日本軍兵士の加害意識

現在のKさんは、はっきりと自分を「加害者」と認めている。しかし、Kさんもはじめは自分の加害行為を否認し、過小評価し、責任転嫁していた。これは、ドメスティック・バイオレンスの加害男性が、妻を殴りながら「単なる夫婦げんかにすぎない」と否認し、「たいした暴力ではない」と過少評価し、「妻が殴らせるようなことをするから殴らざるをえなくなる」と責任転嫁する言い逃れの心理的メカニズムと同種のものである。

Kさんも、「われわれは優秀な民族、あっちは劣等民族なので、そんな女が慰安婦にさせられようが、強姦されようが知ったこっちゃない」と、相手の女性を人間以下の存在とみなしていたので、自分を加害者などとはとうてい認められず、否認していた。多くの日本兵士が、明日をも知れぬ命なのだから、戦争なのだから「慰安婦」を買うのは当然のことだろうと戦争にその責任を転嫁した。また、食料を略奪するために部落掃討に行き、食べ物を出さないと言われると「じゃぁ、やらせろ」と強姦した。素直に食料を出さないから強姦されるのだと相手に責任を転嫁する。もし、食料を差し出したところで、強姦はまぬがれなかっただろう。はじめから、対等な人間同士の約束などではないのだから。暴力は、人間の相互関係を徹底的に破壊する。

女性への暴力は「女性への人権侵害としての犯罪」であるとの認識は、アメリカ・ヨーロッパにおける一九六〇年代後半から七〇年代の第二波フェミニズム運動において確立された。アメリカの女性たちは、各地に強姦救援センターを設立し、性暴力被害者のサポートをはじめた。ここではじめて性暴力被害者は声をあげることができるようになり、性暴力の現実は「強姦神話」とはまったく違うことが社会的に明らかにされたのである。日本において、「従軍慰安婦」問題をはじめとする女性への性暴力に関心が向けられるようになったのは、欧米に遅れること三〇年、ようやく一九九〇年代半ばになってからのことである。

強姦、セクハラなどの性暴力やドメスティック・バイオレンス、そして「従軍慰安婦」問題は、女性の「リプロダクティヴ・ヘルス／ライツ」（性と生殖に関する健康と権利）への侵害、女性の「性的自己決定権」への侵害としての人権侵害なのである。

第二次世界大戦中の旧日本軍兵士に、この視点がなかったことはやむをえないことだったかもしれない。しかし、被害女性――「従軍慰安婦」の人たちや強姦された女性たちは、まぎれもなく「リプロダクティヴ・ヘルス／ライツ」「性的自己決定権」を侵害され、旧日本軍兵士による「女性への暴力」の犠牲にされたのである。加害者にその認識がなかった、視点がなかった、「その気はありませんでした」ということで、旧日本軍兵士による性暴力の現実がなかったことにはならない。一方的に否認してすむことではない。

今からでも、被害者の声に耳を傾けるべきである。Kさんに戦犯管理所の調査官の投げかけた言葉、「『命令だったから』と聞いて、その男の子が了解すると思いますか」という言葉を、私たちは、遅ればせながらも今一度、噛み締めなければならないのではないか。

六、心的外傷体験からの心理的回復

私は、戦争中に生まれたが、戦後教育を受けて育ったので、戦争を知っているとはいえない。そのことは、十分に幸運なことだと思っているので、「戦争だったから」慰安所が必要だった、強姦も仕方なかったと言われると、どこか反論しにくい気分になる。

しかし、カウンセラーとしては、旧日本軍兵士の人たちにとっても「戦争だったから」と当時の自分を現在の自分から切り離してしまわないで、連続体としての自分、統合体としての自分を考える作業が大切なのではないかと思う。その作業の大切さを、私は、性暴力被害者の心理的回復過程から学んだように思う。戦争という外傷体験を生き延びたサバイバー（生還者）としての旧日本軍兵士もまた、この心理的回復過程を歩む必要があったのだろう。戦後、その作業がきちんとなされなかったことと、この「従軍慰安婦」問題とは微妙に関連していると思う。

ジュディス・ハーマンは『心的外傷と回復』（みすず書房、一九九六年）において、性暴力被害者の三段階の心理的回復過程を説明する。精神医学的にいえば「心的外傷後ストレス障害」（PTSD）

からの回復過程である。

まず第一段階は、基本的安全感の回復段階である。カウンセラーは、被害者が基本的な安全感を取り戻すことに焦点をあてる。性暴力被害からのサバイバーは、思いもかけぬ被害に遭遇して、この世界への安全感を根こそぎ奪われてしまった。いつもいつもまた被害に遇うのではないかと身構えている。外に出るのも怖い、エレベーターのなかで男性と二人きりになるとパニックになる。しかし、現実の世界はそれほど脅威に満ちたところでもない。また、すべての男性が強姦魔でもない。その感覚を回復するのが、第一段階での目的である。

第二段階では、カウンセリングや被害者同士のグループで「語る」ことの安全性を信じることのできるようになったサバイバーによって、はじめて強姦という外傷体験が語られはじめる。心のなかに封印されてきた恐ろしい記憶を言葉化するプロセスである。何度も何度も、繰り返し繰り返し他者に自分の外傷体験を語ることによって、いつしかその体験は他の経験と同じように自分自身に受け入れることのできる物語として再構築されていく。

第三段階は、再統合段階である。性暴力という外傷体験を自分から切り離してしまうのではなく、最悪の体験を自己に統合し、新しい自己を誕生させること、いいかえれば新しい未来や世界を創造することである。この地点に到達すれば、サバイバーは自分の秘密をカムアウトし、冷淡な傍観者の無関心や詮索癖を非難し、かつての加害者を告発する心の準備が整ったことになる。

現在裁判中の「従軍慰安婦」の人たちは、今なお回復の最終段階での苦闘を強いられているわけだが、この裁判闘争はサバイバーの心理的回復にとって重大な意味をもつ。罪に対する弁明責任を加害者に負わせることは、今度は逆にサバイバーが加害者に対して正当なパワーを行使することであり、もし、社会が加害者の罪を認め、加害者による謝罪が実現すれば、このときはじめて、性暴力によって自己尊重感を剝奪され、無力化され続けていたサバイバーが、自分の手に自分の力を奪還し、エンパワーされることになる。そして、彼女たちは、個人的な怒りや悲しみを越えた高次の社会的正義の存在を再発見し、世界は再び秩序を回復し、ここにはじめて、彼女たちの新しい未来や世界が開かれるのである。

七、「新しい自己」「新しい世界」の創造

Kさんの話を聴きながら、私の頭にずっとあったことは、この回復の第三段階のことだった。Kさんもまた、被害者である「従軍慰安婦」の人たちとは逆方向から、心理的回復の最終段階に到達したのだと思う。

野田正彰氏は『戦争と罪責』(岩波書店、一九九八年)のなかで、旧日本軍兵士の、あるいは当時の日本人の社会的性格としての感情の鈍麻、「悲しむ心」の欠落を指摘しているが、果たしてほんとうにそうなのだろうか。もともと人が人を殺すことを目的とする戦争に、感情を鈍麻させることなく、豊かな感受性をもって参加することは無理というものではないか。相手の苦しむ顔を直視し

て、相手に共感し、感情移入しながら殺すこと、強姦することはできないだろう。

Kさんは、感情を麻痺させ、相手の顔を見ていても見ていない状態にする術を学習した。しかし、感情鈍麻に失敗したとき、彼の言葉では「なぜか相手のことを思ってしまったときに、後でカクンとなる」のである。彼は、自分の感受性を懸命に麻痺させようとしていたのではないだろうか。

むしろ、私にとって問題だと思うことは、彼らには、安全な場で、繰り返し繰り返し外傷体験を語ることが保証されていたのかということである。殺人や強姦といった外傷性記憶は、出来事と感情とがほどよいバランスを保って想起されるものではない。ヮァーと混乱した感情の爆発か、淡々とした出来事の連なりになるかのどちらかだろう。他者を相手に繰り返し話すうちに、出来事はそれにふさわしい感情を伴って思い出されるようになる。出来事は、他者に共感され、理解されることによってはじめて明確な意味をもち、それと同時にその意味にかなった感情が表出されるからだ。戦犯管理所の調査官を相手に話すうちに、多くの旧日本軍兵士が自分の行為の意味を知り、感情を取り戻し、罪の意識に目覚めはじめたのは、先に述べた心理的回復の第二段階でもあったわけである。

しかし、敗戦後の日本では、この戦争が負け戦に終ったことや、「二度と過ちは繰り返しません」との一億総懺悔の雰囲気のなかで、戦争について語ることはタブー視され、それゆえに、旧日本軍兵士が自分の戦争体験をありのままに語ることもむずかしくなってしまったのではないか。このことは、聞く耳を持たなかった私たち全員の責任である。

こうして、多くの帰還兵が戦争の外傷性記憶を言葉化することなく、自分の心のなかに封じ込め、戦後を生き抜いていかざるをえなかった。心理的回復の第二段階にさえ到達できなかった帰還兵に、第三段階の獲得目標である、戦争体験を自分に統合した「新しい自己」の再生は果たされるはずもなかった。彼らは、やわらかい心を閉じたまま、あの戦場でのと同じやり方で、再び「企業戦士」としての戦いに赴いた。なかには、癒されぬ外傷体験からくるストレスを、今度は「従軍慰安婦」や中国人女性の代わりに妻や子どもを虐待して解消した人もいただろう。

八、おわりに

「心的外傷後ストレス障害」という診断名のなかった当時、そういう文脈で旧日本軍兵士の外傷体験が問題にされることはなかったけれども、今なら、多くの旧日本軍兵士がそう診断されたのではないかと思う。しかし、Kさんのように戦場での外傷体験に苦しんだからといって、彼らが「従軍慰安婦」問題や戦時性暴力の責任を免除されていいわけではない。むしろ、彼らに「心的外傷後ストレス障害」がみられることは、残忍な加害行為を犯したことの証明でもあろうから。

ただ、聞き手の側にそういう認識、つまり戦争という異常な状況におかれた「被害者としての加害者」という認識がなかったがゆえに、旧日本軍兵士が自分の加害行為をなかなか話すことができなかったのは事実だろう。Kさんが何度も言ったように、「どうしても口から出ない」のである。

ある意味でKさんはラッキーだったのだと思う。中国の戦犯管理所で性暴力加害者としての外傷体験を言語化する機会に恵まれ、日本帝国主義イデオロギーや天皇制イデオロギーや民族差別イデオロギーなどを総動員しても正当化することのできない、認知や認識レベルの根底にある感情レベルに根ざした加害意識、罪責感に目覚めることができた。

また、「男らしさ」にこだわる男性は、一般的に感情を言葉化することが下手である。女性に比べると男性の他者との情緒的コミュニケーション能力は貧困だといわざるをえない。おそらく、Kさんは聞き手としての妻の高度な共感能力にも支えられて、自分の罪を罪として認めることができたのだろう。Kさんもまた、中帰連の男性同士の話し合いにおいて、妻や私たちに語ったような深い心の傷や痛みを吐露したことはなかったにちがいない。

私には、Kさんが例外的に繊細で、感性が鋭い男性だとは思えない。平均的な旧日本軍兵士だろう。だとすれば、多くの旧日本軍兵士が「心的外傷後ストレス障害」も発症しないほど、感情のない鈍麻した人間だったと仮定することはできないと思う。むしろ、「よき聞き手」であるべき精神科医やカウンセラーといった専門家をはじめとして、つまるところ戦後日本社会全体に、加害者としての心の傷、そして加害意識を聴こうという構えがなかったということだろう。こうして、彼らは、加害体験を抑圧し、否認し続けた。

もし、自分を「加害者」とみなすことができさえすれば、後は処罰を受け入れ、謝罪し、自分の罪を償うために努力するという道が見えてくる。それが、Kさんをはじめとする旧日本軍兵士の心理的回復の最終段階、「新しい自己」「新しい世界」の創造への道だったと思われる。

また、被害者である「従軍慰安婦」や強姦被害者にとっては、加害者の社会的な処罰、謝罪、償いがなければ、性暴力行為によって粉砕されてしまった社会的正義に対する信念や、この現実世界や他者に対する信頼感をとり戻すことはできず、重い「心的外傷後ストレス障害」からの回復はない。

さらに、私たちは、戦時性暴力の女性被害者の声が、根深い女性差別によって、二重三重に抑圧され、封じられてきた問題と向き合う必要がある。二〇〇〇年「女性国際戦犯法廷」は、その問題に焦点をあて、長らく「従軍慰安婦」問題に対して傍観者的態度をとり続けてきた日本社会全体の責任を問うものになるだろう。

「女性国際戦犯法廷」が、「従軍慰安婦」のみなさんとともに、私たちにも「新しい未来」を指し示すものであってほしいと願う。

参考文献

〈心的外傷、外傷性記憶については〉
ジュディス・L・ハーマン、中井久夫訳『心的外傷と回復』みすず書房、一九九六年
小西聖子『犯罪被害者の心の傷』白水社、一九九六年
斎藤学『封印された叫び――心的外傷と記憶』講談社、一九九九年

〈旧日本軍兵士の心理については〉
野田正彰『戦争と罪責』岩波書店、一九九八年
彦坂諦『男性神話』径書房、一九九一年
〈フェミニストカウンセリングについては〉
井上摩耶子『フェミニストカウンセリングへの招待』ユック舎、一九九八年

第5章　旧日本軍兵士の性行動
――現代にも引き継がれる買春意識

池田恵理子

一、「慰安婦」からの告発と旧日本軍兵士たち

戦場における性暴力の実態を、被害を受けた女性たち自身が語り始めた歴史は新しい。一九九一年、韓国の金学順《キムハクスン》さんが日本軍の「慰安婦」にされたと名乗り出てから、アジア各国の被害者たちが堰を切ったように次々と声をあげ始めた。被害者たちは慰安所に監禁され、性暴力を受け続けたことを国家による戦争犯罪として訴えている。日本政府に対する公式謝罪と個人補償を求める民事訴訟が、今では十件にのぼる。韓国や台湾など被害国政府は、被害者の生活支援を始めた。

国際社会の反応も早かった。国連人権委員会では、日本政府に謝罪と賠償を含む具体的な対応を促す勧告を出した。一九九八年に採択されたマクドゥーガル報告では「慰安婦」制度を性奴隷制、

慰安所を「レイプセンター」と位置づけて、責任者処罰を強く求めている。(1) このような国際的な潮流の背景には、旧ユーゴやルワンダなどの紛争下の性暴力が深刻な問題としてクローズアップされ、女性の人権侵害問題を国際社会が無視できなくなったことがある。しかし日本政府は、被害者からの告発と国際社会からの批判に対して、「道義的責任は認めるが、法的責任はない」と言い続けている。

では「慰安婦」にされた女性たちは、何を訴えているのだろうか。「在日慰安婦」謝罪・補償請求事件の原告・宋神道《ソンシンド》さんは本人尋問で、慰安所での日常をこう語っている。

（夜から勘定すれば一日に兵隊を）七〇人くらいとらされたこともある。情けのない軍人は蹴飛ばしたり、早くやれだの何だのかんだのって、外でせんずりかいているやつもいるし、様々な人間がいました。

そしてなぜ提訴を決意したかと問われると、

やっぱり慰安婦にされたのも悔しいし、私の人生がこんなになったのに情けないし。何で人の国の戦争さ巻き込まれて慰安婦にされて、こんなざまになったのかということを考えると死んでも死に切れないから。

と答え、「国に謝って欲しい。謝って二度と戦争をしないこと」と述べている。(2)

一方、慰安所を利用した当の日本軍の元兵士たちは、このような女性たちの訴えをどう受け止めているのだろうか。私がこれまでに聞き取りをしたのは、主に中国とインドネシアに出征した兵士たちだが、返ってくる言葉は判を押したように決まっていた。

「騙されて連れて来られた人がいたとしたら気の毒だが、当時は貧しく身売りもあった。商売としてやっていたのだから仕方がなかったのではないか」。さらに「彼女たちには感謝していますよ」と付け加える人もいた。これが精一杯のやさしい言葉である。元兵士たちの多くは家族に囲まれ、平和な老後をおくっている。彼らは半世紀以上前の「性暴力の加害者」という立場に立たされることへの困惑を、「慰安婦」＝売春婦とすることで振り切ろうとする。女性たちについて「惨めな印象ではなかった」「したたかだった」と言う元兵士も多い。

しかし長い沈黙を破ってやっと証言を始めた女性たちの声を聞いて、いささかでも心が揺さぶられることはないのだろうか。その過酷な体験と苦難に満ちた人生に思いを馳せ、痛みを感じることはないのだろうか。自分たちの行為が「買春」のつもりでも、女性の側からすれば集団強姦であったことに思い至る人はいないのか。

「慰安婦」や慰安所は、様々な戦記や戦争文学、回想記、戦友会誌などに登場しているが、戦場に欠かせない風景の一部として描かれたものがほとんどだ。慰安所を利用する兵士の側の問題やその意識が問われることはなかった。女性たちが「慰安婦」制度を戦争犯罪として訴え始めてから、元兵士たちの内面にも光があてられるようになったのである。

澤地久枝は一九九二年から九五年までの朝日新聞の歌壇の入選歌に、「慰安婦」を詠んだ歌をひろいあげ、そこに元兵士たちの心の奥の呟きや呻き声を読みとっている。(3)

こころなき兵なりし身を老いて嘆くああ慰安婦一一〇番の証言（九二／二／一六）
うつそみの吾を責めるごと慰安婦は叫び泣き言う十七なりしを（九二／二／二三）
兵たりし夫は癌病み「哀号」と泣く慰安婦の声の聞こゆると言う（九三／七／二五）
大陸に埋めたる過去と思いしに慰安婦問題白日に曝る（九五／七／二）
死地に入る前夜の兵にやさしかりし慰安婦老いて兵は還らず（九五／八／二七）

このように呟く老人たちには、哀切に揺れる心が感じられる。しかし「慰安婦」にされた女性たちの声が届かない人々が多いのは、なぜだろうか。

二、根強い売春婦差別

多くの元兵士が「慰安婦」の告発を「自分には累が及ぶまい」と思いこんでいる理由のひとつに

は、ほとんどの兵隊が慰安所を利用していたことがあげられる。日中戦争やアジア・太平洋戦争の戦地で、慰安所に行ったことのある兵士は膨大な数にのぼる。「慰安婦」の必要数を「兵二九人に一人の慰安婦が適正な割合」とか、「性病予防等のため兵一〇〇人につき一名の割合で慰安隊を輸入す[4]」とあるように、軍上層部は兵士の大半が慰安所を利用するはずだ、と考えていたことがうかがえる。

　中国山西省・路安陸軍病院で軍医をしていた湯浅謙さんは、「満期になって日本に帰る兵隊たちに尋ねると、ほぼ全員が慰安所に行ったと答えた」と言っている。元兵士への聞き取りをしていても、「初年兵の時は行けなかったが、古参になると常連になった」「行かない者が特別視されて、無理矢理慰安所の部屋に押し込まれたこともある」という話は珍しくない。

　VAWW-NET Japan《バウネット・ジャパン》の調査チームが靖国神社で行なった元兵士への面接調査では、「戦地で慰安所に行った経験がある」と答えた人は三三・三％（一九九九年八月）、四〇％（二〇〇〇年四月。以下年号省略）だった。調査対象者はそれぞれ五三人、三〇人という限られた人数だが、初対面の調査員による短時間の面接でも、このような数字になる。実態はかなりの数にのぼると推定できる。ここから、兵士にとっては当たり前だった慰安所の利用が、戦争犯罪として問われることはあるまい、と兵士が考えることは容易に想像できる。

　彼らは進駐したアジア各地で、軍が直接・間接に慰安所を設置・管理・運営したことを認めている。中には慰安所設置を提案したり、その建設に携わったり、「慰安婦」の移動や巡回慰安所の護衛をした兵士もいる。一〇代や二〇代の女性たちが休む暇なく、一日に数十人の兵士の相手をしていたことも知っている。

面接調査では、「慰安所は必要だった」という人が六六％、七三％と多数派を占める。その理由には「良いことではないと思ったが、心の慰安は必要。精神的に荒廃しているから、その捌け口だった」「若い男は慰安所がなければ欲求不満で婦女暴行が起きる」などという意見が多かった。

しかし「『慰安婦』に日本政府は謝罪や賠償をすべきですか」と問うと、「しなくてもいい」（六六％、五三・三％）が過半数以上を占める。「日本の遊廓と同じ。自分で進んでやっていた。金儲けのためだった」「強制ではない。給料をもらっていた。自分らもお金払ってやってたんだ」「冗談じゃない。強姦したわけじゃない。納得して生きるために来た女性たちだったのだ」などと答える。

「慰安婦」は売春婦なのだから、慰安所に行った兵士たちが咎められることはなく、国家による戦争犯罪などではないと言い、その時の切り札のように出されるのが「強制連行はなかった。どこに証拠があるのか」という一言である。

これは一九九六年に結成された「明るい日本・国会議員連盟」や「『慰安婦』の記述を教科書から削除せよ」とキャンペーンを張っている「新しい歴史教科書をつくる会」など、いわゆる「自由主義史観」派の論調と同じである。「自由主義史観」派は朝鮮半島では女性たちの強制連行を裏付ける資料が見つかっていないこと、女性が報酬を得ていたケースがあることをもって、元「慰安婦」の訴えを認めない。

確かに朝鮮半島では強制連行に関する公文書は見つかっていないが、騙されたり売られたりして「慰安婦」にされた女性たちは、慰安所で性行為を強制されている。在日「慰安婦」裁判の原告、宋神道さんは、初めての「客」としてやってきた軍医の相手をしなかったことで、帳場の男が「髪の毛をひっぱって殴ったり、蹴っとばしたり、鼻血が出るくらい殴った」と言う。それからも嫌がるたびに繰り返し殴られて、宋さんの鼓膜は破れ、一方の耳は聞こえなくなった。アイクチで右の脇腹も切られた。宋さんの知っている「慰安婦」の中には、クレゾールを飲んで自殺した人や、兵隊の相手を嫌がったために大きな石を投げられて、死んでしまったトシコという女性もいた、と法廷で証言している(5)。このような女性たちに「代金」として軍票が渡されたところで、これは明らかな強姦である。

中国やフィリピンなどの占領地では、現地の女性たちが軍によって強制連行され、監禁・強姦された「強姦所」が慰安所として使われていた。中国・山西省の村々では、監禁されている妻や娘を取り戻すために、家族は借金をして日本軍に金を支払わなければならなかった。「報酬が支払われた」どころではない(6)。

「自由主義史観」派の主張は、意図的な事実誤認と無知、言い逃れにすぎないのだが、「慰安婦」は売春婦だという一言で、被害者たちを黙らすことができると信じている。これは金で体を売り、不特定多数を相手にした女性には、暴力を告発したり人権を主張する資格などない、という売春婦差別意識が根底にあるためだ。公娼制度下の男たちが内面化してきた意識であり、今でも多くの日本人が共有していると思うからこそ、彼らは堂々と主張する。そもそも公娼制度とは国家によって管理された女性の性奴隷制、合法化された暴力システムであるのに、「慰安婦」は公娼と同じだと言えば反論をおさえられる、とタカをくっているのである。

このような売春婦差別を、男たちに都合のいい家父長制イデオロギーであるとして否定し、恥ずべきは性暴力の加害者で、彼らこそが糾弾されるべきだ、というフェミニズムのパラダイム転換によって、「慰安婦」の被害者たちは告発に踏み切ることができた。ここにたどり着くには様々な地域の女性たちによる性暴力との長い闘いの歴史と、女性運動やアジア諸国の民主化、その背景にある冷戦構造の解体、国際連帯がなければならなかった。しかしこのような差別意識が、どんなに被害者を苦しめてきたことだろう。そしてそれは今でもなお、日本を含むアジア各国のおびただしい数の被害者たちに沈黙を強いている。またこの差別意識こそが、元兵士たちに被害者の声が届かない「装置」として働いているのである。

三、今も昔も変わらない男性の買春意識

日本では一二世紀から公娼が登場し、一七世紀から公娼制度が始まった。買売春文化は長い歴史を持っている。このような社会では男性の買春は当たり前のこととして許容されてきた。戦後、売春防止法の制定で公娼制度は廃止されたが、各種の性産業は隆盛を極め、買売春の伝統は現在でも

生き続けている。

買春に関する資料が極めて少ない中で、今から八〇年ほど前の男性の性行動を調べた珍しいデータがある。大正時代、無産政党から国会議員になり、治安維持法改悪に反対して右翼に謀殺された山本宣治は、性教育のパイオニアだった。彼は『若い男の性生活——現代の日本人に就いて調べた統計の研究』に、一九二二年三月から二四年六月までに調査した青年の性意識と性行動を載せている。調査対象は大学生、会社員、教員など、一一八二人（内女性は二〇人）。調査結果をみると大学生（東大、同志社大予科、早大の五一七人）の四六・四％が性交を体験しており（平均年齢は満二一歳）、現代の若者の性交体験率とあまり変わっていない。そして大学生の初交相手として一番多いのが「娼婦」（三二・一％）だった。次いで無職（一八・八％）、女中（一一・六％）、女学生（九・六％）となっている。[7]

では現代はどうだろうか。「男性と買春を考える会」が行なった「買春に対する男性の意識調査」[8]（一九九七年八月から一〇月に回収。以下「買春意識調査」）には、八〇年前の調査とぴったり符合する設問はないが、二〇代前半で買春経験がある人は、二一・七％だった。買春経験を持つ人（全回答者の四六・二％）のうち、初めての買春経験年齢を「一〇代」と答えた人は三六・八％にのぼる。

「買春意識調査」は買春天国といわれる日本で、買春に関する実態調査がほとんど行なわれていないことから着手したものである。調査の結果明らかになったのは、「買春に関する限り、男性の性意識と性行動には世代間の差がみられない」ということだった。買春経験の有無、その動機、買春の話題が出たときの態度、買売春に関する考え方など、大半の項目で年齢による大きな差異はなかった。性をめぐる環境は大きく変わり、女性たちの意識や行動は目覚ましく変化してきたが、男性たち自身は高齢者も若者も、同じような買春意識をもち、買春をしているのである。

売春婦差別の土壌となっている買春行動や意識を、「買春意識調査」をもとにさぐってみよう。この調査は二一項目にわたる設問に答えるアンケート形式で行なわれ、全国に二万部を配布し、二五〇二通を回収した。回答者は一五歳から八〇歳代まで全県にまたがり、職業も様々。概して学歴が高く、パートナーがいる人は七四%である。

集計の結果、回答した男性の約半数(四六・二%)が買春をした経験があると答えている。買春経験が一番多い世代は三〇代後半(六四・四%)で、次は七〇歳以上(五四・三%)。今回は従軍体験世代を含む七〇歳以上(三五人)の人々を抜き出して、他の世代との比較検討をしてみたが、世代的に目立った特徴を見つけられなかった。全世代に共通してみられる傾向は、以下の通りである。

買春をした場所・機会

全世代を通じて「個室浴場(ソープランド)」の利用者が七〇%以上で最も多いが、七〇歳以上では「売春宿」(三二・四%)が一番だった。

性産業の形態は戦後、売春防止法(一九五八年施行)、新風俗営業法(一九八五年施行)など、規制する法律に対抗しながら、絶えず新しさを求めて変容してきた。公娼制度時代、性産業の中心は売春宿（遊廓）だったが、一九五〇年代にはストリップ劇場、アルバイトサロン、「トルコ風呂」が出現した。団塊世代が青春時代を過ごした一九七〇年代は、ピンクサロン全盛期だった。一九八〇年代に入ると、性産業に「素人」の女性が参入し、ノーパン喫茶が流行した。それ以降、ファッション・ヘルス、ホテトル・マントル、キャバクラ、ＳＭクラブ……と各種の風俗店が生まれた。新風営法の影響で一九九〇年代にはテレフォンクラブのブームから伝言ダイヤルやダイヤルＱ２、使用済みの制服や下着を売るブルセラショップなどが出現し、一〇代の少女たちの「援助交際」まで行きつく。どの時代でも買春は、男たちの当たり前のレジャーだった。

買春の動機

性産業の形態には流行りすたりがあるが、買春する男性の意識はほとんど変わらず、世代間に大きな差はない。初めて買春をしたときの「買春の動機」（複数回答）には、「友人・知人に誘われて」（五〇％）が最も多く、「好奇心から」（四六％）、「生理的欲求から」（二九％）となっている。「仕事上でのつきあいで」という理由も九番目にあり、買春は男同士のつきあい、男性社会の生活習慣と密接につながっている。

「男性が買春をする理由はなにか」という設問に対しては、年齢、買春経験の有無、パートナーの有無は関係なく、次のような順番で多かった。「刺激を求めて」「生理的欲求として当然だから」「売る人がいるから」「家庭を壊したくないから」「男同士の連帯感を強めるため」「パートナーがいなければやむをえない」「普段とは違う自分になれるから」「相手を気遣わず、望み通りのセックスができるから」「性犯罪を抑止できるから」。

「男は性欲をおさえられない」「男は買春をするものだ」という男性の性欲に対する固定概念が各世代にまんべんなく行き渡っていることがわかる。

あなたの周辺の知人男性のどれくらいが買春体験を持っていると思いますか?

現実（今回の調査の結果では、男性の四六・二％）より多いと考えている人が圧倒的に多く、買春経験がある人ほど多いと思いこんでいるという結果が出た。およそ半数の人たちが買春経験のある男性は七〇％以上だと思っており、その中で九〇％以上にのぼると考えている人は二五・四％もいた。

買春行動は「みんながするから」「誘われたから」という「周りにあわせて、みんなと一緒」の気分に支えられている。

買春経験をパートナーに話しますか?

この問いに対しては、隠す人が五五・四％と過半数を占めているが、「知られてもかまわない」（二三・九％）、「積極的に話す」（二一・六％）で、うしろめたさがない人もかなりの数いることがわかる。

自由記述欄にはかなりの書き込みがあるが、自分の買春体験を語る語り口は自慢気だったり、あっけらかんとしている人が多い。

コンドームの使用について

コンドームの使用について、「渡されて使用した」（六五・四％）、「自分から準備した」（一〇・三％）、が多くを占めるが、「相手が要求したが使わなかった」と答えた人が三・四％（四四人）いた。エイズ関連の調査などに比べると、この調査の回答者ではコンドームの使用率が数倍高い。しかし記述欄からは「コンドームはなるべく使いたくない。快感が減る」「男性経験がほとんどない女性には使わない」「アナルの時はした。韓国は大丈夫そうだから中出し」「使用しないことが高価なサービス」「途中ではずしたことがある。つけないほうが気持いい。使うとヤッパ違う」「じかに感じたい」「生が保証されれば、女性が嫌がっても使わない」など、女性にとって極めてリスキーな状況が伺える。

お金が介在するセックスと介在しないセックスに違いはあると思いますか？

これには八一・一％が「違いがある」と答えている。頻繁に買春をする人ほど、「違いがない」と考える人が多く、「違いがある」という人もその違いを肯定的にとらえている。「金を払えば自分本位でいい」「責任が生じることなく、後腐れがない」「セックスをしたことによっても、その女の子との関係を縛られない」「買春とは一時的なもの、つまりレンタルである。買春の永久的なもの、つまり結婚である」「金が介在するセックスには何の努力もいらない」「金を理由に相手を物として扱える」。

こうした記述から、「買春者にとっては女性は性的身体のパーツであると同時に、相手が自分に征服者としての性的満足を与えうる従属的な存在であるかどうかが、すべての問題である」[9]という買春者の意識を読みとることができる。

買売春に関する賛否

買売春に関する様々な意見への賛否を問う設問を六項目たてたが、ここにも世代間の差は出てこなかった。

（多数側の回答を％とともにあげた。残りが反対側の％）

・買売春は必要悪である…………NO　五四・四％
・買売春がない社会が望ましい……YES　七〇・六％
・買売春は合法化されるべきだ……NO　七〇・〇％
・買売春は強姦等を抑止する………NO　六三・五％
・性差別がなくなれば買売春もなくなる…NO　八三・五％
・買売春は個人の自由である………YES　五八・四％

買春行為が容認されて、日本人男性のおよそ半数が買春を経験していることと、「慰安婦」問題とはどのような関係があるのだろうか。これを考えるヒントになるのが、男性の「買春の意識調査」の前に大学生に対して行なった小規模な調査の結果である。[10] 一四〇人ほどの大学生に「慰安婦」問題に対する意見を聞き、さらに買売春についての意見を求めたとき、「慰安婦」＝売春婦として「慰安婦」の訴えを退ける男子学生の大半が、「買売春は個人の自由で、合法化されるべきだ」という買売春肯定派だということがわかった。「慰安婦」＝売春婦論の支持者には「自由主義史観」派・小林よしのりの影響が強く見られる。同時に、買春意識に関しては、「独身者や障害者などの性的弱者にとって、買春は必要不可欠」と言う宮台真司の買春擁護論の影響が顕著だった。宮台は小林の『戦争論』に対して、「単なる無知の表れにすぎない」と真っ向から反論しているが、[11] 彼らの支持層は共通している。いずれも買春を肯定する現状維持の姿勢には変わりがない。

小林よしのりは「慰安婦＝レイプ」を洗脳だとして、「ソープ・遊郭そして慰安所。どれも自由意思で働く者もいれば、やむなく働く者もいた。動機はそれこそ微妙にさまざまだが、やはりこれはプロ！　レイプってのは失礼だ」と描いている。[12]「わしはソープには行かんが、ソープの女性はプロとして認める。彼女のいない男、精力の強すぎるやつはお世話になればいいし、わしとて老人になったり障害者になったりして女性にめぐまれなくなったときは、世話になるかもしれん。性犯罪をおさえるためにも、社会の役に立っていると思う」「売春はかならずしも悪ではない。認められる売春婦はいるのだ。戦時中の『慰安婦』もそうなのである。彼女たちはプロで、戦場の無秩序を秩序に変えた感謝すべき人々だ」。

このような主張に賛同する男子学生は、「慰安婦」問題についてはこう述べる。

僕は男だから他人に犯されることによる心の痛み、打ち明けられない孤独感、寂しさ、悔しさを一生理解することができません。（中略）慰安婦の人たちが何を欲しているのか理解できない。もし彼女たちに日本が補償するとしたら税金で賄われるだろう。僕は非常に利己的な人間で、自分の身に覚えのないことで金を持って行かれることには納得がいかない。

また小林は、満州でソ連兵にレイプされた日本人女性の自決を、「日本の女は凄い！　わしはこのような日本の女を誇りに思う」「この時身ごもった女性は自決したり、博多の引揚者収容所で中絶したりしたらしい」と、性暴力の告発に立ち上がらないことを讃えている。[13]男子学生の中にはこれに共感して引用し、「日本はいつまでも被害を主張しません。韓国も大人になるべきです」と言う声もあった。「一般の日本人はハルモニたちに何もできません。ただ同情するだけです。将来の日本と韓国の関係を考えると、韓国の人たちは早く忘れて下さい。これが最善の結論なのです」。

戦前の天皇制ファシズム国家は軍隊と管理買春制度をがっちり組み込んで、そのイデオロギーを国民に徹底的にたたき込んだ。男性の性欲は自己抑制のきかない本能として肯定され、男たるもの買春は当たり前で、戦場強姦は黙認された。そこからは、「慰安婦」のように貞操を売った女をどう扱おうが男の勝手だ、売春婦には人格も人権もない、と考える男性たちが育っていった。

買春と性暴力を容認する売春婦差別意識と性欲自然主義は、戦後にも脈々と引き継がれている。今日の性産業の消費者である若い世代は、少年の頃から大量の風俗情報を浴びて育った。アダルトビデオやポルノ雑誌、インターネットなどが発する「性暴力＝快感」というメッセージからは、女性の人権を考えるきっかけをみつけることは困難である。その結果、女性差別、売春婦差別意識を利用して「慰安婦」の告発をなきものにしようという戦略に、簡単にはまってしまう。買春が基本的に女性差別を内包し、再生産しているがゆえに、買売春肯定論者は「慰安婦」にされた女性たちの声を受け止めることができないのである。

戦前は国家が男性を「買う身体」「強姦する身体」に育成しその性を管理した。現在は性産業と情報産業が圧倒的な資本の力を借り、知識人や文化人の応援を受けて、戦前と変わらないメンタリティの再生産を行なっている。

四、個々の兵士の戦争責任

「慰安婦」問題に真摯に向き合っている男性たちの中にも、「自分も戦場にいたら、同じように慰安所に行ったにちがいない」と語る人が少なからずいる。突撃精神が称賛される無謀な戦争にかりだされ、物資の補給もなく、飢えと病気に苦しめられ、理不尽な暴力が支配していた軍隊生活。このように苛酷な戦場で、兵士たちが生きている実感を求めて慰安所に通うのは当然のことであり、それを咎めることはできないと言うのだ。

かつて新左翼の理論的指導者の一人とされてきた吉本隆明も、辺見庸との対談でこの問題に触れて発言している。[14]

吉本「従軍慰安婦の問題というのは、強制連行によるものにしろ、それに近いかたちのやり方によるものにしろ、これは一にかかって政府の問題、国家の問題だと思います、いささかなりとも、個人の、個々の兵士の問題ではないし、またそうしてはならないということが原則だと思っています。」

辺見「私もそう思います。個人が自らの歴史的ディテールにこだわることは別の問題として……。」

（中略）

吉本「誤解してはならないと思うんですが、慰安婦という言葉はいやな言葉ですが、男たちが集団で戦争をおっぱじめたときに、必ず兵士の性的というか生理的な処理の問題が生じてくることは認めなきゃいけない。そこにはどうしても女性がいることが必要で、そうしないと攻め込んだ敵国の女性を強姦しなけりゃいけなくなると思うんですね。そう言う意味合いで、そういう女性の存在は、戦争というか、男どもが集団的にふるまうときにはつきものであって、そのような性的な強制力が働くのが戦争だということだけは、肯定しなきゃいけないという気がするんです。」

辺見「その人間性の事実をですね。」

吉本「戦争における人間の本性、事実自体を、けしからんと問題にする議論は間違っていると思うし、そういう観点から教科書記載に反対か賛成かと言う議論も成り立たない。あくまでもこれは制度の問題であって、個々の兵士がこういう悪いことをしたとか、個々の国民に慰安婦に関する責任があるとかいうような言い方はぜんぜんすべきではないんですよ。」

ふたりは共に「出征した場合、間違いなく慰安所にいっていたろうし、それも普通の兵士よりも足繁く通っていたかもしれない」(辺見)、「僕も自分が兵隊だったら悪いことをしていたろうなと思うんですね」(吉本)と語っている。

彼らは、「慰安婦」にされた女性たちへの賠償は日本政府がすべきことだと考えており、「慰安婦に強制連行はなかった」などという人々にはもちろん組みしてはいない。しかし「戦争における人間の本性」を強調する論理には、今、女性への暴力をなくそうとする人々が闘っている「性欲自然主義」や「売春婦差別」が含まれていることに気付いていない。また「戦争には悪はつきもの」として個々の兵士の行為を免責することが、紛争下の性暴力を野放しにしてきた歴史にも無頓着である。日本の戦争責任・戦後責任に取り組んできたと思える知識人でも、こと性の問題に関しては一般の兵士たちのレベルと変わることがない。「慰安婦」問題が提起されるのに半世紀もかかったのには、十分理由があったのである。

さて吉本が言うように「慰安婦」問題では、個々の兵士たちに加害責任を問うべきではないのだろうか。個々の兵士たちの戦争責任が、国家の責任者や日本軍の責任を問うことなしに追及されるとしたら、それは間違っている。慰安所のシステムを作ったのは日本軍であり、日本政府が国家の責任として、真相究明や謝罪、個人への補償、加害者への処罰をするべきである。しかしそうだからといって、個々の兵士が免責されるとは思わない。彼らは上官の命令で慰安所へ行ったわけではない。どのような暗黙の強制や、民族差別を植えつける「洗脳教育」がなされていたにせよ、慰安所に行くことは個々人が選択し決断した行為である。またこの問題は「慰安婦」制度だけではなく、戦場での性暴力における兵士の加害責任の問題につながっていく。

「慰安婦」問題が国際問題として浮上する中で、日本軍による性暴力の実態と全貌が明らかにされつつある。その中で戦時買春と戦場強姦の境界線が極めて曖昧であることがわかってきた。慰安所は性病と戦時強姦を防止するために設置されたが、慰安所という性暴力を公認していた軍隊は、当然ながら末端兵士の強姦を防ぐことはできなかった。

現在、慰安所と戦場強姦の中間にあたる「強姦所」の存在が、中国・山西省、フィリピン、台湾、インドネシアなどの被害者からの証言ではっきりしてきた。「強姦所」とは現地の女性を拉致・監禁し輪姦するための場所である。「強姦所」の数は決して少なくはないが、元兵士の証言が得られていないのは、彼らの意識の中で、これが「買春」というよりは「強姦」に近かったからであろう。戦場強姦は本来なら軍法会議にかけられる戦争犯罪である。ところがおびただしい数の強姦事件のほとんどは黙認され、被害者が殺害されることも多く、訴えられることは滅多になかった。それが今、「慰安婦」問題が大きくなる中で、フィリピン・マパニケ村や中国の南京などでの集団強姦の被害者たちが、重い口を開いて告発を始めている。彼女たちの一部は可能なら民事裁判で国家責任を追及したいと望んでいるが、「強姦所」も戦場強姦も、それを実行した兵士たちには「上官の命令」ではすまされない、個々の加害責任が問われる行為であることには間違いない。

このような兵士たちに対して、ただ加害者として糾弾をするのではなく、彼らにその事実や状況、そして自分の心境などを思いおこしてもらい、自分の行為の責任を問いかけることはできないだろうか。このような問いかけはより深く元兵士個人との対話と関わりを求め、世代を越えて共に戦争の深部に触れていく貴重な作業だと思う。

五、加害体験を語ることの困難と可能性

しかし現実には今、元日本軍兵士が加害者としての自己に向き合う作業を始めるのは、極めて困難である。戦争から半世紀以上の歳月が流れ、元兵士たちは高齢にさしかかっている。これまで疑うことのなかった自分の意識をひっくり返すような大事業を、今さら行なえるかどうかを考えると

難しい。営々と築き上げてきたこれまでの価値観や生活習慣、人間関係などを問い返すことになるからだ。彼らが若く、体力も気力も十分にあった二〇年か三〇年ほど前に問いかけることができたなら、苦しいけれども重要な対話が生まれたことだろう。戦後生まれの世代が父親世代の戦争体験を聞き取り、加害責任の問題を問うてこなかった怠慢は、私たちの世代の責任として問われるべき問題である。

それでもなぜ、彼らに被害者の声が届かないのか、痛みを感じないのかという疑問は、つきまとって離れない。元兵士への聞き取りが四、五時間にも及び、聞きたいことのほとんどを聞き尽くしたつもりでいても、気がかりなのがこの問題である。戦争文学や兵士の回想録などを読んでいても、ここがいつも気になる。慰安所に並ぶ兵士たちや、村を襲って女性を強姦する兵士たちの光景は語られ描かれるが、それを行っていた兵士の内面も、その傍らにいた兵士の心情も見えてこないのだ。

大岡昇平は陸軍補充兵としてフィリピン戦に投入され、その従軍と捕虜体験から『俘虜記』や『野火』など、いくつもの小説を書いた。戦場における兵士たちの心の動きも、克明にとらえられている。中でも『レイテ戦記』は膨大な調査と資料を駆使して、戦場を細部まで描いた大作である。書き上げてから一四年たっても加筆訂正し、死の一〇カ月前まで手を入れていた、と言われている。しかし今、フィリピンの女性たちから訴えられている、おびただしい数にのぼる日本軍の性暴力についてては、ほんのわずかしか触れられていない。『俘虜記』には山中を敗走する日本軍の部隊が兵士たちの士気を鼓舞するために、日本人従軍看護婦に「慰安」を強制していた、と語る戦友のエピソードが出てくる。『レイテ戦記』には日本軍が敗走した後、米軍にも性病が蔓延したという話が書かれている。しかしその程度にとどまっている。

大岡昇平自身は一九七〇年、作家・古山高麗雄との対談で、「戦場で個人が犯した罪の問題をやっと書けるようになってきた」と語っていた。[15]

大岡「……とにかくわれわれの軍隊の条件はあまりにも苛酷であったから、いかに軍部が悪いか、戦争が悲惨であるかということだけに頭が行きたがるのですけど、そんなら自分がどんな悪いことをしてきたかということは一切言葉にならないわけだよね。あなたの今度の『白い田圃』というのは、匪賊村を焼き討ちにしたり、弾をぶち込んだり……ほんとうは匪賊かどうかわからない人間をつかまえて拷問する、主人公がいやいやながらそれに参加するという状況……加害者としても日本人が書かれているということに特色があると思うんです。これも戦後二五年経って世の中が変わってきた、アジアでいつまでも戦争が続いて、ベトナムでアメリカがもとの日本人と同じことをやっているのと関係があると思うんですがね。そういうふうにわれわれ自身を見られるような段階になるまで二五年かかったんだな、結局。」

（中略）

古山「東南アジアでは、こちらもそれほどひどいことをしていないので、中国などとは違って、さほどにくまれていなかったようです。フィリピンが一番ひどかったかもしれない。」

大岡「中国が一番ひどかった。フィリピンはその次ですね。」
古山「東南アジアでは、強姦が少なかったようですね。強姦した兵隊というのはたちまち憲兵に引っ張られたようです。それは中国とはちょっと違うんです。中国で強姦したやつ、数え切れないくらいいるでしょう。ところが東南アジアではほとんどいないのです。」

大岡昇平はフィリピンから東南アジアを転戦した古山高麗雄の戦争小説を評価して、古山が等身大のみじめな兵隊と軍隊を書いていること、自分は少し上に立って精神の安定を得たいと思っているところがあるが、古山は底辺に降りている強みがある、と半ば羨ましそうに語っている。しかしこの二人の元兵士は、東南アジア地域でも中国やフィリピンと同様に、おびただしい数の強姦があった事実を知らない。

またここまで語りながら大岡は、日本軍によるフィリピン女性への性暴力を、真っ正面から書くことはなかった。彼は「指揮官の腐敗とか、いろんなことも書きたいんですけども、その人が死んでいる場合に、それを全部書いてしまうには忍びない感じがある」（一九七一年・大西巨人との対談）、「まだ書き尽くしていない気がする」「軍人自身、その内部を摑まえてこなければ気がすまない気持」（一九七二年・古屋健三との対談）などと語っている。戦死者たちへの鎮魂の思いと、惨憺たる戦場から自分が生き残ったことへの後ろめたさが、兵士たちの加害行為をありのままに書くことを妨げたのかもしれない。

一九九五年一月、ある席で、埴谷雄高に一人の若者が、「あれほどレイテ戦について調べ尽くした大岡さんが、『レイテ戦記』ではどうして慰安所や強姦について書かなかったのでしょう?」と質問したことがあった。埴谷はしばらく考えた後、「大岡くんは考えていたのだろうが書けなかったのではないか。男と女の間にまたがる問題は、君たちの孫の世代になってもまだ解決できないかもしれない」と答えた。

同じ年の春、同様のことを久野収に尋ねると、「大岡くんは自身が放蕩したことを隠さない誠実な男だった。書きたかったが言葉がみつからなかったのではないか」と言った。

一人の作家が書こうとしても書ききれなかった兵士たちの姿は、時を隔て語り部を変えて語り継がれ、書き継がれていく。一九九九年五月、『もうひとつのレイテ戦　日本軍に捕らえられた少女の絵日記』という本が出版された。一四歳で日本軍の駐屯地に連行され、「慰安婦」にさせられたレメディアス・フェリアスの絵と文章で、レイテ島のフィリピン人にとっての戦争が描かれている。[16]

兵士たちの聞き取りをしていると、その無残な戦場体験に、「このような戦争を起こし、遂行した日本の責任者が戦争責任を問われていないのに、末端の兵士たちの実行責任をどのように問えるのか」と思うことがある。証言をしている元兵士が、同じ思いでいることに気づくこともある。

中国・山東省で第五九師団四四大隊の重機関銃中隊にいたKさん（本書・井上摩耶子論文参照）は戦後、撫順戦犯管理所に収容された体験から、自分が犯した戦争犯罪を克明に語れる人である。中国の戦犯管理所にいた戦犯たちは何年もかけて自分の加害行為を確認し内省し、その罪状を告白する「坦白《タンパイ》」を書いている。彼らは帰国後、中国帰還者連絡会（中帰連）を組織して反戦運動や日中友好に尽くしてきた。そのため加害事実にも踏み込んで戦争体験を語る、特異な存在である。野田正彰の『戦争と罪責』に登場する元兵士たちの大半も、この中帰連の会員たちだ。(17)

Kさんにとって、戦場強姦は「無料の慰安所」だった。

「慰安所に行きたかったが兵隊の安月給ではなかなか利用できない。そこで村を襲撃する時に女性をさがし出し、見つけたら強姦・輪姦した。これには金がかからなかったから……」と、その時の情景や自分の気持ちを語る。だが強姦をした被害者の顔や表情は記憶になく、それが夢に出てきてうなされるということもない。

Kさんが唯一、思い出して苦しい気持になるのは、民家を襲った同僚が強姦に抵抗した女性を、井戸に放り込んだ後、家から出てきた幼い男の子が、井戸の周りを何回も何回も泣き叫びながら走っていた光景である。やがて子どもは家の中から小さな台を持ってくると、母親の後を追って井戸に飛び込んだ。そのシーンだけは忘れられない、とKさんは言葉を詰まらせた。

しかしこのような話の次には「天皇の命令で戦地に行き、命からがら生き延びたが、戦友たちは飢餓で次々と死んでいった。天皇は私たちを一度も助けてはくれなかった」と辛かったシベリア抑留時代を語り始め、怒りを露わにする。Kさんは自分の加害行為を認めつつも、その話に集中すると突然、兵士としての被害体験を語り出す、という行ったり来たりを繰り返した。

これは元兵士たちに聞き取りをしている時に、しばしば出会う場面である。始めはその人の戦歴を中心に戦争体験一般を聞いているのだが、しだいにこちらの関心事である慰安所や戦場強姦に話が移る。詳細な現場の様子を聞き、被害にあった女性たちの表情、その時痛ましいという気持は起こらなかったのか、やめようとは思わなかったのか、後で思い出して辛くなることはないか……というような核心に迫っていくと、証言者が急に話題を転換するのだ。無残な死に方をした戦友や、苦しかった戦闘の話に移り、涙を流す。戦争がいけなかったのだ、すべて戦争のせいだ……。

元兵士たちの被害者意識の強調には一種の「逃げ」があると思われる。自分の加害性に向き合うことができず、無意識のうちにバランスを取っているのではなかろうか。しかしそれだけではない。戦争を遂行した日本の責任者たちが、その戦争責任を問われることなく戦後も悠々と権力の座にいることへの、一兵卒の憤怒が渦を巻いているのではないか。

柄谷行人は戦争における天皇の刑事責任について、こう書いている。

もし日本人に過去への反省が欠けているとしたら、どこかに、自分たちが天皇の代わりに責任を問われるのは不当ではないか、という気持があるからだと思います。日本人が、戦争における加害者の意識が希薄で、つねに戦争の被害者であることを言いたがるのは、そのことと関係していると思います。天皇の責任が明確になっているときにのみ、個々人の責任という問題が浮上する。それがないために、つねに反省は「一億総懺悔」というかたちをとってしまいます。しかし、それは反省にならない。また、政府が謝罪を表明しても、それは謝罪にならない。[18]

天皇が免責されてきたために責任をとる者が誰もおらず、皆が「被害者」になってきた日本。だが、柄谷がいうように、天皇の戦争責任を追及していたら、兵士たちは自分の加害責任に向き合ってきただろうか。これまで述べてきたような日本人男性の女性差別意識と性意識からして、決して楽観的には考えられないが、少なくとももっと早くから問題は提起され、様々な証言とともに、事実が明らかにされてきただろう。

個々の兵士の加害責任を真に問うためには、日本でこれまでタブーだった天皇を含む国家や軍隊の責任者の戦争責任を問わなければならない。これはどちらが先かという問題ではなく、同時に進められるべきものであろう。そしてこのような問いかけを行なうときには、元兵士だけでなく日本人の多くに内面化された売春婦差別や女性差別意識そのものと相対することになる。気が遠くなりそうな、壮大な事業である。

これらのことを思うと、「女性国際戦犯法廷」の意味と重要性が一層明確になる。「戦犯法廷」の目的は、日本軍による構造的性暴力を明らかにし、国家や軍の責任者の法的責任を問うことで、「慰安婦」にされ、性暴力の被害を受けた女性たちの正義・人権・尊厳を回復することである。しかし同時に「戦犯法廷」を実現させることで、今まで〝一兵卒の怨念〟で固まり、加害者としての自己に向き合うことがなかった日本軍の元兵士たちが、わずかでも内なる変化を起こす可能性があるのではなかろうか。

元兵士たちには加害行為も含めて自身の戦争体験にもう一度向き合い、心のふるえや痛み、悔恨、苦悩を語り始めてほしい。記憶の細部を思い起こして欲しい。私たちはそれを聞き逃すまい。しっかり記憶し、記録し、次の世代に引き継いでいきたい。これが私たちに課せられた大きな戦後責任のひとつであると考える。

註

(1) ゲイ・マクドゥーガル、VAWW‐NET Japan編訳『戦時・性暴力をどう裁くか』一〇一頁、凱風社、一九九八年。

(2) 在日の慰安婦裁判を支える会編著「宋神道・本人尋問」『宋さんといっしょに よくわかる在日の元「慰安婦」裁判』五四頁、一〇四頁、一九九七年。

(3) 澤地久枝「従軍慰安婦のこと」『文藝春秋』一九九六年一〇月号、文藝春秋、七七頁。

(4) 吉見義明『従軍慰安婦』七九頁、三二頁、岩波新書、一九九五年。

(5) 前掲書(2)、六〇頁。

(6)『訴状 中国・山西省性暴力被害者損害賠償等請求事件』一九二頁、一九八頁、二〇五頁、二一七頁、二二八頁、中国における日本軍の性暴力の実態を明らかにし賠償請求裁判を支援する会(略称・山西省・

明らかにする会)、一九九八年。
(7)山本直英『山本宣治に性教育論』一二七頁、明石書店、一九九九年。
(8)男性と買春を考える会『買春に対する男性の意識調査』アジア女性資料センター、一九九八年。
(9)杉田聡『男権主義的セクシュアリティ』一四八頁、青木書店、一九九九年。
(10)池田恵理子「引き継がれる買春意識」アジア女性資料センター『女たちの21世紀』一九九八年一〇月号、一二頁。
(11)宮台真司「『情の論理』を捨て、『真の論理』を構築せよ」『戦争論妄想論』(共著)一三頁、教育史料出版会、一九九九年。
(12)小林よしのり「新ゴーマニズム宣言　第三〇章」『SAPIO』一九九六年一一月二七日号。
(13)前掲書、第二四章。
(14)吉本隆明、辺見庸『夜と女と毛沢東』二二〇頁、文藝春秋、一九九七年。
(15)大岡昇平、古山高麗雄「戦争体験と文学」『季刊芸術』一九七〇年第四号。
(16)レメディアス・フェリアス、竹見智恵子監修『もうひとつのレイテ戦　日本軍に捕らえられた少女の絵日記』木犀社、一九九九年。
(17)野田正彰『戦争と罪責』岩波書店、一九九八年。
　中国の戦犯裁判と中帰連については、本シリーズ第1巻の新井利男論文、藤原彰・新井利男編『侵略の証言』(岩波書店、一九九九年)、中国帰国者連絡会編『覚醒』(新風書房、一九九五年)に詳しい。
(18)柄谷行人『倫理21』一五一頁、平凡社、二〇〇〇年。

第Ⅱ部

天皇制と戦争責任

姜徳景作「責任者を処罰せよ」(提供＝韓国挺対協、協力＝ハルモニの絵画展実行委員会)

第6章　日本軍性奴隷制問題と天皇の戦争責任

鈴木裕子

一、はじめに

一九九九年は、一連の反動立法が成立し、権力による思想攻勢が強まった年として記憶されよう。わたくしたちは、今、思想的には「戦時下」の時代に立たされていることを自覚すべきではないだろうか。

権力の当面の標的は「教育」であろう。「教育改革」の美名のもとに、権力や資本に忠誠を尽くす「国民」づくりがめざされている。数年前では一部のウルトラ・ナショナリストだけが声高に叫んでいたことが、次々と現実化している。天皇や「教育勅語」への回帰が戦後世代の政治家や学者の口からぽんぽんと飛び出す時代となった。

「国民統合」の装置として天皇制は、権力にとって今もなお十分に有効性を保っている。最近の森喜朗首相の「神の国」発言[1]に示されるように、「天皇神話」がまたぞろ登場しそうな不気味さである。このままでは、現代版『国体の本義』（文部省教学局、一九三七年三月）や『臣民の道』（同、一九四一年七月）が「国民」に向かって説かれる日も遠くないような気がほんとうにする。

ここ一〇年ほど、わたくしは一女性史研究者として日本軍性奴隷制問題にかかわった。今、ここで一〇年間を振り返ってみる紙幅はない。女性史研究者や女性学研究者がどちらの立場に立ってどれだけこの問題解決に寄与、貢献できたのか（できなかったのか）を中間総括する必要もあるかと思うが、同じく紙幅の関係でここでは論じられない。

女性史研究者として率直に思うことを、まず述べたい。戦後日本の女性史研究は、近現代日本女性史をほぼ「被害者」一色で描き出してきた。そこにはまぎれもなく女性を平和の女神＝被害者と捉える図式がある。フェミニズムの戦争加担や翼賛協力の事実はまったくといっていいほど不問に付されてきた。

第二にそれに関連して「一国史」的視点である。近現代日本女性史は、かつての植民地、朝鮮・台湾・「満州」等や、占領地への視点やアプローチを欠いては成り立たないはずなのに「一国史」的に閉じられてきた。自民族中心主義の枠にいわゆる「進歩」派女性史家を含めてはまってきたというほかない。

第三に女性をア・プリオリに「平和の女神」、聖なる「母性」と把握してきた女性史研究者の枠組みは、「母性」の対極に「娼婦」を対置させてきた。廃娼運動の記述の仕方に典型的に示されているように「娼婦」が歴史主体として登場することはまずなかった。

第四は、天皇・天皇制研究の弱さ（ないし欠落）が指摘される。フェミニストとして著名な平塚らいてうや市川房枝らが、なぜ翼賛思想・体制にコミットしていったのか、彼女らの天皇制観はいかなるものであったのか、といったことがらに対し、ようやく論究が始まったのは一九八〇年代である。

天皇・天皇制こそは戦後日本人の歴史観を根底的に歪めたといえる。大日本帝国憲法下の「神権天皇制」から日本国憲法下の「象徴天皇制」へと「変容」するなかで、天皇制は生き延びた。「象徴天皇制」は、「国体護持」をもくろむ日本支配層と、円滑な対日占領を図るアメリカ占領軍との政治的合作であった。昭和天皇が裁きの対象とならなかったのは、彼に法的責任が認められなかったからではない。大権保持者として、また大元帥として彼以上に、当時、責任を有していたものがいただろうか。暴威を振るったあの東条英機でさえ、昭和天皇に対してはきわめて忠実な「臣下」であった。

天皇の「免責工作」がきわめて巧妙になされたことは、今日では多くの記録・研究書類が明らかにしているところだが、(2) しかし、敗戦直後にマス・メディアを取り込んで捏造された「終戦」の「聖断神話」が今もなお再生産され、流通しつづけていることも事実である。天皇制の存在と免責が、戦後日本の歴史認識・歴史像を根底から歪め、わたくしたちの主体的な責任意識形成を妨げている。いいかえれば、天皇制こそ「歴史修正主義」の最たるものといえる。

男権家父長制国家の頂点に立つ天皇とそのシステム（天皇制）の解明は、女性史研究にとって決定的に重要な鍵である。事実にそくし、天皇・天皇制が果たした女性抑圧と女性支配の歴史を抉り出すとともに、天皇翼賛にからめとられていった日本フェミニズムの「負の遺産」を検証するといった作業が女性史研究のなかできちんとなされているだろうか。答は否といわざるを得ない。

右のような戦後女性史研究の枠組みは、実は、戦後日本の女性運動の性格に規定されているものだ。「被害者」意識、「一国史」的視点、女性＝平和の女神とする本質主義、そして天皇・天皇制問題への視点の欠落は、実は戦後女性運動の特徴にほかならない。

この枠組み転換を迫ろうとしたのが日本軍性奴隷制問題であった。韓国挺身隊問題対策協議会（以下、挺対協）の結成（一九九〇年）と挺対協を中心とした「女性の人権化」・国際化努力（九三年の世界人権会議のウィーン宣言、九六年のクマラスワミ報告、九八年のゲイ・マクドゥーガル報告などに結実する）、そして挺対協などの支援団体の存在と活動が支えとなって韓国のみならずアジア各国から被害者が次々と名乗り出るに至ったこと、これらの「出来事」が、わたくしたち日本女性の「被害者」から「加害者」への認識転換を促すかにみえた。「被害者」から「加害者」への転換は、わたくしたちに痛切な戦争責任・戦後責任への自覚を呼び起こさざるを得ないものだ。また責任への自覚は、当然のことながら戦争の最高責任者・昭和天皇や天皇制国家の戦争犯罪、戦争・戦後責任を問題とせざるを得ないものだ。

わたくしたちの責任意識形成の前に立ちはだかったのが「国民基金」（女性のためのアジア平和国民

基金。略称を「アジア女性基金」ともいう。一九九五年七月発足）であったのは記憶に新しい。「国民基金」は、第一に本来、女性の人権問題であるべき日本軍性奴隷制問題を、金銭的問題へと歪曲したこと、第二に被害当事者の意向を無視したばかりでなく、その間に分断の楔を打ち込もうとしたこと、第三に天皇制国家の起こした戦争犯罪の事実と本質を隠蔽したことなど、その犯罪性は明らかである(3)。

「国民基金」と踵を接するかのように登場してきたのがウルトラ・ナショナリストの「原理主義的歴史修正主義」派である。彼らは、被害者の声に耳を傾け、応答しようとする人びとに対し、「自虐史観」とか「自己悪逆史観」とか口汚く罵る。「国民基金」派と「原理主義的歴史修正主義」派を結ぶ共通の糸は、国家や天皇の戦争責任を認めない点である。他方、「一国史観」をこえて、自国の近現代女性史のなかの戦争協力・翼賛加担の事実の洗い直しをはじめたものに対し、「告発史観」「反省的女性史」のレッテル貼りで事をすましたり、冷笑する、自称フェミニスト研究者もおり、混沌としている。

二、日本軍性奴隷制と公娼制・家制度

日本軍性奴隷制問題への基本的視座について確認しておきたい。日本軍性奴隷制は、女性を性的道具視する国家公認の買売春制度・装置である近代公娼制度抜きには考えられない。近代天皇制国

家の最たるジェンダー政策・装置は、いうまでもなく家制度である。この家制度と公娼制は、メダルの表と裏の関係にある。この二つの装置のもとに女性の性は二分化される。家制度下の女性は「母性」として「家父長」への従属・統制のもとに管理され、片や公娼制下の女性は男たちの性の快楽・統制のために国家管理された。彼女たちは性奴隷として徹底的に貶められた。

次に日本軍性奴隷制問題が、戦後の日本社会において、また女性運動のなかにおいてさえ、長らく国家による性暴力の極致と認識されてこなかったのはなぜであろうか、という点について述べたい。

それは「売春」問題が、女性の性的搾取・性暴力問題として把握されてこなかったことと通底する。公娼制度廃止をめざして戦後、再出発した廃娼運動は、「売春禁止法」(のち防止法) 制定運動として具体化されたが、そこには、戦前以来の廃娼運動が引きずっていた「売春婦」観が払拭されることなく生き続けていた。「売春婦」イコール「汚れた」女たちとみる賤視・蔑視感である。そこには同じ性をもつ女としての痛みもなければ連帯心もなかった。近代日本のラジカル・フェミニストといわれる平塚らいてうにして、「売春婦」たちに対して投げかける言葉は左にみられるようにあまりに冷酷というほかない。

「売春婦は、性病の病原体として、ふれるものすべてに病毒をまきちらし、個人に、家庭に、社会に、民族に、大きな不幸と損害をあたえる(4)」と。

らいてうのこの言葉のなかに「売春婦」への賤視・蔑視感がにじみ出ている。らいてうのみならず、廃娼運動家や女性運動家たちの多くが、「純潔」思想、いいかえれば「貞操」思想に深くとらわれていた。彼女たちにとって「売春婦」は、善良な社会風俗を紊《みだ》し、民族を堕落させ、「貞操」観念の稀薄な不心得な女たちと意識されていた。それゆえ「売春婦」は官憲の取締り対象とされ、その身を拘束され、その「不心得」を直され、「保護更生」すべき対象とされたのである（一九五六年公布の「売春防止法」は、その法的表現である）。

「貞操」とは本来、男権家父長制社会の女性抑圧イデオロギーだが、その「貞操」神話に女性運動家たちも取り込まれ、内面化させられ、そのあげく同性を性搾取・性暴力の被害者としてではなく、社会の敵、「一般婦女子」の敵とさえ見なしたのである。

戦後日本社会における「売春」問題認識や廃娼運動が右のようであったればこそ、いわゆる「従軍慰安婦」問題が戦時性暴力の極致で、女性の人権にかかわる根幹的問題だと認識されなかったのも当然といえば当然の成りゆきだったのではあるまいか。

わたくしは九〇年代初め「慰安婦」問題が社会問題として争点化する当初から、「慰安婦」制度の根底には、公娼制度の存在が大きいことをつとめて指摘してきた。公娼制度とは、国家公認の買売春統制であり、女性への性的搾取・性暴力を合法化するシステムであった。ところが九〇年代半ば頃から、「自由主義史観研究会」とか「新しい歴史教科書をつくる会」とかに拠るウルトラ・ナショナリストの人びとは「慰安婦」イコール公娼だとして、公娼制の右に述べたような「合法性」のゆえをもって、「慰安婦」制度の免責を図ろうとした。女性にとって極め付きの悪制度である公娼制の存在が「慰安婦」制度免責の理由にされるとは、まったく逆立ちした論理である。

公娼制度と「慰安婦」制度の関わりを重視するわたくしを、上野千鶴子氏はウルトラ・ナショナリストの人びとと同列に批判する。この点に関する上野氏のわたくしへの批判は次のようなものである。「公娼制があった時代だからこそ『軍隊慰安婦』が成立したという点で左右ともに一致した枠組みを共有している」「『今日の人権論』の水準から戦前公娼制度もまた『断罪』される。軍隊『慰安婦』は、公娼よりも劣悪な奴隷労働であるとする点で、鈴木は国籍を超えた『女性に対する人権侵害』と被害者の連続性をうちたてるが、その背後にあるのは『人権』という超歴史的な価値である」[5]と。

女性の性的人権侵害の視点から「断罪」し、批判することがなぜ問題なのか。上野氏はまさか公娼制度や「買春」は女性に対する性暴力でもなく、人権侵害でもないというのだろうか。

いうまでもないことだが、日本のウルトラ・ナショナリストたちは、徹頭徹尾、男権主義思想でこり固まっている人びとである。平気で「戦争にはレイプはつきもの」とか「若い兵士たちに適当な性の捌け口」は必要と言って何ら恥じることのない人びとである。その人びとが使う手口が公娼制度を楯にした「慰安婦」イコール公娼論なのである。なお、わたくしは「公娼制があった時代だからこそ軍隊『慰安婦』が成立した」とか「軍隊『慰安婦』は公娼よりも劣悪な奴隷労働である」とかとは一度たりともいったことはない。公娼制度という女性を遊具視し、性奴隷化するシステムの国家公認（公許）こそが、かくもすみやかに天皇の軍隊に「慰安婦」制度をつくらせ、導入させた、といってきたのである。いいかえれば、日本国内や植民地における女性の性的隷属状態こそが、「慰安婦」制度の導入と展開を容易にさせてきたことを繰り返し述べてきたのである。公娼制度をめぐるウルトラ・ナショナリストとわたくしとは、このように一八〇度の違いがあるのに、上野氏はなぜ、「左右ともに一致した枠組みを共有している」とあたかも両者の認識が共通しているかのごとくいい、意図的に論点をずらすのだろうか。

三、過去だけでなく、今日の天皇制も裁かれねばならない

わたくしたちの認識を根本的に転換させたのは、一に戦時性暴力のサバイバー、被害者である元「慰安婦」の女性たちの「告発」行動による。わたくしたちは、彼女たちの語り出された言葉から、その傷が強姦のそれにほかならないことを知った。

そもそも「強姦」被害者は、長い間、性暴力・性犯罪被害者としての扱いを受けてこなかった。わたくしたちが「性暴力」という言葉と認識を獲得したのはようやく一九八〇年代に入ってからである。被害者であるにもかかわらず、その被害を公に語れぬどころか、肉体的にも精神的にも深い「傷」をかかえて一人悶々と鬱屈した生を生きねばならなかった。直接的な性暴力行為に加えて、社会的抑圧観念の「貞操」思想が彼女たちをさらに苦しめた。

まったく同様のことが、日本軍の性奴隷とされた、いわゆる元「慰安婦」たちの場合にもあてはは

まる。元「慰安婦」の少なからぬ女性たちが、日本敗戦で解放されたにもかかわらず、帰国途中で自ら命を絶ったり、故郷の土を二度と踏むことができなかったりした事例は、そのことを物語ってあまりある。

彼女たちは、自らがこうむった被害を自己の「罪」や恥ずべきことがらとして思い込み、「秘密」として胸にしまい込んだ。しかし、心身に受けた痛みは、容易に消え失せるものではなく、彼女たちは、実に半世紀以上の長きにわたって、このトラウマ（心的外傷）とスティグマ（社会的制裁・烙印）に苦しめ続けられてきたのである。

韓国で最初に名乗り出た金学順《キムハクスン》さん（一九九七年一二月死去）、「国民基金」からの「償い金」という名の「慰労金」受け取りをもっとも強固に拒否し続け、死の床でも「責任者処罰」を説いてやまなかった姜徳景《カンドッキョン》さん（一九九七年二月死去）にせよ、躊躇に躊躇を重ねたあげく、ようやく名乗り出たのは、右のような事情によるものだ。逡巡したのは学順さんや徳景さんにとどまらない。名乗り出たすべてのサバイバーたちが、苦悶しつつ、内的葛藤を繰り返しつつ、「告発」に踏み切った。しかし、告発後も、他人に知られることを怖れ、心がたじろいだり、第三者の心にもない一言で傷ついたりしたことを、多くのサバイバーたちは語っている。[6]

日本軍性奴隷制が、天皇制国家、天皇制軍隊による性暴力・性犯罪であったことを、とりわけ長年にわたって植民地支配された韓国の被害者は実感的に体得している。さればこそ彼女たちは、天皇の戦争責任を鋭く追及し続けるのである。天皇に対する裁きを強く要求するのである。

敗戦後、日本は神権天皇制から象徴天皇制へと代わったから、といった「弁明」は被害者にとっては詐術・虚言にほかならない。戦前・戦中、あれほど侵略と抑圧と植民地支配のシンボルであった「日の丸・君が代」を廃棄せしめず、ついには「国旗・国歌」として法制化せしめたあげく、今また天皇を神とし国の中心と発言してはばからない人物を「一国の宰相」に据えている天皇制国家ニッポンのイメージは、彼女たちの眼に焼きついているだろう。過去の天皇制ばかりでなく、今日の天皇制もひとしく問われ、裁かれなければならないのである。

四、「国体」(天皇中心)思想とエスノセントリズム

植民地朝鮮や台湾において日本は徹底的な「皇民化」政策を展開した。「皇民化」政策とは、一言で言えば、「天皇の民」への同化政策である。朝鮮人の側にそくしていえば、「一視同仁」の「大御心」のもと「内鮮融和」や「内鮮一体」が押しつけられ、民族的アイデンティティが一方的に蹂躙されたことである。

「一視同仁」といい、「大御心」といい、これらは「国体」思想の基本用語である。「国体」思想が、近代天皇制国家において、「臣民」をいかに呪縛し、畏怖させる機能を果たしたかは多くを語るまでもないだろう。(7)

一九三五年の「国体明徴」運動のあと、文部省教学局は、二冊の冊子を刊行し、全国の学校・官

庁等に配布し、「国体」観念の徹底化を図った。まず、一九三七年三月、『国体の本義』が刊行され、ついで四一年七月、『臣民の道』が発刊された。いずれも日中全面戦争、アジア太平洋戦争を目前に控えて刊行されたところにその狙いがはっきりしている。

『国体の本義』は、「第一　大日本国体」「第二　国史に於ける国体の顕現」の二章から、『臣民の道』は、「第一章　世界新秩序の建設」「第二章　国体と臣民の道」「第三章　臣民の道の実践」の三章からなっている。右の目次から容易に察せられるように、『臣民の道』が第一章で、日中戦争後の「東亜新秩序」や「大東亜共栄圏」建設の正当化を論じつつ、欧米諸列強の植民地支配や中国の「抗日」「反日」のいちいちを取り上げ、あげつらっているのを除けば、基本的思想はまったく同じで、それはエスノセントリズム（自文化中心主義、自民族中心主義）以外の何ものでもない。今、こころみに『国体の本義』から引用する。

大日本帝国は、万世一系の天皇皇祖の神勅を奉じて永遠にこれを統治し給ふ。これ、我が万古不易の国体である。而してこの大義に基づき、一大家族国家として億兆一心聖旨を奉体して、克く忠孝の美徳を発揮する。（九頁）

皇位は、万世一系の天皇の御位であり、たゞ一すぢの天ッ日嗣である。皇位は、皇祖の神裔にましまし、皇祖皇宗の肇め給うた国を承け継ぎ、これを安国《やすくに》と平らけくしろしめすことを大御業とせさせ給ふ「すめらぎ」の御位であり、皇祖と御一体となつてその大御心を今に顕し、

国を栄えしめ民を慈しみ給ふ天皇の御地位である。(一七頁)

天皇は祭祀によつて、皇祖皇宗と御一体とならせ給ひ、皇祖皇宗の御精神に応へさせられ、そのしろしめされた蒼生を弥々撫育し栄えしめ給はんとせられる。……故に神を祭り給ふことと政をみそなはせ給ふことは、その根本に於て一致する。(二六頁)

近くは日清・日露の戦役も、韓国の併合も、又満州国の建国に力を尽くさせられたのも、皆これ、上は乾霊授国の御徳に応へ、下は国土の安寧と愛民の大業をすゝめ、四海に御稜威を輝かし給はんとの大御心の現れに外ならぬ。(二八頁)

我が国は、天照大神の御子孫であらせられる天皇を中心として成り立つてをり、我等の祖先及び我等は、その生命と活動の源を常に天皇に仰ぎ奉るのである。それ故に天皇に奉仕し、天皇の大御心を奉体することは、我等の歴史的生命を今に生かす所以であり、こゝに国民のすべての道徳の根源がある。(三四頁)

天皇と臣民との関係は、義は君臣にして情は父子である。……我が君臣の関係は、決して君主と人民と相対立する如き浅き平面的関係ではなく、この対立を絶した根本より発し、その根本を失はないところの没我帰一の関係である。(三六頁)

敬神崇祖と忠の道との完全な一致は、又それらのものと愛国とが一となる所以である。抑々我が国は皇室を宗家とし奉り、天皇を古今に亘る中心と仰ぐ君民一体の一大家族国家である。(三八頁)

〔我が国民の家生活の〕根幹となるものは、親子の立体的関係である。この親子の関係を本として近親相倚り相扶けて一団となり、我が国体に則とつて家長の下に渾然融合したものが、即ち我が国の家である。（四三頁）

我が国の孝は、人倫自然の関係を更に高めて、よく国体に合致するところに真の特色が存する。……臣民は祖先に対する敬慕の情を以て、宗家たる皇室を崇敬し奉り、天皇は臣民を赤子として愛しみ給ふのである。（四六〜四七頁）

捏造された「肇国神話」をもとにして、祭政（政教）一致、天皇の神聖化が飾り立てられ「擬制親子」としての「君臣一体」化がうたわれる。臣民は「没我」の心で天皇に絶対帰順し、身も心も命も献ずることが、道徳の本源であると説かれる。これが「公教育」という名でおこなわれた「天皇教」という国家宗教でなくて何であろう。

天皇を神話に由来する「伝統カリスマ」とし、近代日本国家が対外危機に際し、国家の脆弱性を補強すべく、伝統カリスマ性を継承する天皇の「神聖」性を強調することで国民統合を図った、とする説はもとより誤りではなかろう。(8) だが、わたくしたちは、天皇の名のもとに侵略戦争と植民地支配が正当化され、「天皇教」に呪縛された天皇の軍隊がアジアの多くの人びとを塗炭の苦しみへと陥れ、残虐な加害の数々の行為をも加えた事実を直視しなければならないだろう。

日本軍の性奴隷とされた植民地下の朝鮮女性らは、天皇の「赤子」たる「皇軍将兵」への「贈り物」と称され、「衛生的な共同便所」扱いされた(9)。たとえ、昭和天皇その人が直接、性奴隷制に関与していなくとも、「国体」思想の中軸に位置し、国家そのものを一身に体現し、陸海軍の最高責任者（大元帥）でもあった彼には、十分な責任がある。

五、天皇の軍隊——強姦・虐殺・略奪の三位一体

日本軍性奴隷制（いわゆる「従軍慰安婦」制度）とは、今日ではいま一歩進めて、天皇の軍隊（皇軍）による戦場における強姦の常態化、制度化と定義づけても差しつかえないと思われる。実際、中国や東南アジアの戦場や占領地において日本軍がおこなったすさまじい強姦行為と「慰安婦」制度とは強い連続性と連関性がある。

まず「掃討」（「粛正」とも「討伐」ともいう）作戦なるもので、現地女性を捕捉・強姦する。強姦した女性のなかから選び出して軍の駐屯施設や洞窟などに連行、監禁状態におき、抵抗できないようにして継続的ないし断続的に強姦を重ねていくというパターンが最近の研究で明らかになりつつある。強姦は、軍の作戦計画に最初から織り込みずみの場合もあった（もちろん、「強姦すべし」との直接指示する軍文書があるわけではない）。いいかえれば、強姦の連続化が「慰安婦」だったとみなすこともできる。戦場強姦も、連続的強姦ともいうべき「慰安婦」も、ともに強姦であったとみるべきではないだろうか。以下、フィリピンの場合を例にして述べる。

一九四一年一二月八日、日本はパールハーバー（真珠湾）を奇襲攻撃し、英・米・蘭に対し宣戦布告、フィリピンもアメリカの植民地としてただちに日本軍の爆撃下にさらされた。日本軍はまたたく間に、フィリピン各地を占領して翌四二年一月二日には首都のマニラを占領した。

マニラを占領した直後の一九四二年一月二〇日付、「大日本軍司令官」（フィリピンを占領したのは第一四軍——防諜通称で「渡集団」といい、その司令官をさす）の名で出された告示「掠奪被害者ノ届出ニ関スル件」は、日本軍が侵略・占領する過程で、将兵による掠奪行為がいかに頻発したかということを裏づけている（渡集団軍政部『軍政公報』第一号、一九四二年三月二一日号掲載）。

中国人が大変恐れ、名づけたという、日本軍の燼滅作戦、すなわち「三光作戦」がフィリピンでも同様におこなわれたということがいえる。これに「女を犯す」（強姦）が加わると、「四光作戦」となる。とくに日本軍の敗色が濃くなった一九四四年以降になると、さらにすさまじさをました。[10]

ここでフィリピンにおける日本軍政の特徴について簡単に触れておきたい。日本軍政の主要な目的は、他の東南アジア諸地域同様、資源の確保にあった。そのためには、住民「宣撫」と「親日派」官僚・グループの育成が緊急課題であった。ところが日本軍は、前述したように中国においてと同様、フィリピンでも抵抗者を殺しつくし、家を焼きつくし、物を奪いつくすの「三光作戦」に加え、女性を強姦しまくったので、住民から猛烈な反感・反発を買った。[11]「『ビサヤ』地方憲兵服務指示」（一九四二年一一月一五日、防衛庁防衛研究所図書館所蔵。以下、この節での引用は、同館所蔵のものである）にみられるように、わざわざ比島憲兵隊長（長浜彰憲兵大佐のこと。長浜は敗戦後、死刑判決を受けた）

が、(1)殺より利用、(2)無茶な放火は止むべし、(3)強姦は絶対不可、(4)略奪〔禁止〕、(5)殴打は厳禁、(6)侮辱的行為の廃止、を大声で叫ばざるを得ないほど日本軍政の内実は残虐、苛酷であった。その建前とはうらはらにまさに「大東亜共栄圏」なるものは虚像であったことがこのことからも読みとれる。

日本軍政の特徴の第二は、住民に対する「愚民」観と「宣撫・教化」策であった。軍文書には「土民」や「土匪」という言葉がひんぱんに出てくる。「宣撫」に関しては、たとえばこんな記述がある。「……二回ノ宣撫施療ニ依リ皇軍ノ恩威ヲ土民ニ認識セシメ……」(『歩兵第九連隊戦闘業務詳報』一九四三年一月一日～六月三〇日、なお傍点は引用者)というように。

このようにさかんに「皇軍ノ恩威」が強調されているが、実際、フィリピンに駐屯していた日本軍がやっていたことといえば、ほとんどゲリラ「討伐」に名を借りた住民「掃蕩」であったのではないだろうか。防衛庁防衛研究所図書館にのこされている旧日本軍文書には、そのことを赤裸々にうかがわせる資料がたくさんある。

守備隊とか警備隊、憲兵隊などが抗日ゲリラ狩りに名を借りて、住民への虐待・虐殺・暴行をおこなったのだが、これを日本軍は、討伐とか掃蕩・粛正と称したのである。一九四二年一〇月から翌年の一一月までの『左警備隊・警備会報・会報綴』というファイルのなかに次のような記載がある。「一軍紀、風紀、内務及教育ニツキテ　1、各隊ノ軍紀、風紀ハ概ネ良好ナルモ現在ノ状況ニ鑑ミ更ニ緊縮スルヲ要ス」。実際は、軍紀風紀は全然良好ではなかったからこそ、繰り返し軍紀、風紀の緊縮が叫ばれたのである。さきの記述に続き「慰安等ハ後ニシ先ズ討伐ヲ実施スベシ」という文言がある。「慰安等ハ」というのはもちろん慰安所行きのことである。右のごとく「討伐」と「慰安」とが連動するものであったことがうかがわれる。

ところで『歩兵第二〇連隊第一大隊戦闘詳報』（一九四三年一月一日～六月三〇日）には、「討伐」についてこう述べているくだりがある。「大洋ノ如キ寛容ト骨肉ノ慈愛ヲ以テ警備討伐ヲ実施スルコト必要ナリ」。またさきの左警備隊の警備会報・会報綴のなかにファイルされていた「警備会報」中（一九四二年六月一四日の項）には「粛正ハ徹底セシムルヲ要ス　匪賊ヲ駆逐セバ民心ヲ把握強化シ敵匪ヲ潜入セシメズ講演戸籍調査等ヲ徹底シテ実施スルヲ要ス」「投降者ニシテ再ビ匪団ニ加入セル者ハ容赦スベキニアラズ収容所ニ送付或ハ人眼ニ触レザル所デ殺スヲ可トス」とある。

「粛正」とか「討伐」の意味は、以上で明らかであろう。「大洋ノ如キ寛容ト骨肉ノ慈愛ヲ以テ…」で思いおこさせるのが前掲『国体の本義』の「武の精神」の一節である。すなわち「武は決して武そのもののためではなく、和のための武であつて、所謂神武である。我が武の精神は、殺人を目的とせずして活人を眼目としてゐる。〔その武は〕根底に和をもち生成発展を約束した葛藤であつて、その葛藤を通じてものを生かすのである。……戦争は、この意味に於て、決して他を破壊し、圧倒し、征服するためのものではなく、道に則とつて創造の働をなし、大和即ち平和を現ぜんがためのものでなければならぬ[12]」という。天皇の軍隊による「粛正」や「討伐」は、「和のための武の精神」のしからしめることとして、正当化されるのである。

討伐とか掃蕩とかいう名で、民衆にたいする「三光作戦」や「四光作戦」がおこなわれているさなか、その合い間を縫うかのごとく女性たちを守備隊や警備隊が軍の駐屯施設に連行し、強姦し、抵抗できない状態にしておいて継続的に強姦を重ねていく。このプロセスこそ、強姦被害者をまさに「慰安婦」にさせていくプロセスであった。

「討伐」「掃蕩」の合い間に「慰安」を繰り返す天皇の軍隊の将兵たちの姿が明瞭に浮かび上がる。ちなみに軍紀風紀の乱れは、軍人にとどまらず、在フィリピン日本人にも広く及んでいたようである。[13]

一九四四年に入ると、戦局はさらに厳しさをます。米軍の反攻も始まる。徹底的な「討伐」を繰り返しながらもなお、不安感にとらわれているさまが第一四軍憲兵隊の「治安月報〔一九四四年二月〕」からもうかがえよう。

「(十六) 敵反抗激化ニ伴フ敗匪ノ執拗ナル『デマ』宣伝ニ眩惑セラレ住民ノ思想稍々動揺セシメアルノ観ナシトセス殊ニ政府〔フィリピン政府〕要人以下ノ曖昧態度、一般住民ノ生活問題ヨリ発スル米軍再来希求言動ハ注意ヲ要ス」とある。

この年八月六日には、米軍がダバオを初めて空襲し、九月にはマニラが初空襲に見舞われた。日本軍の緊張はいっそうました。このころマスバテ州デマサランというところでフィリピン人警察隊の反乱があった。『「マスバテ州」「デマサラン」ニ於ケル警察隊反乱詳報』〔一九四四年八月二四日、防衛庁防衛研究所図書館所蔵〕はこの事件の記録だが、このなかに事件を総括した「教訓」ともいうべき事項が列挙されている。その第五項が「警戒心ヲ旺盛ナラシムルヲ要す」で、次のように記されている。

「比人ハ総テ敵人ナリ比島我友邦ニ非ズ敵国ナリ戦局ノ発展ニ従ヒテ一層此ノ感強シ内外ノ比人ニ対シ警戒ヲ怠ルベカラズ。本事件モ警備隊ハ地形ノ利ヲ占メ工事堅固ニシテ外敵ニ対シ万全ノ準備アリタルモ内部ニ敵ヲ有セリ　内部ニ在ル比人PC〔POLICE＝警察隊をさすとおもわれる〕ハ掠奪ヲナス等不良ニシテ度々注意シ且其ノ盗品ヲ引揚ゲタルヲ以テ何等ノ報腹《ママ》ヲ予期スベキナルモ日本人ノ淡白ナル気分ヲ以テ彼等ヲ見警戒ヲ怠リタルタメ不覚ヲトリタリ」（傍点は引用者）と。

フィリピン占領当初からすでにみたように「大東亜共栄圏」などは描ける餅にすぎず、日本本位のフィリピン観やフィリピン人観がまかり通っていたものの、「比人ハ総テ敵人ナリ」にいたってはもう何をかいわんやである。それゆえインファンタ事件のようにゲリラには絶対なりっこない赤ん坊まで虐殺したのであろう。[14]

一九四四年一二月、朝鮮羅南に駐屯していた第一九師団（虎兵団）の師団長尾崎義春（中将）は、突如フィリピンへの出動を命じられ、虎兵団はフィリピンに上陸した。このとき尾崎が部下の将兵たちに与えた五つの教訓がある。一つ目が、女に手を出すな。二つ目が、物をとるな。三つ目が、家を焼くな、であった。尾崎が戦後したためた回想録から引用する。

予は比島に上陸直後在来日本軍老兵の不軍紀なる状態を目撃し、師団がボンドック（ルソン島北部中心都市）付近に転進し、軍の複廓陣地を構築する任務を受くるや、其地方在住の『イゴロット』族に対する心得として、左の五ケ条の訓示を与へ、将兵をして必ず之を守るべきを厳命し、若し之れに従はざるものあらば軍律に問うべきを以てせり。右訓示はがり刷の小型とし下士官以下は内ポケットに入らしめたり。

訓　示

1、女に手を出すな。
2、物をとるな、必ず代金を払へ。
3、家を焼くな。
4、民衆の習慣を尊重せよ。
5、秘密を守れ。

終戦後マニラに於て戦争裁判が開かれ、所謂残虐行為が峻烈に裁かれしも、第十九師団（虎兵団）には一名の戦犯を出さゞりき。之れ比島に上陸後間もなく戦闘となり、将兵が土民により其姓名等を記憶せられざりしことも原因するも、虎兵団は現役兵なりしと、又右訓示を下せし事も若干は役立ちしこと、信じあり。

予は比島作戦に於て前途有為の青年多数を失ひ、是等青年の父老に見える顔なきも、然し一名も不名誉（惨虐行為と名づけらるゝ）の戦犯を出さゞりし事は、聊か肩の重荷を下ろせし感あり。（「尾崎義春中将回想録」一九五四年四月。防衛庁防衛研究所図書館所蔵。なお傍点は引用者）

フィリピンにおける日本軍の蛮行は、軍の最上層部を形成していた人でさえ認めざるを得ないほど、それは凄惨をきわめた。蛮行の合い間に「慰安」を求めるという行動様式こそ「天皇の軍隊」のメンタリティだったともいえる。

註

(1) 去る五月一五日、森首相は、神道政治連盟国会議員懇談会の結成三〇周年記念祝賀会で「神の国」発言をおこない、戦前・戦中回帰の姿勢を強く印象づけた。その部分を引いておく。「最近、村上(正邦参院議員)会長はじめとする努力で『昭和の日』を制定した。今の天皇ご在位十年のお祝いをしたり、先帝陛下(在位)六十年だとか、政府側が及び腰になるようなことをしっかり前面に出して、日本の国、まさに天皇を中心とする神の国であるぞということを、国民の皆さんにしっかりと承知していただくというその思いで我々が活動して三十年になる」(『朝日新聞』二〇〇〇年五月一五日付夕刊二面)。ちなみに森首相は、自民党幹事長時代から同会の顧問であり、昨年一一月挙行された、天皇在位一〇周年記念祝典の折り結成された「奉祝」国会議員連盟の会長であった。

(2) 本巻所収の山田朗氏の論考を参照されたい。

(3) 「国民基金」について、詳しくは差し当たり鈴木裕子『戦争責任とジェンダー』未来社、一九九七年、を参照されたい。

(4) 「民族の未来のために」『女性改造』一九四九年四月号、『平塚らいてう著作集7』大月書店、一九八四年、六一頁。なお、詳しくは拙著『フェミニズムと朝鮮』（明石書店、一九九四年）所収の「戦後における平塚らいてうの平和思想と『母性』」を参照されたい。

（5）上野千鶴子「記憶の政治学」『インパクション』第一〇三号、一九九七年六月、一六一頁。なお、傍点は引用者。

（6）たとえば、韓国挺身隊問題対策協議会・挺身隊研究会編、従軍慰安婦問題ウリヨソンネットワーク訳『証言――強制連行された朝鮮人軍慰安婦たち』（明石書店、一九九三年）、フィリピン「従軍慰安婦」補償請求裁判弁護団編『フィリピンの日本軍「慰安婦」』（明石書店、一九九五年）、韓国挺身隊問題対策協議会・挺身隊研究会編、山口明子訳『中国に連行された朝鮮人慰安婦』（三一書房、一九九六年）などを参照されたい。

（7）近代日本の国体思想については、鹿野政直『近代日本思想案内』（岩波文庫、一九九九年）に簡にして要を得た指摘がある（「6　国体論」）。なお、『国体の本義』については、源淳子「大日本帝国の侵略の論理――『国体の本義』をめぐって」『女性・戦争・人権』創刊号、一九九八年、参照。

（8）安丸良夫・宮地正人編『宗教と国家』（日本近代思想大系5）岩波書店、一九八八年、参照。

（9）高崎隆治編・解説『軍医官の戦場報告意見集』（不二出版、一九九〇年）所収の「花柳病ノ積極的予防法」（陸軍軍医少尉・麻生徹男が一九三九年に執筆）の「二、娼婦」の項の「既往花柳病ノ烙印ヲオサレシ、アバズレ女ノ類ハ敢ヘテ一考ヲ与ヘタシ。此レ皇軍将兵ヘノ贈リ物トシテ、実ニ如何《ママ》ハシキ物ナレバナリ」（同書五八頁）とか、同じく同書所収の山第三四七五部隊（沖縄に配備）「軍人倶楽部ニ関スル規定」（一九四四年一二月）中の「一般ニ営業婦ノ供《ママ》有観念ヲ徹底シ専有観念ヲ厳禁ス」（同書一二九頁）の記述などが端的に示しているように、「慰安婦」なるものが天皇から「下賜」された「皇軍将兵への贈り物」

であったこと、また、たとえ業者経営の軍慰安所であっても、軍が「衛生」面（なお、念のため断っておくと、上坂冬子氏らが唱えるごとく、軍医等による「慰安婦」の性病検査などは、もとより彼女らの「健康保持」を図ってのものではない）を含めて、すべてにわたって管理・統制のもとにおいていたといった認識が、相当広範に行き渡っていたことを物語っている。蛇足だが、元「慰安婦」被害者の記憶を否認する人びとは、「慰安婦」問題を「トイレの構造の歴史」程度で片付けようとする傾向が強いようである。「原理主義的歴史修正主義」派に仲間入りした坂本多加雄氏なども例外ではない（「歴史教科書はいかに書かれるべきか」新しい歴史教科書をつくる会編『新しい日本の歴史が始まる』幻冬社、一九九七年、所収、参照）。

(10) 一九四四年一一月二三日、パンパンガ州カンダバ村マパニケでおこった日本軍による集団虐殺・集団強姦事件は、その典型的事例である。近年に至り、マパニケ事件の被害女性が名乗りをあげ、被害の実態を語りはじめるに及び、ようやく事実が明らかになろうとしている。九七年二月に来日し、日本人の前ではじめて被害者として語ったマキシマ・レガラさんの証言を裏づける軍文書も出た（『戦車第二師団千葉隊作命綴』一九四四年一〇月二二日〜四五年一月一三日、など）。同作命綴中の「撃作命第四六号〔四四年一一月二三日発令〕ニ基ク参謀長指示」の「二、討代《ママ》行動ノ準拠」の「5、婦女子ノ殺傷ハ努メテ避クルモ匪賊混淆セル場合ニ於テ一部ノ犠牲ハ止ムヲ得ス」の一節があり、無抵抗の女性たちに対する暴行や強姦等が事実上、軍上層部によって許容されていたことがうかがえる。なおマキシマさんの証言は、集会報告書『日本軍の性暴力を問う新たな連帯の出発――マラヤ・ロラズとともに――』（一九九七年）に収録されている。

(11) 天皇の軍隊により、いかに残虐な行為がフイリピン民衆に加えられたかは、旧日本軍の文書そのものによっても容易に確認できる。現在、防衛庁防衛図書館に所蔵されている旧日本軍文書から拾い出してみよう。なお、左に示すものは、ごく一部である。

「性的問題の根絶（強姦ハ陣中ニテハ死刑）」（フィリピン駐屯中の『歩兵第九連隊第一中隊陣中日記』一九四二年七月一九日分）。

次に示すものは、日本軍の暴虐に対するフィリピン側の反感・反発・抗議の声である。

「我々ノ婦女ヲ恥シメ又財産ヲ奪ヒ家屋ヲ焼却シタリ」（『執務参考綴（甲）昭和十七年　イロイロ派遣憲兵隊』）

「現在ニ於テモ又過去ニ於テモ凡有経験セシ凄惨ナル事実ハ目ヲ覆フカ如キモノアリ〔中略〕如何ニ多クノ婦女カ強姦セラレシ事カ」（『来翰情報綴（特高）　昭和十九年　自一月至七月　イロイロ憲兵分隊』）

「平和ナ耕作地帯ニ生活シイル《ママ》民衆ノ防害《ママ》ヲ為スハ何者ナルヤ、『ゲリラ』ノ蠢動ニ非ス屢々《ママ》繰返サレル日本軍討伐ノ暴行ナリ。〔中略〕饑餓ニ苦シム住民ノ最后ノ一片ノ糧食マテ略奪シ、其ノ上残酷ナル暴行、無辜ナル住民ノ殺戮、無防備ナル婦人ヲ暴行ノ上裸体ニシタリ、生レテ間モナイ嬰児ヲ焔ノ中ニ放リ込ンタリ、各町村ニ於ケル有リト凡ユル行為ニ対シテ役人ノ或者サヘ日本兵ノ人道ヲ無視セル行為ニ抗議ヲ申シ立テイルノテアル」（サルセド少佐〔フィリピン人〕が一九四四年四月一六日「親愛ナル知事ヘ」に宛てて出した書簡の一節『昭和十九年度　イロイロ憲兵分隊書類綴』）。

(12)『国体の本義』五二頁。

(13) 一般邦人の軍慰安所利用が「風紀」を「紊乱」させ、軍紀をも紊すものとして、軍指導部は取締りを強めたようである（一九四三年一月二九日付、渡集団参謀長名で出された「兵站施設ノ利用者取締ニ関スル通牒」〔防衛庁防衛研究所図書館所蔵〕はその一つである）。

(14) インファンタ事件については、川村悦郎『神軍の虐殺——占領下フィリピンで何が起きたのか』徳間書店、一九九一年、が詳しい。

〔付記〕フィリピン関係の記述は、戦地性暴力調査会に多くを負っている。なお、本年中に同調査会編・刊にかかる『日本占領下フィリピンにおける日本軍性暴力史料集』が刊行される予定。また、わたくしの旧稿「日本占領下フィリピンにおける『戦地強姦』と『慰安婦』——主に旧日本軍文書にみる——」(『女性・戦争・人権』創刊号、三一書房、一九九八年、所収)もあわせて参照いただけたら幸いである。

第7章　仏教が支えた加害の責任

源　淳子

一、はじめに

二一世紀を前にした、日本の世紀末は、右傾化とともに一九四五年以前の全体主義国家と同じ装いを露わにした。日米ガイドライン関連法、通信傍受法（盗聴法）、国旗・国歌法、改正住民基本台帳法の成立から森喜朗首相の「天皇を中心とする神の国」発言までに至る「自自公」から「自公保」という数合わせは、「過去の亡霊どもをよびいだし、（中略）扮装と借物のせりふ[1]」によるナショナリズムのもとでの翼賛国会の姿を明らかにした。かつて日本に侵略されたアジアの人々はこの日本の急激な全体主義化と右傾化に強く警戒を発している。とりわけ元「慰安婦」の女性たちにとって「日の丸・君が代」の法制化は、彼女たちの怒りをさらに強くした。一九九二年、姜徳景《カンドツキヨン》さんが「慰安婦」にさせられた過去を証言し、日本の戦争犯罪を告発した。彼女は九七年二月に逝ったが、

「私のいた慰安所」と題された最後の絵は、真っ赤な「日の丸」のなかに囚われた自分の姿を描いていた。戦争の世紀だった二〇世紀が終わろうとしている今、日本人はこの国のナショナリズム、そして戦争という暴力の歴史に何を学んできたのだろうか。それはまた過去と未来の他者から私たちに突きつけられている問題であるはずだ。

私たち日本人が、過去の戦争から学ぶとはどういうことなのだろうか。「近代国家」への邁進という大義によって戦争を繰り返したことの罪責は、どのように説明しえるのだろうか。知識人は、その時、どのように行動したのか。アジアに多くの被害を生み出した近代日本の歴史をどのように自己の罪責とし、それに応える思想を育んできたのか。しかし、そうした問いかけに対して、日中戦争、アジア太平洋戦争への戦争責任が今も明確でないという事実に立つと、私たち日本人の罪責は限りなく重い。

かつてエドワード・W・サイードは、「知識人には、いつも忠誠という問題がからみ、知識人はこれに執拗に苦しめられる。わたしたちは例外なく、なんらかの国民共同体なり宗教共同体なり民族共同体に属している。たとえどれほど異議申し立てをくりかえそうとも、個人を家族や共同体に、またいうまでもなく民族にむすびつける有機的な絆を断ち切ることはできない(2)」と論じ、知識人の「選択」を迫った。

知識人にはどんな場合にも、ふたつの選択しかない。すなわち、弱者の側、満足に代弁=表象されていない側、忘れ去られたり黙殺された側につくか、あるいは、大きな権力をもつ側につくか。（中略）知識人がなすべきは、集団とは、自然なものでも神があたえたもうたものでもなく、構築され、造型され、ときには捏造されたものであり、その背後には闘争と征服の歴史が存在するということを、必要とあらばその歴史を表象しつつしめすことなのだ。(3)

日本の近代化は、国民共同体と宗教共同体と民族共同体がごちゃ混ぜになった近代天皇制という共同体にすべてが収斂された。それがサイードのいう「自然なものでも神があたえたもうたものでもなく、構築され、造型され、ときには捏造された」ものの姿だった。だが、多くの日本の知識人には「ふたつの選択」は内在化せず、むしろ、「大きな権力」しかみえていなかった。サイードは、そこに近代日本の知識人の特色をみている。つまり、日本の知識人は、「亡命者にして周辺的存在であり、またアマチュアであり、さらには権力に対して真実を語ろうとする言葉の使い手」(4)には、ならなかった。つまり、知のレベルにおいても、日本は、その罪責を自らにも権力にも問わなかったし、また、問えなかったのだ。

丸山眞男は「近代日本の知識人」に「一つの見えない『知性の王国』の住人であるという共属の意識はついに成熟しませんでした」(5)とみていた。そこに欠落しているのは、「主体」である。

丸山は、日本の戦争責任について、「日本のそれぞれの階層、集団、職業およびその中での個々人が、一九三一年から四五年に至る日本の道程の進行をどのように作為もしくは不作為によって助けたかという観点から各人の誤謬・過失・錯誤の性質と程度をえり分けていくことにある」[6]と提起している。その「日本のそれぞれの階層、集団、職業およびその中での個々人」に、近代日本におけるで宗教を組み入れることは当然である。なぜなら、宗教は、もっとも天皇制に似せた存在としてあったからである。[7]結論を先取りすれば、宗教は、その「大きな権力」に加担することで自ら「権力」に倣っていたからである。まわりくどい論述になったが、拙論は、「慰安婦」問題を不問にする、そうした日本人の精神構造の分析と責任を、宗教、特に日本仏教において明らかにする。そして、そうした宗教の影響下にある日本人の戦争責任・戦後責任を考えてみたい。

二、仏教の戦争責任

日本仏教が戦争に加担したことは明確な事実である。そこに至る仏教は、廃仏毀釈に遭遇しながらも、明治維新後も徳川幕藩体制に取って代わった天皇制国家への協力を惜しまなかった。つまり、仏教の戦争協力とは、その延長線上にある。思想的には「真俗二諦論」というドグマをうち立て、自らの体制を定めるとともに、信者に天皇制国家への隷属を教化した。[8]一九四一年一二月、御前会議は対米宣戦を決定するが、仏教教団は、これを「東亜共栄圏の樹立と、東亜永遠の平和を確保せんが為めに外ならぬ」[9]と称讃し、その後戦争の激化とともに、梵鐘や仏具を兵器として献じ、また戦闘機の献納を各教団が競って行なった。

一五年戦争の仏教及び仏教者の戦争責任を真正面から捉えたのは、後にも先にも市川白弦[10]（一九〇二―一九九六）をおいてほかにはいない。市川の『仏教者の戦争責任』は、日本仏教の戦争責任・戦後責任を糾した貴重なテキストである。そこで市川は、「戦争の罪責はもともと平和の罪責である。戦争の罪責は戦争の勃発と同時に生起したのではない。それは平和のなかでの平和にたいする罪責である。大日本帝国の『期待される人間像』を、正しくかつ効果的にのり超えなかった罪責である。往生浄土の因は平生の日々において生起し成就する、という意味の平生業成《へいぜいごうじょう》の語を転用するならば、われわれの戦争責任は、平和の時代における平和と自由にたいする罪責の『平生業成』のつみかさねであり爆発である。われわれは個人としてまた共同体として、平和のなかで平和と自由への罪責をつみかさねてきたのである。そして現在もなおつみかさねつつある。われわれの罪責は、戦前・戦中・戦後を通じてつらなっている[11]」と問い続けた。そして、五年後の『日本ファシズム下の宗教』の「あとがき」に市川は「慰安婦」の問題を書き残している。

女性哀史に、戦中・戦後の「慰安婦」がある。国体明徴・国民教化総動員のなかで、王道楽土・東亜新秩序のたたかいのさきざきにおいて、飢え、病み、傷つき、集団死していった、おびただしい「慰安婦」のひとびと。原爆被災者援護法も無いこの国において、国の一時金支給さえもないこの「無名」のひとびと。そして「聖断」による日本の全面降伏につづく、占領軍の本土・沖縄進駐の街々において、人間商品の日々を生きかつ死んでいった無数のひとたち。

日本ファシズム下の哲学者紀平正美による、奉公・つとめの倫理の地獄がここにある。[12]

市川は、ほとんど独りで仏教の責任を問い続け、「慰安婦」に思いを馳せたただひとりの禅僧であった。少なくとも最晩年になって還俗するまで、彼はこのように戦争責任を自己の問題として問い続けた。

同じ頃、丸山眞男は、日本のファシズムに、主体的に責任を担うことがない「無責任の体系」をみてとった。そして、それを近代日本のファシズムにおける「天皇制」の構造であると分析した。日本の戦争責任・戦後責任が果たされなかったのも、天皇―官僚―ブルジョアジーによる「無責任の体系」にある支配層が無傷のまま戦後を歩み出したからだとみた。市川のことばを借りれば、それは「風呂敷に似た無定型の姿勢」[13]で「神と自我のない事実主義の日本的な風俗化」[14]であった。

天皇制イデオロギー（国家神道）は、日清・日露の戦争を通じて強化されてきた歴史をもつ。そしてその後、中国侵略のなかで、殺人やレイプを犯罪として問うことなく、さらに「慰安婦」制度を生み出した。当時、国家は、軍隊、学校、職場などあらゆる場を利用して、戦争の正当性を天皇制イデオロギーとして教育してきた。一九三七（昭和一二）年に文部省から発行された『国体の本義』は、それを「和」の精神として教化した。「日本ファシズム下の哲学者紀平正美」は、『国体の本義』の執筆者であり編集委員であった。[15]

市川は、「和」の精神を「大和の倫理」として批判したが、天皇制イデオロギーは、「家」を最小の共同体の単位、場として「和」の精神を組み込んだ。場＝共同体では、権力者（家長・ミニ天皇）がたてられ、地域社会や学校、職場などは、「大きな権力」（天皇）に向けて「和」の精神で収斂されていった。丸山が日本で成熟しなかったという知識人の「知的共同体」もその例外ではなかった。市川はそれを「事実主義の無争・和順性は、さきの戦争に協力した哲学・宗教の現実主義ともつながる」[16]として、その具体的事実を西田幾多郎の「場の論理」にみて批判した。

日本仏教は、市川が批判したように、「事実主義の無争・和順性」をもって「大きな権力」に自分の姿を描いた。そこに日本仏教が問われるべき戦争責任の論理の最大の理由がある。しかし、市川を例外として、戦後、その罪責を主体的に問うことはなかった。つまり、ここでも丸山のいう「無責任の体系」によって、問われなかったのである。それは、「家」の戦争責任が問われなかったことにも等しいし、天皇の戦争責任が問われなかったこととも同様である。

ところが、一九八五年以降、仏教教団が「戦争責任」を表明するようになった。その背景には、靖国神社問題[17]、さらには「町田発言」[18]などにより、仏教界の人権意識が大きく問われ、やがて、自らの戦争責任問題に触れるようになった。一九八七年、真宗大谷派は「全戦没者追弔法会」にあたり、初めて戦争責任を問い、「不戦の誓い」を表明した。その後、一九九一年、浄土真宗本願寺派が行ない、また、相前後して曹洞宗も同じように行なった。浄土真宗本願寺派の表明は、教団の最高議決機関で国の国会にあたる宗会で行なわれた。「わが宗門の平和への強い願いを全国、全世界に徹底しようとする決議」と題する「決議文」として公表され、次のように書かれている。

（前略）五十回忌を迎えるにあたって、宗門は第二次世界大戦において戦禍に倒れた人びと、原爆被災者あるいは戦争によっていまなお後遺症に苦しむ人びとに、怨《おん》親平等の立場から追悼、援助の手を差し伸べる責務がある。また、戦前・戦中を通じて、軍部を中心とした国家の圧力があったとはいえ、結果的に戦争に協力したこと、また教学的にも真俗二諦論を巧みに利用することによって、浄土真宗の本質を見失わせた事実も、仏祖に対して深く懺悔《ざんげ》しなければならない。

以上の趣旨に基づき、次のことを要望する。

一、総局は過去の戦争協力への深い反省を表明し、「世の中安穏なれ、仏法弘まれ」との宗祖のご遺訓に添うべく、全国、全世界に念仏者の平和への願いを行動に示す。

二、（以下省略）

一九九一（平成三）年二月二七日

それにしても、それまでの年月を思うとき、この「決議文」にどれだけの現実性が伴うのか。さらにいえば、「怨《おん》親平等の立場から追悼、援助の手を差し伸べる責務」とは、加害者の側からいえることばではない。「決議文」への疑問は限りなく深まる。真宗大谷派の表明文の問題性も同じである。しかも、そうした仏教教団の表明が、元「慰安婦」であった金学順《キムハクスン》さんがはじめて名乗り出た年と期せずして同じであった。

市川白弦は、仏教教団の罪責の論理を明快に示している。『仏教者の戦争責任』では、(一)「事の中に理を見る」実相観の論理と有機的連関をなす没批判的姿勢が、満州事変、日中戦争ないし建国記念日などの既成事実に弱い日本民族のエートス形成に、直接間接に寄与したこと。おなじ受動性、没主体性が、仏教を日本の「家」——それはいうなれば天皇制国家の細胞核として神棚をもっていた——の宗教として奇形化したこと。(二)「差別即平等」の論理が、体制擁護の論理として機能してきたこと。(三)「即非」の論理、すなわち不自由即自由、「随処に従となる」(聖戦に滅私奉公)ことが「随処に主となる」(大乗禅)ことだといった絶対矛盾の自己同一の論理が、おなじ社会的・政治的役割を果たしてきたこと。(四)「安心」への要求が、「安全」への要求に呑み込まれてしまうような心境主義の体験論理を説きすすめたこと。(五)これらの論理ないし発想法が、すべて「内なる心の平和」を「外なる世界の平和」から切り離して確保する安心立命の心術論理として機能してきたこと、という五つに分析した。[19] この五つの問題から市川は、さらに日本仏教の決定的な体質の問題として次のように批判している。

われわれの戦争責任の反省が、天皇制にたいする批判と、われわれの内なる天皇制的エートスにたいする自己批判を欠くならば、それは不徹底というほかないであろう。(中略)われわれの戦争体験はたんに戦争体験としてではなく、「聖戦」体験として反省しなくてはならず、われわれの戦争責任はたんに戦争責任としての反省―それは一人称単数「私」の責任として、さらに複数「教団」の責任として告白―されるだけではなく、現在にまでつづく平和のなかでの平和と自由への罪責として反省され、つぐなわれなくてはならない[20]。

市川が批判する仏教教団の戦争責任・戦後責任の罪責と丸山眞男が批判した「無責任の体系」は「事実主義の無争・和順性」ということでまさに重なる。事実、敗戦から五〇年を経過した教団の表明文には、丸山が批判した「無責任の体系」によって引き継がれたその体系がそのまま反映されている。その具体的な指摘が、「内なる天皇制」の存続である。それは、表明文のどこにも「われわれの内なる天皇制的エートスにたいする自己批判」を読みとることができないことでも理解できる。また、「戦前・戦中を通じて、軍部を中心とした国家の圧力があったとはいえ、結果的に戦争に協力したこと、また教学的にも真俗二諦論を巧みに利用することによって、浄土真宗の本質を見失わせた事実も、仏祖に対して深く懺悔《ざんげ》しなければならない」と、そこには仏祖への言い訳はあっても、真の被害者へのことばは読めない。

「慰安婦」問題が、日本に突きつけられたとき、いろいろなかたちの運動が起こった。そのなかで、元「慰安婦」の女性たちが描いた「ハルモニの絵画展」が一九九七年九月から全国二八会場で催された。この絵画展に仏教者として立ち上がったのは、九州の大谷派僧侶だった。湯布院絵画展のレセプションには、大谷派の宗務総長がメッセージを寄せた。そのメッセージには、次のような懺悔が行なわれていた。

私どもの教団は、日本の国が明治以来くり返してきた戦争を「聖戦」とし、戦死者を「英霊」とすることにより、将来ある若者たちを他国への侵略と、その地を戦場とした殺戮を、信心の名のもとにすすめるという過ちを重ねてきました。そして、世界の人々、とりわけアジア諸国の人々、特に女性や子供たちに言語に絶する惨禍をもたらしたことを深く懺悔するものであります。（中略）

このたび、こうしたなかで、韓国仏教会が支援する「ナヌム（わかちあい）の家」で共同生活をされている「従軍慰安婦」として強制連行されたハルモニの方々の絵画展が、多くの賛同者を得て全国各地で開催されるはこびとなりました。

このことは、まことに時機を得た催しとなったことであります。しかし、振り返ってみますと、「従軍慰安婦」問題が取り上げられるようになりましたのは、一九九一年一二月に被害者の方々自らが名のり出られてからのことであります。この問題を戦後四六年間も闇の中に閉じこめ、なおざりにしてきたことに、あらためて今日の私どもがどういう社会を生きてきたのかを思わざるを得ません。この絵画展を機縁に、私どもの歴史を問い返し、どこまでも私ども自身のありかたを見つめ返すなかで、民族のちがいを超えてあらたな出会いが生まれることを念じてやみません。

一九九七年八月三一日

真宗大谷派　宗務総長　能邨英士

絵画展を推進したなかには、大谷派の多くの女性たちがいた。およそ一万五千人が、ハルモニの絵画展と出会った。「従軍慰安婦は売春婦だった」というような「自由主義史観」とともに運動する仏教教団や冷ややかな対応をする仏教教団が数多くあるなかで、大谷派の一部の僧侶の努力は、宗務総長のメッセージにまで広まった。「私どもの歴史を問い返し、どこまでも私ども自身のありかたを見つめ返す」ということは、一般論として一定の評価ができるのかもしれない。しかし、その言説には、「虐げられた者たちに対して、これを元気づけ、教化し、苦悩をいわば利用しさえもするような影響(21)」をもっているという、ニーチェが見抜いた宗教が隠蔽する事実を、そのメッセージは隠蔽していないだろうか。「内なる天皇制」をえぐることのないこのメッセージは、結果としてニーチェや市川の批判に応えているとは思えない。

元「慰安婦」であった金順徳《キムスンドク》さんは、「花も咲かせずに一生恨みをいだいて生きてきた」と告白している。それは、すべての元「慰安婦」の人たちをおそってきた反復強迫的な「悪夢」である。その過酷な生存は、アドルノが「アウシュヴィッツのあとではもはや詩を書けない(22)」という「殺戮を免れた者につきまとう激烈な罪科(23)」と表現したユダヤ人の「悪夢」に等しい。死への欲動に苦しめられたハルモニが、アドルノがいう「詩を書く（絵を描く）」ことができるようになるのに、半世紀もかかったのである。そうしたハルモニの苦悩に対して、先のメッセージは、「あらたな出会い」という希望をもたらしているに過ぎない。しかもその希望は、彼らの宗教の事実を隠蔽して行なわれているのである。

キャスリン・バリーは、『性の植民地』のなかで、「性は権力だ、というのが家父長制の基礎であり、家父長制は、男性の権利による支配である。いかなる国においても、男の性（そしてそれに付与される権利）が、社会における権力と権威の最初にして最大の基盤である[24]」と論じた。天皇性イデオロギーにおける家父長制とは、天皇を家長とする全体主義であった。つまり、天皇は「性」を自らの権力のもとに置いていたのである。「皇軍」に「慰安婦」を与えたという事実は、軍事的目的だけではない。それを可能にしたのは、「性が天皇の手のなかにあった」という事実である。

このように考えてみると、仏教界のメッセージに欠落している「天皇制的エートスにたいする自己批判」は、致命的である。

三、外界を喪失した日本仏教

仏教は、ニーチェが批判した、「精神の救い」とか「人類の平和」を形而上的な言説において語ってきた。それはそのまま多くの人たちの「主体の課題」として大きな影響をもたらしてきた。そして、戦時下日本の仏教は、その影響力を天皇制的エートスを発動するための教化に転じた。ここに取り上げる『戦時生活と真宗信仰』は、そのような役割を演じた教化の資料であり、そこには次のような文書を読むことができる。

日本精神と真宗精神には、多くの類似点があって、その絶対服従の態度とか、或は報恩の真情とか、或は尚古的歴史的な思想態度とか、さまざまに一致せるものが見出される。（中略）精神とか何とか名をつけて呼んではゐるもの丶、誰にその精神といはれるものの正体がつかまれてゐるか。それがそれだと、つかまいて見せられるやうなものなら、それはもう真の精神ではないのである。(25)

ここに読める「絶対服従の態度」や「報恩の真情」は、市川が批判した日本仏教の罪責である。そして、それを教団は、次に読めるような「信仰」（念仏）として軍人に教化していた。

大君の為、祖国の為、にっこり笑っても死んで行ける念仏、そらごと、たわごと、まことあることなき人生に唯一つの真実を発見するところの念仏、必定成仏を自覚せしむるところの念仏、この念仏の祖先を持ち、この念仏の家庭に育ち、この念仏の声を背後に聞きつ丶或は有形に、或は無形に念仏の支援とその護りを受けつ丶ある所謂真宗繁昌地の軍人が、自ら信者であるとないとに拘らず、すくなくとも無宗教地の軍人よりも特に死に対しての恐怖の少いであろ

うことは容易に信じ得られるところである。(26)

「大君の為、祖国の為、にっこり笑っても死んで行ける念仏」が軍人の精神として説かれた。「そらごと、たわごと、まことあることなき人生に唯一つの真実を発見するところの念仏」として、彼らに天皇制的エートスが植え付けられた。それが、その時代社会の仏教、教団の精神だった。そこには、天皇制イデオロギーに全身を染めぬかれ、『国体の本義』に書かれた「和」の精神による外界を喪失した仏教が読みとれる。喪失は、そのまま天皇制への埋没を意味した。天皇制の擬態として、仏教教団は侵略戦争へ突き進んだのである。しかも、戦前も戦後にも仏教者、教団のことばからは、未だ天皇制から自立した言説が読めないのである。

戦争に召集された元軍人で、当時も僧籍にあった僧侶に戦争体験を聞き取りした。真宗僧侶の一人は、当時の自分のノートを繙きながら次のように語った。

入隊が決まって、「父上、念仏申して下さい。母上、念仏申して下さい。私も念仏申します。そしてともに別れることのない国に往きましょう」ということを書いておるんですが、ノートのはしくれに。そして、また違うところには「征戦」というて、「大君は我を赤子と　御仏は我を仏徒と　大空をさだめたまひ　歓喜して我は捧げん　随喜して我は勤めん　すめらぎのつぶてとなりて　靖国の柱とならん　我飛びゆかん彌名称えつつ」という詩を書いております。

（中略）志願当時には「大君のつぶてとなりて、靖国の柱とならん」と。

また、真言宗僧侶の一人は、自らの戦争体験を次のように話した。

天皇の命令によって殺していくことと仏教者であることは矛盾しました。心の葛藤がありました。人を殺すことはもっともいけないことです。にもかかわらず、そうせざるを得ないということです。それが命令としてそうせざるを得ない。日本の国を守るためにはそれしかない、我々はそうさせてもらうんだと、そのことが「小の虫を殺して大の虫を生かす」という。だからその任に当たったらせざるを得ないんだと。（中略）我々は東洋民族のチャンピオンとしてやらねばならぬという気持ちがなかったら、正直いうて死ねませんよ。

――それは痛ましくないですか。

痛ましいけれども、そういう気持ちがなかったら死ねなかった。天皇陛下のためにというだけのものでは死ねなかったと思う。男として東洋チャンピオンとして、虐げられた民族のために解放のために我々はやるんだという自覚を充分もっておったからやれたと思うんですよ。

ここには、「皇軍」の兵士の声が生々しく聞こえる。二人の宗派は違っていても、僧侶が教団の教化を十分に内面化し、戦場に赴いたことが理解できる。真宗寺院に伺ったその座敷には、横軸の掛け軸が用意してあった。その掛け軸には、「功不朽」という字が書かれていた。

前門主（浄土真宗本願寺派の大谷光照）のものです。兄が戦死したときに、父が本願寺に、こうした書き物をお軸に横もののおことばをいただきたいという申請をして、これに応えてきたものです。手柄、勲功、その勲は永遠に朽ちない。尽きることはない。あんたのやったことは永遠に尽きることはない。この生き方をされた、この上ない生き方をしたという意味です。兄の戦死のことも伝えて、申請したものだと思います。これをずうーと掲げていたんです。私はちょっともう掲げられんようになって……。昨日、経蔵のなかから。焼こうかとも思うたが、焼くのも何だか……。

戦死した寺院からの要請で門主が書いたものであった。この僧侶のように「もう掛けられない」と気づく人もいる。しかし、教団の現実は、そうではない寺院が多いという。門主とは、「内なる天皇」である。そうであるから、それは、多くの寺院で今もあたかも宸翰《しんかん》として大切に掛けられているという。

そして、先の真言宗の僧侶は、「自由主義史観」の人たちとまったく変わらない主張をした。

――アジアの国々の住民や女性に対しては、今日本人は責任はないと思いますか。

被害を与えたことに対しては責任をとらなあかんと思います。その代わり、大きな功績を残していることは敬礼してもらわんと承知ならん。何故かというと、そのために若い生命を捧げた同朋がおるんです。それに対しては敬礼してもらわんと承知せん。靖国神社に足を向けて寝ることはならん、東洋民族は。

——大きな功績とは何ですか。

それのおかげで独立しましたがな、各国は。自主的なものを取り戻してきたですがな。謝らなければならないところは謝らなければならないけど、いうべきところはいわなあかん。それをいわんのよ。わしはしゃくにさわる。(中略) 正直いうて、中国へ行って無茶しています。戦争というのはそういうもんや。寝返って、へいへいと頭を下げているから聞いてくれるんかと思うたら、帰ってきたら舌出して爆弾をもってきて火をつけに来るかわからん。猜疑心をもって、こっちも命がけで苦しいから、いろんなことが出てくる。それが戦争の痛ましさですわね。だからこういう戦争はしてはいけない。いけないけれども、そうせざるを得んかったいうところ。そういう風なことをすることによって、結果として、経過の途中でいろんな無茶もまじってきたけど、そういう純粋な気持ちでそういうことをしてきた。

ここには、石川達三が書いた『生きている兵隊』が、半世紀たってもそのまま存在していることを見事にあらわしている。『生きている兵隊』は、一九三八(昭和一三)年、内閣情報部の要請で

「南京陥落」後に中国に特派された石川達三が、翌年の『中央公論』三月号に発表した。そして発売日に発禁となった戦争文学である。そこには酒と女、そして殺人を日常とした「生きている兵隊」がリアルに描かれている。そしていまも「生きている兵隊」であるかのような僧侶には、戦争責任・戦後責任の問題意識を問うことが徒労に終わるのである。彼にとっては、あの戦争はいまだに「聖戦」でしかないからである。「アジア」という外界も失われたままである。「生きている人間」の精神を喪失した「生きている兵隊」の姿である。外界を喪失した僧侶の姿は、まさに〝裸の兵隊〟であった。

四、性への罪責

真言宗の僧侶に「慰安婦」制度について聞いてみた。

仕方がないもんでしょうね。やむをえんでしょうね。やむを得ない。男のほうからいったら、昔から日本にはずっとあったもんでしょう。そういう癖がついている、日本は。そのときだけないというのはいかんから、やっぱりしてやらんといかんという親心からでしょうな。

「慰安婦」制度は、「親心」でつくられたという。その「親心」が「天皇の親心」であることは、もはや否定できないだろう。「やむを得ない」「そういう癖がついている」ということばは釈明にもならない。『生きている兵隊』も「女（性）と酒」におぼれている兵隊を描いているが、それは、「天皇の親心」の体現であったのだ。『生きている兵隊』は、「慰安所」を次のように描写する。

彼等は酒保へ寄って一本のビールを飲み、それから南部慰安所へ出かけて行った。百人ばかりの兵が二列に道に並んでわいわいと笑いあっている。路地の入口に鉄格子をして三人の支那人が立っている。そこの小窓が開いていて、切符売場である。

一、発売時間　日本時間　正午より六時
二、価額　桜花部　一円五十銭　但し軍票を用う。
三、心得　各自望みの家屋に至り切符を交付し案内を待つ。

彼等は窓口で切符を買い長い列の間に入って待った。一人が鉄格子の間から出て来ると次の一人を入れる。出て来た男はバンドを締め直しながら行列に向ってにやりと笑い、肩を振りふり帰って行く。それが慰安された表情であった。

路地を入ると両側に五、六軒の小さな家が並んでいて、そこに一人ずつ女がいる。女は支那姑娘であった。断髪に頬紅をつけて、彼女らはこのときに当ってもなお化粧する心の余裕をもっていたのである。そして言葉も分らない素姓も知れない敵国の軍人と対して三十分間のお相手をするのだ。彼女等の身の安全を守るために、鉄格子の入口には憲兵が銃剣をつけて立っていた(27)。

中国人元「慰安婦」の劉面換《リユウメンカン》さんは、一五歳のとき首から縄をかけられ日本軍の駐屯地に連れて行かれ、毎日のように強かんされた。「生きている兵隊」は、欲情の処理として女性たちを強かんし続けていたのである。

「慰安婦」制度を、特別の制度ではなく、ごく普通のことであるという考え方は、日本仏教のなかにも読みとれる。かつて仏教の修行のなかで行なわれた「精進落とし」である。「精進落とし」とは、精進のあと、肉食することを普通はいうが、この場合は、修行を終えた男性が聖域と定められた山などから下山して日常生活に還る前に遊女と性の関係をもつことをいう。今でいう買春である。幕府が認める公娼制度（遊廓）と深い関係がある。また、そうした遊廓が、女人禁制の境界とする場所近くに設けられたのは、修行という浄なる行為を終えた男が、日常の生活に還る通過儀礼としての意味があった。浄なる領域から穢なる領域へ還るための通過儀礼である。一定期間、浄なる領域に入って身を清め修行し、さらなる「一人前」の男として成長した、その男が帰還するときに「精進落とし」が行なわれた。「皇軍」の兵士には戦闘が浄なる領域であった。山岳仏教の聖域としては、大峰山、出羽三山がよく知られている。また、比叡山、高野山も明治維新までは女人禁制の聖域であった。そして、その聖域を定める結界の近くには、遊廓が設置されていた。高野山の寺院僧侶に聞き取りしたとき、その寺院のすぐ裏に遊廓があったと教えてくれた。

このように仏教では「浄」から「穢」に還るなかの通過儀礼として、女性と性の関係をもつ文化がつくられた。それは、「性交」に通過儀礼という意味づけをし、性を買う遊廓に発展したのである。「精進落とし」の習俗は、近世の遊廓文化の背景にもなっている。そして、近世の公娼制度は、近代へ受け継がれ、「一人前」の男性を証明する場がさらに拡大した。軍隊である。その軍隊に不可欠とされたのが女性の性だった。事実、「皇軍」兵士に天皇が与えたのは、「慰安婦」と酒であった。その「慰安婦」制度を生み出す背景にあった公娼制度は、女性にも内面化されていた。「赤紙」で息子が召集されたとき、母親は、息子に金を渡し、「行っておいで」といったという。「女も知らないで死んでしまうのはかわいそう」という、もうひとつの「親心」である。天皇制イデオロギーは、そうした母を「日本の母」として称讃した。また、夫が戦地で「慰安婦」に性を求めることを黙認する「銃後の妻」となった。「日本の母」や「銃後の妻」も、公娼制度や「慰安婦」制度を容認していた。

「慰安婦」を必要とした日本の性文化は、天皇制の存続とともに、戦後も継承されてきた。戦後日本の経済発展に貢献した「働きバチの夫」は、会社人間という新たな滅私奉公を課され、そのパートナーは「企業戦士の妻」として、夫の買春を黙認してきた。そうした買春文化の形成に、日本仏教が大きな影響を与えてきたことを、戦争責任・戦後責任とともに再度、確認しておく必要がある。なぜなら仏教は、「性を権力」としてもった天皇を補完してきたからである。

五、おわりに

責任を果たしていくことは、歴史を学ぶことから始まる。それは、前述した真宗大谷派の「慰安婦」問題のメッセージにも語られていた。「私どもの歴史を問い返し、どこまでも私ども自身のありかたを見つめ返す」ことである。しかし、それに加えて大切な課題は、市川が批判してきた「天皇制的エートス」の内面化にどこまで迫り得るのかということにある。それが日本仏教のみならず日本の戦争責任・戦後責任の最大の罪責の事実である。そして、日本仏教の罪責は、戦争犯罪としての罪を免れない。それは、ヤスパースがナチスドイツの戦争責任を講義した『責罪論』上の「形而上的な罪」に匹敵する。それに対して、日本仏教はいまだ自らの歴史の問い返しを行なっていない。「私ども自身のありかたを見つめ返す」ことができていない。実際、財団法人・日本仏教会に加盟する日本を代表する教団のなかには、「自由主義史観」の運動に教団をあげて取り組むところもある。また、積極的な行動はしないにしても、いまもそれを真正面から教団の問題、自己の教学の問題としてみることのできない僧侶は多い。正月に天皇の安泰を祈る寺院もある。つまり、日本仏教が「慰安婦」問題を見直していく、問い直していく営みは、「性」までをわが権力とした天皇制の問題にかかわっているのである。その意味において、教団の戦争責任・戦後責任の問いかけは、仏教者に痛みをともなう行為である。しかし、それなくして、仏教がいかに戦争責任・戦後責任にかかわるような言説を発しても、それは売名行為か宗派という「村社会」のなかでの自己完結でしかあり得ず、外界の喪失を回復することにはならないだろう。

外界を喪失しているものにとっては、自身が外界を見失っていることに気づくことは困難である。自己相対化することを不可能にするからである。それは、柄谷行人が「彼らがどんなに急進的であろうと、現実的・客観的であろうと、それ自体が自己解釈の夢のなかにあるということである。外界に対する関心は、あまりあるほどありながら、それでいて、そこに致命的な外界喪失がある」[28]という批判にあたる。その結果、日本仏教は、いまも問題解決に向かう機縁に出会わない。日本仏教がかたくなにみえるのは、それが伝統に支えられているからなのではなく、外界を喪失しているからにすぎない。その結果、外界からの数々の批判の声も、決して内部に蓄積されない。それは、日本仏教の戦争責任・戦後責任を問い続けた禅僧市川が還俗することになった事実でもあった。

仏教の戦争責任・戦後責任は、元「慰安婦」たちの声を、どこまで聞くことができるのか、すでに犯しているその罪責にどのように応えるのか、である。そして、そうした日本仏教によって形成された日本人のメンタリティは仏教教団、仏教者のみに問われるものでは決してない。仏教は、この国の人々に可視的不可視的な影響をもたらしてきた。つまり、その仏教を相対化することなく、そこに「安住」してきた日本人の問題でもある。

註

（1）K・マルクス、伊藤・北条訳『ルイ・ボナパルトのブリュメール十八日』一七頁、岩波文庫、一九五四年。
(2) エドワード・W・サイード、大橋洋一訳『知識人とは何か』七八頁、平凡社ライブラリー、一九九八年。
(3) サイード、前掲書、六八～六九頁。
(4) サイード、前掲書、二〇頁。
(5) 丸山眞男「近代日本の知識人」『丸山眞男集』第十巻、二三八頁、岩波書店、一九九六年。
(6) 同「戦争責任論の盲点」『丸山眞男集』第六巻、一六〇頁、一九九五年。
(7) 源淳子『フェミニズムが問う王権と仏教―近代日本の宗教とジェンダー』二三～二六頁、七七～八五頁参照、三一書房、一九九八年。
(8) 源、前掲書、第一部第二章、第二部第一章参照。
(9) 市川白弦『日本ファシズム下の宗教』二三四頁、大原性実龍谷大学教授のことばを引用、エヌエス出版会、一九七五年。
(10) 市川白弦は岐阜県生まれ。花園大学教授、禅文化研究所員を勤めた。『市川白弦著作集』第四巻(法蔵館、一九九三)の解説を書いている山折哲雄は『仏教者の戦争責任』の編集者だった。その解説に市川の戦時のことが触れられている。「日中戦争のころは細川嘉六、三木清、尾崎秀実らの思想的影響下に仏教を研究していたという。(中略)しかしやがて動揺し、協力の線にすすみでていった」市川が戦後「仏教徒としての自己の責任を問いつめ、さらに『仏教における戦争責任』を書きつづけることを通して、その倫理的義務をはたそうとした」(いずれも五〇六頁)という。
(11) 市川白弦『仏教者の戦争責任』三頁、春秋社、一九七〇年。
(12) 市川、前掲書(9)、三二一～三二二頁。

(13)市川、前掲書(11)、一二三六頁。
(14)市川、前掲書(11)、一二三六頁。
(15)源淳子「大日本帝国の侵略の論理――『国体の本義』をめぐって」『女性・戦争・人権』創刊号、参照、一九九八年。
(16)市川、前掲書(11)、一二三六頁。
(17)一九六九(昭和四四)年六月三〇日、自民党(佐藤内閣)は「靖国神社国営化法案」を国会に提出した。その後、四度にわたって廃案を重ね、一九七四(昭和四九)年五月二五日、衆議院で強行採決したが、参議院では時間切れで廃案となった。戦後、「宗教と天皇制」をめぐるもっとも激しい論争を招いた。
(18)一九七九年夏、アメリカのプリンストン神学校を会場に開かれたWCRP(世界宗教者平和会議)で、日本仏教界の代表として参加した曹洞宗宗務総長の町田宗夫は、インド代表が指摘した部落問題について、「日本の部落問題というのは、今はありません。私は日本人でよく知っています。この部落問題ということを理由にして、何か騒ごうとしている一部の人たちはあるようですが……」と発言。その後、部落解放同盟が糾弾した差別事件。同事件を契機として一九八一年六月、日本の多くの宗教教団が加盟する「同和問題に取り組む宗教教団連帯会議」が結成された。
(19)源、前掲書(15)、七~八頁。
(20)源、前掲書(15)、五~八頁。
(21)F・ニーチェ、木場深定訳『善悪の彼岸』九五頁、岩波文庫、一九七〇年。
(22)テオドール・W・アドルノ、木田元他訳『否定弁証法』四四〇頁、作品社、一九九六年。
(23)アドルノ、前掲書、四四一頁。

(24) キャスリン・バリー、田中和子訳『性の植民地』二〇〇頁、時事通信社、一九八一年。
(25) 大須賀秀道「皇道精神と真宗精神」『戦時生活と真宗信仰』三～四頁、大日本真宗宣伝協会、一九四〇年。
(26) 榊原順次「軍人と死と信仰」前掲書、八九頁。
(27) 石川達三『生きている兵隊』一一七頁、新潮文庫、一九五九年。
(28) 柄谷行人『マルクスとその可能性の中心』九九頁、講談社学術文庫、一九九〇年。

第8章　昭和天皇の戦争関与と〈戦争責任〉

山田　朗

一、はじめに——戦後処理としての〈戦争責任〉追及

国家意思の発動として戦争がおこなわれ、その結果として、近隣諸国民と自国民にはかりしれない惨害を与え、多くの人々の人生をも狂わせてしまった以上、その後始末のひとつとして〈戦争責任〉が問われるのは、当然のことである。〈国家責任〉にせよ、〈個人責任〉にせよ、〈戦争責任〉の追及は、戦後処理の不可欠な一環であるといえる。

今日における〈戦争責任〉の追及とは、現実の責任者の責任追及ということだけではなく、どのような歴史状況のなかで、どのような国家・個人の判断・行動が、どのような結果をもたらしたのかを実証的に検証し、その因果関係や責任の所在を明らかにし、それらを国民の共通認識＝歴史認識として定着させることである。こうしたことを確実におこなっておくことが、侵略・支配にたい

する自覚的反省と内外に対する実のある謝罪・補償の前提であり、ふたたび膨張・戦争といった歴史をくり返さないための確かな土台となる。

戦後処理の不可欠な一環であるはずの〈戦争責任〉の追及が、やり残しとなってきた最大の原因は何か。追及されるべき〈国家責任〉や〈個人責任〉があいまいなままで放置されてきた原因は、どこにあるのか。戦後、〈戦争責任〉追及全体を不十分に終わらせたのは、何といっても、天皇の〈戦争責任〉が問われなかったことにその最大の原因があるといってよいであろう。

本稿では、①アジア太平洋戦争敗戦後における天皇の〈戦争責任〉回避の過程をおさえた上で、②天皇の〈戦争責任〉を否定する議論を分類・整理し、③法的な機能からの否定論、④天皇の「実態」を根拠とする否定論にたいして、それぞれ批判的に検討することによって、天皇の〈戦争責任〉について浮き彫りにしたい。

二、日本の敗戦と天皇の〈戦争責任〉回避

そもそも〈戦争責任〉を〈敗戦責任〉と置き換えることで、天皇とそれに連なる権力機構の相当の部分を温存することに成功した日本の「終戦」のあり方そのものが、天皇の〈戦争責任〉回避のための政治過程であったといえる。天皇の「聖断」という形で「終戦」をむかえ、連合国による東京裁判が始まるまでの間に、日本の国家権力内において〈戦争責任〉の配分——責任のがれと責任

の押しつけ――がおこなわれた。天皇と宮中側近、旧重臣の一部（米内光政ら）が、GHQ関係者と連絡をとりつつ、天皇の「潔白」を主張し、〈戦争責任〉を陸軍を中心とする三国同盟推進派に押しつけていく。GHQ側も、天皇の〈戦争責任〉問題を棚上げにし、天皇を占領政策の同盟者に引き込んだのである。なぜ、天皇の〈戦争責任〉問題は、あいまいにされたのか。

アジア太平洋戦争の末期から敗戦直後にかけて昭和天皇の退位を求める声は、確かに広範に存在した。アメリカをはじめとする連合国の国内世論には、天皇退位や戦犯としての天皇の処刑を求めるものも少なくなかった。日本国内においても、左翼勢力とは別に、東久邇宮稔彦・高松宮宣仁や近衛文麿などむしろ天皇にかなり近いところに、昭和天皇を退位させることで、天皇制にたいする国民の怨嗟を解消しようというタイプの「国体護持」論があった。これは、昭和天皇個人を救うこととシステムとしての天皇制を守ることとは別だという、伝統的ともいえる国体観である。

一般に、アメリカは占領政策に利用するために天皇制を存続させた、と論じられることが多い。だが、アメリカ政府にとってみれば、戦時中に日本軍国主義の中心人物として宣伝してきた昭和天皇と、戦争が終わったからといってすぐに手を結ぶのは、内外の世論対策という点からするとむしろ危険なカケである。アメリカが利用したいのは、昭和天皇のカリスマ性であって、必ずしもシステムとしての天皇制そのものではなかったと思われる。したがって、アメリカにとって天皇制の利用・存続は、昭和天皇の天皇在位が前提となる。もちろん、天皇利用を内外世論に納得させるためには天皇が「無罪潔白」であることがどうしても必要であった。

すでに吉田裕『昭和天皇の終戦史』や東野真『昭和天皇二つの「独白録」』（日本放送出版協会、一九九八年）などが明らかにしているように、マッカーサーは、知日派の軍事秘書ボナ・フェラーズ准将の進言をいれて、調査なしで天皇個人を利用することに決した。マッカーサーがこの判断をくだすにあたっては、一九四五年九月二七日に、天皇自身がアメリカ大使館に赴き、占領政策への積極的協力をみずから申し出たこと（天皇・マッカーサー第一回会談）が大きな影響を与えたと思われる。マッカーサーにとっては、天皇が自分からマッカーサーを訪ね、占領政策への「協力」をみずから表明したことの意味は大きかったはずだ。マッカーサーは、占領統治にあたって日本の保守勢力を最大限に利用しようと考えていたけれども、欧米とは異なり、当時の日本には君主なしの統治を担当する受け皿となるべき共和主義的な有力な保守勢力は存在しなかった。

マッカーサーにとって、占領政策の積極的協力者であることをみずから表明した昭和天皇の利用価値はきわめて高かった。だが、体制内にあって昭和天皇を退位させることで天皇制を維持しようとしていた勢力は、むしろ占領統治にとって邪魔者でさえあった。それゆえ、東久邇宮は早々に失脚せざるをえず、最も急進的な退位論者であった近衛文麿にいたっては、GHQの「協力者」の地位から一変してA級戦犯容疑者として逮捕されてしまった。近衛とともに反東条勢力の中心であった、岡田啓介や米内光政は、逆に、国体護持＝昭和天皇防衛という路線を鮮明にしていたがために、GHQやIPS（国際検察局）に重用され、天皇免責、陸軍統制派と三国同盟推進派への責任の押しつけという東京裁判の基本的筋書きを作成するという役割を果たした。GHQの天皇利用論を積極的に利用して天皇と天皇側近も「昭和天皇独白録」を作成して、天皇が立憲君主であり戦争を阻止できなかったのだという「意思統一」をおこなった。GHQによるこうした路線と日本の保守勢力の思惑を根底でささえたのが、昭和天皇自身に退位の意思がなかったという事実である。天皇は、近衛らが想定した天皇退位、高松宮摂政という路線に根本的に反対であり、自分自身が在位し続けることこそが天皇制を存続・安定させる唯一の道だと信じていたのである。

敗戦直後の退位論を退ける過程で、天皇の〈戦争責任〉を否定する議論の原型はすでに出そろっていたといってよい。以下、天皇の〈戦争責任〉を否定する議論を検討することを通じて、〈戦争責任〉問題の中心にある天皇の〈戦争責任〉について浮き彫りにしたい。

三、法的機能からの〈戦争責任〉否定論

天皇は国家元首であり、陸海軍の最高統帥者であるから〈戦争責任〉がある、という〈戦争責任〉論は、決して間違いではないが、必ずしも十分とは言いがたい。従来、昭和天皇の〈戦争責任〉を否定しようとする論者は、主として二方面からこの〈戦争責任〉論を批判してきた。すなわち、①天皇の法的機能からの否定論（大日本帝国憲法における天皇の機能を根拠とする否定論）と、②天皇の「実態」からの否定論（天皇の実質的権限は小さいものであったとすることによる否定論）である。

まず、①天皇の法的機能からの否定論について検討してみよう。

今日において、内外の戦争被害にたいする責任という〈戦争責任〉の観点からすれば、〈戦争責任〉否定論の第一の類型である法的機能論からする〈戦争責任〉否定論は、否定論としての機能を果たしえなくなっている。なぜなら、天皇の名のもとに遂行された戦争と支配の結果、諸外国・諸国民にあたえた被害の責任を、国内法であり、そもそも「天皇に責任を問う」ということを想定していない大日本帝国憲法の規程を理由に回避することは、対外的には普遍性と説得力をまったく持ち得ないからである。また、戦後処理の一環としての〈戦争責任〉の追及ということからすれば、責任の追及は現代の価値観からおこなわれて当然であって、旧憲法の規程に拘束されるものではない。

しかし、日本国内においては、この憲法論とりわけ大日本帝国憲法第三条の「神聖」条項にもとづく〈戦争責任〉否定論は、内閣法制局の見解であるということもあって、いまだに一定の影響力をもっている。これは従来、〈戦争責任〉の追及とは責任者を法的に裁くことだ、という点を暗黙の前提にして〈戦争責任〉論が、議論されてきたことと無関係ではない。したがって、一定の影響力を保持している以上、法的機能からの〈戦争責任〉否定論にたいしても内在的な検討をしておく必要がある。

天皇の憲法上の機能からの〈戦争責任〉否定論には、大日本帝国憲法第三条「天皇ハ神聖ニシテ侵スヘカラス」（天皇神聖条項）を根拠とする〈天皇無答責論〉と、第五五条「国務各大臣ハ天皇ヲ輔弼シ其ノ責ニ任ス」（国務大臣の輔弼条項）を根拠とする〈輔弼機関答責論〉とがある。両者は、天皇は責任を負うべき存在ではなく、責任は輔弼者たる内閣が負うとする、という点で表裏一体の関係にある。

大日本帝国憲法の天皇神聖条項を根拠とする〈天皇無答責論〉は、そもそも旧憲法の条文解釈という以前に、立憲君主制＝君主無答責、という考えが暗黙の前提となっている。西欧の立憲君主国の憲法には、神聖条項とはセットになって明確な無答責条項が盛り込まれていることが多い。たとえば、一九世紀に制定されたオランダ王国憲法（一八一五年）第五五条には「国王は不可侵とする。大臣が責任を負う」、ベルギー王国憲法（一八三一年）第六三条には「国王の一身は不可侵であり、その大臣が責任を負う」とある。[1]

まず、大日本帝国憲法第三条の神聖条項にもとづく天皇無答責論については、すでに岡部牧夫氏がまとまった批判をしているように、この無答責論は、一種の拡大解釈であり、そもそも条文において明文化された無答責規定がない、ということは重要である。[2] 大日本帝国憲法第三条の神聖条項にもとづく〈天皇無答責論〉は、立憲君主制＝君主無答責という西欧の一般理念が前提となっているのである。しかし、大日本帝国憲法における天皇の地位を、実質的な国民主権と両立する可能性を内包している西欧の立憲君主と同等とする論にはそもそも無理がある。

〈天皇無答責論〉と表裏一体の関係にあるのが、大日本帝国憲法第五五条を根拠にした〈輔弼機関答責論〉である。第五五条には、

国務各大臣ハ天皇ヲ輔弼シ其ノ責ニ任ス

②凡テ法律勅令其ノ他国務ニ関ル詔勅ハ国務大臣ノ副署ヲ要ス

とあり、輔弼責任者である総理大臣の副署なくしては天皇は大権を行使できず、政策の結果生じた諸問題については、政府（内閣）が総ての責任を負う、という解釈になる。この解釈をさらに拡大すると、天皇は、国家意思の決定としての政策の裁可に際しては、すべて政府の意向に従い、天皇の意思をさしはさむ余地はなく、政策を左右する権限もない、ゆえに政策の結果生じた問題についても責任を負う存在にはなり得ない、との論理となる。昭和天皇自身による戦後における弁明も、基本的にまさにこの論理である。昭和天皇は、一九四六年二月、藤田尚徳侍従長に次のように語ったという。

この憲法上明記してある国務各大臣の責任の範囲内には、天皇はその意思によって勝手に容喙し干渉し、これを制肘することは許されない。

だから内治にしろ外交にしろ、憲法上の責任者が慎重に審議をつくして、ある方策をたて、これを規定に遵って提出して裁可を請われた場合には、私はそれが意に満ちても、意に満たなくても、よろしいと裁可する以外に執るべき道はない。(3)

立憲君主であるがゆえに、天皇は政府の決定に介入できず、そのため責任も回避されるという論理である。しかし、大日本帝国憲法第五五条の国務大臣の輔弼条項を根拠とした〈輔弼機関答責論〉

も、そもそも戦前昭和期の日本における統帥権の独立という政治実態をまったく無視した議論である。憲法第五五条は、軍事命令発令の責任の所在についてはまったく触れておらず、第一一条の統帥権の発動にともなう責任については、発令者たる天皇にしか帰することができないのである。軍令機関（参謀本部・軍令部）の長である参謀総長や軍令部総長は、明確に責任が規定された輔弼者ではなく、天皇に直属する幕僚長であり、大元帥・天皇の命令を「伝宣」（伝達）する権限しかもたなかったのである。(4)

つまり、天皇の法的機能を根拠とする否定論は、立憲君主制の一般的な理念を前提としており、昭和戦前期の政治体制の実態にはそぐわない議論であるといわざるをえない。

四、天皇の「実態」を根拠とする〈戦争責任〉否定論

つくられた歴史的イメージとしての〈天皇＝無権力〉論

天皇の〈戦争責任〉否定論の第二の類型は、「実態」からの〈戦争責任〉否定論、すなわち天皇の実質的権限の否定、軍部・政府の天皇無視などを根拠とする否定論である。つまり、天皇は政策決定や戦争遂行に主体的に関与しなかったとか、天皇は戦況を知らされていなかった、といった類の議論である。

大日本帝国憲法体制のもとでの天皇は、法的には絶大な権限・権力を有していた。天皇のもとに

は、行政・司法・立法・統帥の大権が集中している。だが、成立当初の明治憲法体制は、法的な権限を天皇のもとにプールしつつ、現実の権力は元勲たちがふるうという〈二重構造〉を特徴としていた。この〈二重構造〉のゆえに、天皇の〈戦争責任〉を否定しようとする論者は、天皇は権力を行使する存在ではなかった、あくまでも天皇の大権は形式的なもので、責任はすべて実際の権力を行使した輔弼者にあると主張してきた。

国家元首であり、大元帥であるからといって、実質的な権限行使がともなっていないので、天皇には〈戦争責任〉があるとはいえない、といった議論は、憲法上の機能からする〈戦争責任〉否定論よりも、同時代人の感覚的な歴史イメージ——戦後になって形成されたものだが——とかなり合致する点があることから相当に強力である。つまり、政治的・軍事的に無権力・無能力で、心情的平和主義者としての昭和天皇イメージは、今なお依然として強固である。

天皇は政治や軍事の実態を知らず（知らされず）、政府や軍部を指導する能力をもたず、現に政策や戦略・作戦に影響を与えることはなかった、という漠然とした〈常識〉は、一般にかなり根付いている。これは歴史学的な学説というよりも、むしろ同時代人のイメージに負うところが大きいだけに、その克服は容易なことではない。

それでは、天皇の「実態」からする〈戦争責任〉否定論は、いかなる点が明らかになれば克服されたことになるのか。最も重要なことは、天皇自身が国家意思の形成（政策・戦略の決定、遂行など）に実際にどの程度関与していたのかを明らかにすることである。そして、国家意思形成における関与の程度を具体的に検討するファクターとして、天皇への情報の集中度（量と質）、天皇の情報処理能力（統治者・最高統帥者としての素養・見識）などがあげられよう。

天皇の戦争関与と情報の集中

天皇は、大日本帝国の元首として、帝国陸海軍の大元帥として国家意思形成にどのようにかかわったのか。昭和天皇の戦争にたいする主体的取り組みを明らかにする研究にはすでに一定の蓄積がある。単行本に限ってみても、井上清『天皇の戦争責任』や、ねずまさし『天皇と昭和史』がもっとも先駆的な業績であり、それらを受け継ぎ、藤原彰・吉田裕・功刀俊洋・伊藤悟『天皇の昭和史』は天皇の主体的な戦争関与を多くの一般読者に伝えた。また、昭和天皇の死去直後には、千本秀樹『天皇制の侵略責任と戦後責任』、佐々木隆爾『現代天皇制の起源と機能』、拙著『昭和天皇の戦争指導』、纐纈厚・山田朗『遅すぎた聖断』、藤原彰『昭和天皇の十五年戦争』、大江志乃夫『御前会議』、藤原彰・粟屋憲太郎・吉田裕・山田朗『徹底検証・昭和天皇「独白録」』、吉田裕『昭和天皇の終戦史』といった著作が続々と刊行され、また、田中伸尚『ドキュメント昭和天皇』全八巻も完結して、歴史学界における昭和天皇・天皇制研究をレベルアップさせた。拙著『大元帥・昭和天皇』もそのような流れの中で発表したものである。また、最近では、升味準之輔『昭和天皇とその時代』や安田浩『天皇の政治史』が、昭和天皇の全体像にせまっている。

このような歴史学的な諸研究の蓄積・進展によって、天皇の「実態」からする〈戦争責任〉否定論は、すくなくとも学説レベルでは、かなり克服されたといってよい。昭和天皇は、国家意思形成、とりわけ軍事戦略・作戦の決定に際して、しばしば重大な役割を果たしてきた。

日中戦争・アジア太平洋戦争中を通じて、天皇には常に最重要・最新の軍事情報を提供されていた。陸海軍双方の最高機密情報を同時に検討できる立場にあったのは天皇ただ一人であったといってよい。毎日おこなわれる「戦況上奏」あるいは速報（電報）を通じて天皇に報告される情報は、膨大なものであったが、天皇は決してそれを聞き流してはいなかった。しばしば、戦況に関してみずからあるいは侍従武官を通じて下問《かもん》し、敵の作戦企図を推理していた。天皇が受ける報告は、統帥部自体の情報蒐集・審査判定能力の欠如から、戦果に関してはしばしば不正確・過大であったが、少なくとも自軍の損害については、天皇は最も正確に知りうる立場にあったといえる。昭和天皇は、陸海軍から量・質ともに当時としては最高レベルの軍事情報を提供され、その情報が意味することを理解し、軍がとるべき手段について独自に検討する軍事的知識と能力を有していた。その結果、国家意思の発動、とりわけ軍の機関意思の発動としての戦略・作戦の決定に天皇は、随所で様々なレベルの影響をあたえた。

昭和天皇は、一五年戦争の期間に、大元帥としての自覚と能力をしだいに高めつつ、軍部が提供する軍事情報とみずからの戦略判断を基礎に、国家指導層への「御下問」「御言葉」を通じて国家意思形成（戦争指導・作戦指導）に深くかかわった。天皇は戦略や作戦について、統帥部の方針や具体化の方法を無条件で認めていたわけではない。たとえば、少なくとも次の事例において大元帥としての昭和天皇の発言は、国家意思、すなわち作戦計画あるいは具体的な作戦内容を左右する影響を与えたといえる（くわしくは、前掲の藤原彰『昭和天皇の十五年戦争』や拙著『大元帥・昭和天皇』を参照されたい）。

① 関東軍の熱河侵攻作戦の一時差し止め（一九三三年）――「満洲国」建国後、さらに占領地域を拡大させようとする関東軍の行動を抑制した（ただし、関東軍の行動全体を批判したのではなく、すでに天皇は一九三二年一月には関東軍の「勇武」を称揚する勅語を発布し、出先軍の独走を承認している）。

② 二・二六事件における反乱軍の武力鎮圧方針の決定と鎮圧督促（一九三六年）――政府の決定を待つことなく反乱部隊の鎮圧を決定、執拗に武力討伐を主張して、陸軍中央の意思をかためさせた。

③ 日中戦争初期の兵力増強、戦略爆撃実施方針の決定（一九三七年）――中途半端な作戦を戒め、迅速に大兵力を集中して中国軍に決定的な打撃を与えるよう督促した（「支那ヲシテ反省セシムルノ方策ナキヤ」と下問）。

④ 張鼓峰事件における武力行使の一時差し止め（一九三八年）――大本営と朝鮮軍の暴走を抑制したが、後に現地部隊を称揚する勅語を発布した。

⑤ 昭和一四年度帝国海軍作戦計画の修正要求（一九三九年）――対英作戦の際のマレー半島への上陸地点選定をめぐり、軍部によるタイ領への上陸案を撤回させた。

⑥　中国の宜昌再確保への作戦転換（一九四〇年）――重慶爆撃のための航空基地確保のために陸軍が占領後に撤退・放棄した宜昌を急遽、再度確保させた。

⑦　フィリピン・バターン要塞への早期攻撃の督促（一九四二年）――開戦初期、苦戦を重ねていたバターン攻略戦への兵力増強、早期実施を繰り返し要求し、大本営のフィリピン作戦への取り組み方や現地軍の戦意に大きな影響を与えた。

⑧　重慶攻略の方針の決定と取りやめ（一九四二年）――南方占領作戦が一段落すると天皇は重慶攻略（日中戦争の終結）を軍部に要求、軍部も準備を始めるが、ガダルカナル戦の開始により、天皇みずからが取りやめを要求した。

⑨　ガダルカナルをめぐる攻防戦における陸軍航空隊進出の督促（一九四二年）――三度にわたり、陸軍航空隊の進出を要求、当初、洋上作戦の困難性などから躊躇していた陸軍中央も、天皇に押されて派遣を決定した。

⑩　ガダルカナル撤退後におけるニューギニアでの新たな攻勢の要求（一九四二～四三年）――ガダルカナルを撤退するならば、代わってニューギニアなどで新しい攻勢を始めるべきことを要求、陸軍のニューギニア重点策に拍車をかけた。

⑪　中部ソロモン撤退論への批判（一九四三年）――陸海軍中央協定で決定した中部ソロモン確保に反対する一部の撤退論をたしなめ、撤退論の浮上を押さえた。

⑫　アッツ島「玉砕」後における海上決戦の度重なる要求と海軍の消極的姿勢への厳しい叱責

（一九四三年）――受動的・消極的に傾く海軍中央を叱咤激励して、戦意を高揚させた。

⑬　陸軍のニューギニアでの航空戦を慫慂《しょうよう》（一九四三年）――陸軍が実施した作戦を大いに賞賛したため、陸軍は同種類の作戦を繰り返し、大局的判断を誤らせることになる。

⑭　絶対国防圏設定後の攻勢防御の要求（一九四三～四四年）――受動的防御にならないように、ブラウン奇襲など随所でゲリラ的な反撃に出ることを要求、海軍中央は各種の作戦を立案した。

⑮　サイパン奪回計画立案の要求（一九四四年）――サイパン戦を断念した大本営に再考を迫り、結果的に反東条・反嶋田グループを激励することとなる。

⑯　沖縄戦における攻勢作戦の要求（一九四五年）――沖縄での積極的な反撃を要求、天皇の発言によって現地軍は作戦を変更した（持久戦から攻勢作戦実施へ、ただし失敗におわる）。

⑰　朝鮮軍の関東軍への編入拒否（一九四五年）――大本営による編入案を拒否、朝鮮軍の大本営（天皇）直属を維持させた。

このように一五年戦争における戦略・作戦の決定という問題に限定しても、様々な場面において、昭和天皇が国家意思の形成に具体的な影響を与えている。すなわち、天皇は〈個人責任〉を負いつつ、〈国家責任〉の成立に重大な役割を果たしたといえる。また、二・二六事件や一九四五年八月九～一〇日・一四日の御前会議（いわゆる「終戦の聖断」）などの事例に見られるように、通常の国家意思決定システムが不完全にしか機能しない時に、天皇という機関が国家意思の最終決定システムとしての役割を果たした。これは、明治憲法体制のもとで、天皇という機関こそが、究極の危機管理システムであったことも示している。

天皇の「平和主義」の本質

ただし、昭和天皇は、軍部による手段を選ばない強引な勢力圏拡張・戦争路線に無条件に賛成していたわけではない。一九三三年の関東軍による熱河作戦、一九四〇年～四一年の南進路線と統帥部の対英米ソ開戦論への傾斜にたいして、天皇は基本的には慎重論をもって対処しようとした。しかし、天皇には統帥部の膨張論・開戦論を押し返すだけの積極的な論理がなかった。これは、性格や人間性の問題ではなく、天皇が統帥部の「マキアベリズム」に対抗できる哲学を持ち合わせなかったということである。天皇が有していたのは「八紘一宇」の政治哲学で、領土・勢力圏の拡張を君主の事業と見る点において統帥部の露骨な膨張主義・機会便乗主義の潮流に埋没せざるをえなかった。

また、昭和天皇は、どのような軍事行動であれ、戦闘に勝利し、結果として「国威発揚」に成功した場合には、賞賛を惜しまなかった。満洲事変における関東軍・朝鮮軍の独断専行の軍事行動、熱河作戦、張鼓峰事件など当初は、天皇の怒りをかったが、「戦果」があがると一転して天皇はこれらの暴走を事後承認しただけでなく、勅語を出すなどして賞賛・激励したのである。これは、「勝てばよい」という考え方というよりも、満洲事変・日中戦争の際に明確に現れたように、天皇は、あくまでも欧米大国の直接的な干渉、それらとの衝突を引き起こすか否かという計算の面が強い。大元帥としての天皇が何より恐れたのは、軍部の独断専行ではなく、将兵が士気を失ってしまうことであった。したがって、戦闘に勝利した場合には、必ずといってよいほど「嘉賞」(お誉め)の言葉を与えた。このような天皇の事後承認・結果優先の姿勢は、結果として軍部の独断専行の武力戦や謀略を奨励・激励することとなった。

天皇が軍部にありがちな精神主義や冒険主義に嫌悪感をもっていたことは確かである。天皇が対英米開戦になかなか踏み切れなかったのも、軍部が早期開戦論をとなえつつも、長期戦に移行した場合の見通しを一向に示さないことに原因があった。天皇は一九四一年九月六日の御前会議の時点では、開戦論には踏み切れなかった。それは前日の両統帥部幕僚長とのやりとりでも明らかである。しかし、拙著『大元帥・昭和天皇』で具体的に検討したように、統帥部はこの時、天皇を説得する重要性にあらためて気づき、一〇月半ば頃から、初期進攻作戦においても、長期持久戦においても十分な勝算があると具体的に論じるようになる。勝算ということが最大の不安であった天皇は、近衛内閣の末期から東条内閣の成立期において統帥部の論理に基本的に説得されたといえる。

天皇の「平和主義」とは、帝国主義国家の君主として、なるべくなら露骨な手段を使わずに、「平和」的に領土と勢力圏を拡張していこうという一種の穏健主義ということであり、当然のことながら絶対的平和主義などではないのである。

五、おわりに

天皇の〈戦争責任〉という問題について、主として〈戦争責任〉否定論を検討・批判することで考察してきた。法的機能や「実態」を根拠とする〈戦争責任〉否定論の破綻は、明かである。ただし、天皇の〈戦争責任〉とはいっても、さらに詳細に検討すれば、実はそれは複合的な内容をもっている。つまり、天皇の〈戦争責任〉とは、

① 国務と統帥（軍事）を統轄できるただ一人の責任者としての責任

② 唯一の大本営命令（軍事命令）の発令者としての責任

③ 統帥権の実際の行使者としての責任（統帥部を激励あるいは叱責しての積極作戦の要求をしたり、「御下問」「御言葉」を通して作戦を督促して、現実の作戦指導・戦争指導をおこなったことにともなう責任）

などから構成されている。これからもわかるように、天皇の〈戦争責任〉はまさに国家の〈戦争責任〉の中核をなすものである。現代における〈戦争責任〉の追及とは、〈歴史〉として戦争をどう見るかという問題であり、究極的には日本国民における〈歴史認識の定着〉の問題であって、未来をどう構想するかという問題に帰着するのである。天皇の〈戦争責任〉をあいまいにすることは、国家の〈戦争責任〉をうやむやにすることである。そして、それは、歴史を歪曲することであり、教育・マスコミ報道を通じて、日本人の歴史認識・国際認識をゆがめ、ひいては国際的な批判・反

発をまねき、結局は日本人に跳ね返ってくるのである。

註

（1）宮沢俊義編『世界憲法集　第四版』岩波文庫、一九八三年、より抜粋。
（2）岡部牧夫『十五年戦争史論―原因と結果と責任と―』青木書店、一九九九年、二二〇頁。
（3）藤田尚徳『侍従長の回想』中公文庫、一九八七年、二〇六頁。
（4）拙著『大元帥・昭和天皇』新日本出版社、一九九四年、五七頁。

参考文献

井上清『天皇の戦争責任』現代評論社、一九七五年、岩波同時代ライブラリーとして一九九一年復刻
大江志乃夫『御前会議』中公新書、一九九一年
纐纈厚・山田朗『遅すぎた聖断』昭和出版、一九九一年
佐々木隆爾『現代天皇制の起源と機能』昭和出版、一九九〇年
千本秀樹『天皇制の侵略責任と戦後責任』青木書店、一九九〇年
田中伸尚『ドキュメント昭和天皇』全八巻、緑風出版、一九八四～九三年
ねずまさし『天皇と昭和史』三一新書、一九七六年
藤原彰『昭和天皇の十五年戦争』青木書店、一九九一年
藤原彰・吉田裕・功刀俊洋・伊藤悟『天皇の昭和史』新日本新書、一九八四年

藤原彰・粟屋憲太郎・吉田裕・山田朗『徹底検証・昭和天皇「独白録」』大月書店、一九九一年
升味準之輔『昭和天皇とその時代』山川出版社、一九九八年
安田浩『天皇の政治史』青木書店、一九九八年
山田朗『昭和天皇の戦争指導』昭和出版、一九九〇年
同『大元帥・昭和天皇』新日本出版社、一九九四年
吉田裕『昭和天皇の終戦史』岩波新書、一九九二年

第Ⅲ部

民族・ジェンダーの視点から問う戦後責任

ソウル日本大使館前の水曜デモ（提供＝趙如権〔チョウ・ヨクォン〕）

第9章 「日本人としての責任」再考
——考え抜かれた意図的怠慢

徐《ソ》京植《キヨンシク》

一般のドイツ市民は無知に安住し、その上に殻をかぶせた。ナチズムへの同意に対する無罪証明に、無知を用いたのだ。目、耳、口を閉じて、目の前で何が起ころうと知ったことではない、だから自分は共犯ではない、という幻想を造り上げたのだ。／知り、知らせることは、ナチズムから距離をとる一つの方法だった（そして結局、さほど危険でもなかった）。ドイツ国民は全体的に見て、そうしようとしなかった、この考え抜かれた意図的な怠慢こそ犯罪行為だ、と私は考える。

——プリーモ・レーヴィ『アウシュヴィッツは終わらない』竹山博英訳、朝日新聞社、一九八〇

一、はじめに

一九九九年一〇月一日、東京地裁において、在日朝鮮人(1)の元日本軍「慰安婦」宋神道《ソンシンド》さんが日本政府に対して謝罪と補償を求めていた訴訟の判決が言い渡された。

判決は「請求棄却」。成田喜達裁判長は数秒のうちに主文のみを言い渡し、事態が呑み込めない様子の原告・宋神道さんに背を向けて早々に退廷した。

一九九三年四月五日の提訴から六年余、七〇歳だった宋さんが七六歳になるまでの歳月が費やされた。その間、宋さんは思い出したくない記憶を呼び起こし、語りたくない苛酷な経験の数々を、心を励まして語ってきた。住んでいる地域で、「生活保護で食っているくせに」とか「金めあてだろ」などと、心ない中傷を受けてきた宋さんは、判決を前にして、「もし裁判に負けたら、家に帰れねえ」とたびたび漏らすほどの緊張をみせていた。その結果がこの判決である。筆者は傍聴席から判決の模様を見届けていたのだが、予想されたこととはいえ、あまりのことに言葉を失う思いであった。結審の際に、陳述する宋さんに笑顔でうなずきかえす裁判官の温和な表情を見て、いかにも好人物ふうな印象が心に残っていただけになおさらである。

法廷の外では、韓国から駆けつけた元「慰安婦」の李容洙《イヨンス》さんが、ハンドマイクを手に支援者たちに向かってこう述べていた。「日本の若い人たちのことを考えて対話的にやってきた。それが、この判決とは……。こんなことでは、もう日本に来たくない。これからは、あなたがたの方が韓国に来るべきだ」。

その場に韓国報道陣の姿がないので、韓国から来た支援者に尋ねてみると、九八年一〇月の金《キム》大中《デジュン》大統領訪日の際、韓国側から、もはや政府レベルではいわゆる「過去の清算」問題に絡んで補償等を日本に求めることはしないとのサインが送られたことから、韓国内でも「慰安婦」問題に対する関心が急速に薄れつつあるという説明であった。国家間の談合によって「過去の清算」がはかられ、半世紀以上の時を隔ててようやくわれわれの眼前に浮かび上がってきた被害者の記憶、決して「清算」されることのないその痛みは、ふたたび封印され忘却の淵に送り返されようとしている。

この日の光景は、「証言の時代」の、とくにその反動局面での、もっとも象徴的な一幕として筆者の記憶に焼き付けられた。

一九九〇年代になって、冷戦体制の崩壊、アジア諸国における民主化の一定の進展と人権意識の伸張などにともない、それまで沈黙を強いられてきたアジアの戦争被害者たちが、誰の目にも見える「証人」として立ち現われ、自らの権利と正義のために「証言」を始めることとなった。それは従来の日本とアジア諸国との関係史にはなかった、まったく新しい時代である。この意味で筆者は、高橋哲哉とともに、一九九〇年代の一〇年間を日本における「証言の時代」と呼んだ。(2)

宋神道さんの裁判において、原告側の主張の要点は、被告（日本国）が原告（宋神道）を「慰安婦」にした行為は、「人道に対する罪」「強制労働禁止条約違反」などの国際不法行為に該当する、重大な人権侵害を行なった国家は国際法と国内法に基づく法的責任において被害回復の措置をとるべきだ、というものであった。これに対し、東京地裁の判決は、日本軍の慰安所制度についても、宋さんが「慰安婦」にされたことについても事実を認定している。それどころか、「言語に尽くし切れない苦痛と悲惨さをともなったであろうと推測される」とまで述べている。それにもかかわらず、原告側の請求を全面的に斥けたのである。判決は国際法に基づく請求は国家間においてのみ該当し、個人のそれは例外的な場合以外は許容されない、とした。また、国内法については、国家無答責[3]、除斥期間[4]の成立などを理由に請求を斥けた。さらに、いわゆる「下関判決[5]」との関連で注目されていた「立法不作為」の争点についても、判決は、立法により何らかの救済策を創設することは「選択肢の一つ」としながら、「だからといって、憲法の明文からもその解釈からも（中略）補償立法義務が存在することが一義的に明確であるとすることはおよそ無理」であり、「そのような補償立法がされないからといって国家賠償法上違法視される謂れはなく」云々と述べて、原告の請求を斥けたのである。原告側は控訴の手続きを取り、現在は東京高裁で審理が行なわれている。

宋さんに対する東京地裁判決があらためて露呈したものは、日本国がかつて国際法に反する「慰安婦制度」をもっていたこと、「慰安婦」に対して重大な人権侵害が行なわれたことが否定できない事実であるにもかかわらず、誰もその責任を負おうとしない日本社会の現実である。

二、証言の時代、その反動局面

筆者はこの間、「日本人としての責任」という気の進まないテーマをとりあげて論じなければならないことが何回かあったが[6]、そのたびに、「日本人としての責任」という設問そのものに対する日本人多数からの強い拒絶感を感じさせられてきた。こうした拒絶感は、つきつめて整理すると二つの異なった心情に由来するように思える。ひとつは言うまでもなく「責任」そのものを拒絶する心情であり、もうひとつは「日本人」という枠組みに自らを括り込まれることを拒絶しようとする心情である。これらは一見相互に対立するように見えるが、現に目前に存在している「日本人としての責任」を否認している点において、客観的にみれば補い合ってもいるのである。

「証言の時代」は日本人にとって、自国による加害の歴史を直視し、その責任の所在を明らかにし、そして被害者への謝罪や補償という行為を通じてアジアの隣人たちと新しい友好と連帯の関係を築いていくための好機でもあった。実際、その可能性は、なかったわけではない。

一九九一年八月、韓国ソウルで金学順《キムハクスン》さんが最初に名乗り出て以来、韓国のみならず朝鮮民主主義人民共和国（北朝鮮）、台湾、中国、フィリピン、インドネシアなど、かつて日本の侵略や軍事占領をうけたアジア諸地域から元「慰安婦」の生き証人たちが次々に名乗り出てきた。元「慰安婦」だけでなく、元軍人・軍属、強制連行・強制労働の被害者など、さまざまな生き証人たちが名乗り出て、日本国に謝罪と補償を求め始めた。一九九〇年以降、日本の裁判所に提起された外国籍の原告による戦後補償訴訟は四七件に及んでいる（『朝日新聞』一九九八年二月六日）。

慰安婦制度への国家・軍の関与を否定し続けていた日本政府も、生き証人たちの登場と証拠資料の発見とによってやむなく従来の見解を改め、一九九三年八月四日の河野洋平官房長官談話によって、あいまいながらも国家・軍の関与および「強制性」を認め、「お詫びと反省の気持ち」を表わした。

自民党単独政権に代わった連立政権の細川護熙首相は一九九三年八月一〇日の記者会見で、日本の戦争は「侵略戦争」であったという認識を明らかにし、同年一一月に訪問先の韓国で、日本語の強制使用、創氏改名、慰安婦、強制連行などを具体的に列挙して、植民地支配の「加害者として心から反省し、深く陳謝したい」と表明した。

こうした認識が広く日本国民に浸透し、さらに深められ、幅広いコンセンサスを形成することができていたならば、事態は今日とは大きく異なっていたはずだ。しかし、細川発言の直後から、右派勢力からの猛烈な巻き返しが起こり、細川首相は「侵略戦争」から「侵略的行為」へと発言を後退させた。

一九九四年、自民党は社会党および新党さきがけと連立を組んで与党に返り咲くが、三党の共同政権構想には「戦後五十年を契機に、過去の戦争を反省し、未来の平和への決意を表明する国会決議の採択」に積極的に取り組むことがうたわれた。この「戦後五十年国会決議」構想は、もともとは一九八八年に社会党の土井たか子委員長（当時）が提唱した「朝鮮植民地支配謝罪決議」に由来する。それが自・社・さ連立による村山富市政権が誕生するに及んで現実化に動き出したのである。

しかし、九四年末、村山政権の与党である自民党内で前記の国会決議に反対する「終戦五十周年国会議員連盟」が旗揚げされ、自民党所属の衆参議員の約三分の二がこれに加入した。その活動方針は「一方的なわが国の断罪と自虐的な歴史認識を見直し、公正な史実の検証に基づいて歴史の流れを解明し、日本および日本人の名誉と誇りの回復を帰すべきである」としている。野党の新進党でも決議に反対する議員による「正しい歴史を伝える国会議員連盟」が結成されたが、呼びかけ人の一人は「南京事件はでっちあげ」と発言して法相を更迭された永野茂門参院議員であった。民間でも「日本を守る国民会議」（黛敏郎議長）などが中心となり、草の根の右派勢力を総動員して、国会決議阻止五百万人署名運動や日本人戦没者への追悼と感謝を内容とする地方議会決議を推進する運動を展開した。「あの戦争が侵略だったというのなら、戦死者は犬死だったというのか」という、およそ論理性を欠いた主張（いわゆる「犬死論」）が右派によって執拗に繰り返された。この主張は、しかし、元軍人や軍人遺族の、戦死者を国家的な顕彰の対象にしておきたいという誤った名誉感情と、恩給や年金を失うまいとする利益感情に訴え、右派の結集をうながす効果を発揮した。

国会決議は九五年六月九日衆議院で採択されたが、最大野党の新進党が欠席し、与党にも欠席者が続出して、出席議員の数が定数の半ばを下回るというみすぼらしい姿を天下にさらけだした。しかも、その決議文は、自国の行為を反省するという文言に先立って、「世界の近代史上における数々の植民地支配や侵略的行為に思いをいたし……」という文言を無理やり挿入した一事が如実に物語るとおり、植民地支配と侵略の責任を否認ないし相対化しようという右派勢力の意向を大幅に採り入れたものになった。当然のことながら、こうした過程を注視していたアジア諸民族からの評判はすこぶる悪く、決議は所期の目的とは逆に、むしろ日本への不信感や警戒感を募らせる結果に終わった。ある海外メディアは、これによって日本はアジア民衆との和解の「最後の機会を逃した」と評した。

この年八月一五日の記者会見で自・社・さ政権の村山富市首相は、「過去の戦争や植民地支配は

『国策を誤った』ものであり、日本がアジアの人々に苦痛を与えたことは『疑うべくもない歴史の事実』」と表明した。これは従来の自民党単独政権の見解からみれば一歩踏み込んだものに見えるが、天皇に戦争責任があると思うかという質問に対して「それは、ない」と、あっさりと否定している。また、村山政権は、いわゆる韓国「併合」条約についても、道義的に不当であったことは認めながらも法的に不法であったことは認めず、その点では従来の政府見解を固守したのである。

一九九六年になると、「終戦五十周年国会議員連盟」を引き継ぐかたちで「『明るい日本』国会議員連盟」が結成され、自民党の衆参両院議員一一六名が名を連ねた。その趣意書では、「(自国を)侵略国家として罪悪視する自虐的な歴史認識や卑屈な謝罪外交には同調できない」と主張している。同連盟の会長に就任した奥野誠亮元法相は記者会見で「慰安婦は商行為に参加した人たちで強制はなかった」と述べ、「慰安婦」問題を記述する中高の教科書を非難した(『朝日新聞』一九九六年六月五日)。また、日本遺族会顧問の板垣正参議院議員は、韓国から来日中だった元「慰安婦」の金《キム》相喜《サンヒ》さんと会見した際、「信じられない」とか「カネをもらってないのか」などと侮辱的言辞を繰り返し、河野官房長官談話についても「私は認めていない」と述べた(同前)。

こうした動きを、いわゆる「靖国派」を中心とする旧来の右派からの反動攻勢だったとするなら、民間からこれに合流しようとする新しい右派の動きも表面化してきた。現時点から振り返れば、日本における否定論や歴史修正主義の動きは、この頃から勢いを強め一般日本国民のなかに広がっていったといえる。

九六年後半に注目を集めた「自由主義史観研究会」はディベート方式を採りいれた活気ある歴史教育の実践をうたう一方、右派の「皇国史観」にも左派の「コミンテルン史観」にも偏らない「自由主義史観」なるものを標榜したが、実際には早々に、自らが掲げた看板を裏切ってみせた。同研究会代表の藤岡信勝が同年末に結成された「新しい歴史教科書をつくる会」の中心人物となり、中学校教科書から「慰安婦」に関する記述を削除せよと要求する運動を開始したのである。教科書攻撃に標的を絞ったこの運動に新旧の右派勢力が結集し、そこから藤岡に続いて、小林よしのり、西尾幹二といったプロパガンディストたちが登場したが、小林の著作『新ゴーマニズム宣言special—戦争論』（幻冬舎、一九九八）と西尾の『国民の歴史』（産経新聞ニュースサービス、一九九九）とは、いずれも数十万部を売るベストセラーとなった。もちろん両書の販売にあたっては右派勢力の組織的バックアップがあったし、とくに『国民の歴史』の場合は大量に無料配布されているという事実はあるにしても、日本国民の一定の部分が、こうしたプロパンガンディストたちの粗野で差別的な論調を歓迎していることは否定できない。

二〇〇〇年四月九日、石原慎太郎東京都知事が陸上自衛隊練馬駐屯地での創隊記念式典のあいさつで、いわゆる「三国人」発言をして批判を浴びたことは記憶に新しいが、(7)石原は「慰安婦」問題に関しても、たとえば次のような発言を公然と行なってきた人物である。

慰安婦に関しては、単に日本だけを貶める狙いがあるので、目下の状勢で教科書への記述はまったく不要だしあくまで反対です。／強制連行なんぞされなくても一種のボランティアとして、有償ボランティアとして金を稼ぐということで娼婦になった女の人はたくさんいたはずだし、ごく自然なことです。それをもって、日本の戦争遂行が汚れたものだったというようなことは、性と経済に関する人間の摂理からしても作為的な非難でしかない。／第一、個人の証言は検証しようがない。彼女たちが今は功成り遂げミリオネアになっていたらそんなことは恥ずかしくて言い出せるわけがない。依然として貧乏しているから、これで少しでも金が入ればいいという思惑で、今度は肉体でなしに自分の名誉を代償にして稼ごうとしているだけです。そういうことは見え見えなのに、そういう人間の卑しい本性に引きずられて教科書に載せる必要が一体どこにあるのか。どうしてもやるなら慰安婦を可哀想な被害者という視点だけでなく現在の彼女たちの卑しい本性の部分も記述しなくてはなるまいに（『「父」なくして国立たず』光文社、一九九七、／は改行）。

こうしたあからさまで口汚い否定論、欧米では人種差別や民族間対立を煽る罪として刑事訴追されても不思議のない言説が、数万、数十万の読者に受け入れられている。いまや否定論者のレイシスト（差別主義者）が首都の知事の座を占めているのである。そんな異常な現象が、さして異常とも思われないまま歯止めもなく増殖しているのが日本社会の現状であろう。

三、混迷する中間勢力——自己正当化の欲望

しかし、現在の危機の特徴は前述のような右派ないし極右派の伸張のみにあるのではない。むしろ、八〇年代まで右派への牽制勢力、制動勢力として不十分ながら一定の役割を果たしていた旧社会党・総評ブロックがその思想的浅薄さを露呈してほとんど自滅したこと、さらに、市民的リベラル派とみられていた中間勢力が、「女性のためのアジア平和国民基金」をめぐる知識人や市民運動の分裂によって露呈されたように、はなはだしい混迷を続けていることが、いっそう深刻な問題だといわねばならない。

一九九七年に刊行された加藤典洋著の『敗戦後論』が意外に多くの読者に歓迎された現象は、アジアの被害者からの訴えと右派勢力の反攻との板挟みとなった中間勢力の動揺、さらにいうなら自己正当化の欲望の反映であった。同書のタイトルとなった論文「敗戦後論」が一九九四年末、すなわち「犬死論」をかかげる右派の反動攻勢が強まる中で発表されたものであることは、同論文が駆使するレトリックの背後にあるものを読み取るためにも、想起されておくべきであろう。

日本という人格が改憲派と護憲派とに人格分裂している、「自国の死者」の弔いを通じてそれをまず統一させなければ被害者への謝罪もできない、という加藤のレトリックは、実際には、何もできない（あるいは、したくない）中間勢力が、何もできない状態に自ら納得し、何もしないことを自らに言い訳するために格好のものであった。いうまでもなくそれは、日本社会内部の身勝手な自己

了解にとどまるほかなく、他者（被害者）に対しては何の説得力も持たない。

加藤典洋は西谷修との対談で、アジアの戦争被害者が過去の事実の承認と謝罪を求めているとき「それに答えうる『主体』を立ち上げるという要請に迫られている」という西谷修に答えて、次のように述べた。

日本人おかしいじゃないか、おまえたちおかしいじゃないかと言われたときに、その「おまえたち」に合致する「われわれ」というものはもはやいないし、その「おまえたち」を引き受ける人は誰もいない。「敗戦後論」というのは、だったらおれが全部引き受けてやるよ、と書いたものなんですよ（「世界戦争のトラウマと『日本人』」『世界』一九九五年八月号）。

加藤は「国民」という概念が現在の日本では責任回避の機制として働いている、そこで、謝罪することのできる「責任主体としての国民」という立場を新しく作り出すのだという（対談「敗戦後論とアイデンティティ」『情況』一九九六年一～二月号）。

日本の戦後の問題は、戦後日本社会の人格が分裂し、わたし達の人格の甕が二つに割れてしまったことにある。わたし達の課題はこれを張り合わせ、水のたまる甕に補修することだが、そのための手がかりの一つに、死者の弔いという問題がある（「石の前に立つこと」『この時代の生き方』講談社、一九九五、一九五頁)。

日本ネーションという割れた「甕」を貼り合わせるため、「無意味に死んだ自国の死者を、無意味なままに弔う」というのである。無意味なままに弔うのだから靖国派の主張とは違う、というわけだ。

しかし、加藤は同時に「三百万の自国の死者」を指して、「汚れていても父は父だ」とも言っている。「無意味なままに」と言いながら、そこにはすでに「意味」が充塡されている。「自国の死者」という集合をイメージし、それを一括して「父」と観念するということこそ、模範的なほどの血統主義的国民観の表明だからである。

加藤は「三百万の自国の死者」を代表するものとして、吉田満の小説『戦艦大和の最期』(講談社文芸文庫)に登場する臼淵大尉を挙げる。特攻作戦に出航した戦艦大和の艦上で自殺的作戦のもつ意味、避けがたい死の意味について論争が起きたとき、「敗れたことによって日本が目覚める。それでいいじゃないか」と述べ、従容として運命を受け入れたという人物である。一見して明らかなとおり、これは「無意味」どころではない。臼淵の言葉はあからさまに、当時、日本の若者の多くがとらわれていた「共同体のための犠牲」としての崇高な死という美意識の枠内にとらわれたものである。その枠内に若者を引きずり込んだのは天皇制国家だった。

長いスパンで見れば日清戦争以来の、短くとっても日中戦争以来の侵略と殺戮の歴史、そのもっとも最終的な局面で、日本の若者たちが特攻という名の自殺を国家から強いられ、無駄死にさせられたのである。日本軍兵士の中には特攻隊のような「崇高さ」とは無縁な、戦場で女性をレイプした者、南京で非戦闘員を虐殺した者、ニューギニア戦線の飢餓地獄で現地人や仲間の人肉を食った者、臼淵の死と同じ時に沖縄で民間人に「集団自決」を強いていた者等々もいた。にもかかわらず加藤は、長い殺戮の歴史の最終局面、それもナルシスティックな美意識で飾られた一部分だけをあえて取り出し、それを「三百万の死者」の代表に据えているのである。

特攻作戦で死んでいく日本人将兵は、逃れがたい自己の死だけを見つめている。彼らは、ともすれば崇高な「犠牲者」のように見える。ひいては戦争が大いなる天災ででもあったかのように、あるいは日本国そのものがまるで被害者だったかのように思えてくる。しかし、それは大いなる錯覚でしかない。彼らには被害者という側面もあることはあるが、彼らへの加害者はほかならぬ自国権力なのである。加藤は彼自身錯覚しているか、でなければ、読者の錯覚を期待しているのではないか。

加藤は、臼淵大尉の思想に戦後思想の可能性が潜んでいるという。しかし、そもそも臼淵自身は、戦後日本への構想らしきことを述べていない。彼はただ、自らの死を「共同体」の再生ための犠牲と「意味」づけ、そう思い込もうとしているだけである。つまり、臼淵の念頭には日本という「甕」があるだけで、そこにどんな水が湛えられるべきかついては何も語っていないのだ。加藤にとってはそこが好都合なのであろう。なぜなら、かりに臼淵が戦後日本の構想について何か具体的に「意味」のある言葉を残していたら、彼の死を「無意味な死」と呼ぶことはできず、その弔いを「無意味なままの弔い」と称することもできないからだ。

いうまでもなく日本が行なった戦争は、帝国主義侵略戦争であったという「意味」と本質的に不可分である。「無意味な死者を無意味なままに弔う」というのは、そもそも無意味であるはずのない侵略戦争の「意味」を不問に付すためのレトリックであり、右派の「犬死論」との対決を回避し、むしろそれとの妥協点をさぐるためのものであることが容易に見て取れる。

加藤はいちおう、自分が立てようとする「戦後日本人」という国民主体は、血統主義ではなく出生地主義の原則と居住の事実に基づいて構成されるもので、戦前のような「共同的」主体ではなく「公共的」主体だとも言っている。しかし、これはつじつまが合わない。考えてもみよ、「汚れていても父は父だ」という発想は血統主義そのものではないか。血統主義を捨て出生地主義を採用するということは、契約主義的国家観に立って、在日朝鮮人などの定住外国人をも含む新しい「国民」を形成することであるはずだ。そうだとすれば、臼淵大尉を代表とする「自国の死者」を「父」として弔い、その弔いの儀礼を通じて国民的主体を立てるというような「共同的」な言説に侵略と植民地支配の被害者たちが同意できるはずがないであろう。

加藤の議論は、日本が戦争被害者に「謝罪」できないのは国民主体の人格分裂のためである、「謝罪」を実現するには、その前提として統一した国民主体を立ち上げなければならない、という構成になっている。しかも、その国民主体は「自国の死者」を「父」として弔うことを通じて形成される「哀悼共同体」(高橋哲哉)なのである。もし不幸にして、加藤のいう手順で日本という国民主体の統一がなされたならば、それは侵略戦争の「意味」を不問に付し、「共同体のための自己犠牲」というナルシスティックな美学を国民的に共有する、はなはだしく自己中心的な主体になるだろう。そのような主体が加害の責任を深く自覚することは論理的にいってあり得ず、したがってそれは被害者にまともに謝罪する主体にはなりえないことは明らかである。加藤自身、こんなことを述べている。

(加藤のいう筋道で考えていくことが・引用者)国民共同体の法への恭順になり、主体の形而上学に陥ることだとしても、しかし、わたし達は、この道を、この道がこのような危険をもつということを組み込んだうえで、この順序で、進んでいくのがいい。そしてそれが現実の問題として現われたら、そこで、これを解決するのがいいのである(『敗戦後論』あとがき)。

「それが現実の問題として現われたら」とは、信じがたいまでの無責任さである。そのような「危険」は、いま、「現実の問題」として目の前に現われているではないか。

結局、加藤の議論の眼目は、アジアの戦争被害者たちに対して、どうにかして「謝罪」を実現しようという点にはなく、国民主体なるものが立ち上がるまでは「謝罪」はできないのだし、それが立ち上げられた後に「謝罪」ができるかどうかは、そうなってみなければわからないということなのである。ここには、他者(被害者)の呼びかけを真摯に受け止めた形跡は見られない。

自国が行なった侵略戦争の「意味」を直視し、その責任を明らかにすることなしに、戦後日本人の「公共的」主体を作り上げることなど不可能なのだ。加藤の比喩を借りていえば、亀裂のはいった「甕」は、貼り合わせようとするのではなく、むしろ徹底して割らなければならないのである。[8]

四、(非)国民主義的(無)責任論

加藤典洋の前述のような議論に対して、西川長夫は次のように述べている。

戦後五十年決議をめぐるごたごたや大臣たちの失言騒ぎは別として、「謝罪」が憂欝なのは、この問題は自分自身に深くかかわってくるが、その責任はとうてい背負いきれないからである。それをあえて引き受けようとするとどうなるかを如実に示しているのが、創刊五十周年記念の「世界」に載った加藤典洋と西谷修の対談「世界戦争のトラウマと『日本人』」である。(中略)それまで日本人や日本という共同体に距離をおいていた戦後生まれの二人の評論家は、戦後五十年の「謝罪」を契機にこうして「子供」から「おとな」になり、日本回帰をはたす。彼らの論理は一見絶対的な正しさをもって迫る。だが、そこに罠がありはしないか。自分を共同体に同一化させずに、非国民をつらぬきつつ責任を果たす(あるいは果たさない)狭いわずかな可能性も残されているのだから(「一九九五年八月の幻影、あるいは『国民』という怪物について」『国民国家論の射程』一七頁）。

「謝罪」すらも契機として「国民という怪物」を立ち上げようとするものだという西川の加藤批判は、たしかに一面の真実を言い当てている。しかし、西川の側にも、「責任」をめぐる議論に混乱があることは事実であり、そこに加藤からの「責任回避の機制」としての（非）国民論であるという反論を許す弱点があるといえよう。そもそも、前記のように一見して問題点が明らかな加藤の議論が、なぜ西川には「一見絶対的な正しさをもって迫る」のか、理解に苦しむと言うほかない。

この問題を整理するため、まず、「靖国派」など右派の国民観を右端に置き、西川のような国民国家論的（非）国民観を左端に置く横軸を想定してみよう。右端は本質主義的国民観、左端は構成主義的国民観ということもできる。加藤は中間から右に向かうベクトルにおいて西川を批判していることがわかる。

しかし、このような横軸のみを尺度としては、現在の混乱した「責任」論を整理することはできない。ここに「日本人としての責任」を認め引き受けるか、それを否認し拒絶するかという縦軸を加えてみる必要がある（次々頁図参照）。

図の上で諸言説の位置を考えてみると、もっともわかりやすいのは本質主義的国民観をもち、「責任」を否認するDの立場である。すなわち、「靖国派」を代表とする右派ないし極右派がこれに該当する。「自由主義史観」グループや小林よしのり（『戦争論』）のように、九〇年代後半の反動局面でここに合流した新しい右派勢力もある。

　Cは、本質主義的国民観をもちつつも「日本人としての責任」をいちおう承認する立場である。ここには、「慰安婦制度は日本の恥だから、誇りの回復のためにこそ謝罪すべき」というような、かりに「道義論的国家主義」とでも呼びうる立場から、「謝罪問題は日本の外交や経済活動の国際的展開にとってマイナスだから、あっさりと謝罪したほうが国益にかなう」といった国益主義、さらに、憲法九条の改廃を経て「普通の国」路線を突き進もうとする新自由主義的な右派まで含まれる。彼らは実用主義的な観点から謝罪や補償の必要を限定的に承認する一方、近隣諸国にナショナリズムがあるように日本にもナショナリズムがあって当然だという相互主義の論法を用いて（被害者側の民族感情を逆利用して）、外国に無名戦士の墓があるように日本にも、外国に軍隊があるように日本にも、などと主張する。これを筆者は、「グローバルスタンダード・ナショナリズム」と呼んでいる。「謝罪」をテコとして「哀悼共同体」の形成を説く加藤典洋は、かつての市民的リベラル派などの中間勢力を、図の中央あたりの曖昧な位置からCの方向へと誘引する「ハメルンの笛吹き」を演じているのである。

　Bは構成主義的な立場からの「国民国家批判論」だが、その中には一種の「無責任論」というほかない諸言説がある。先に引用した西川長夫の文章には、そうした混乱ぶりが現われている。

「『謝罪』が憂欝なのは、……その責任はとうてい背負いきれないからである」と西川はいうが、だから「謝罪」はできないという論理は成り立つまい。そもそも「責任」とは他者との間に発生す

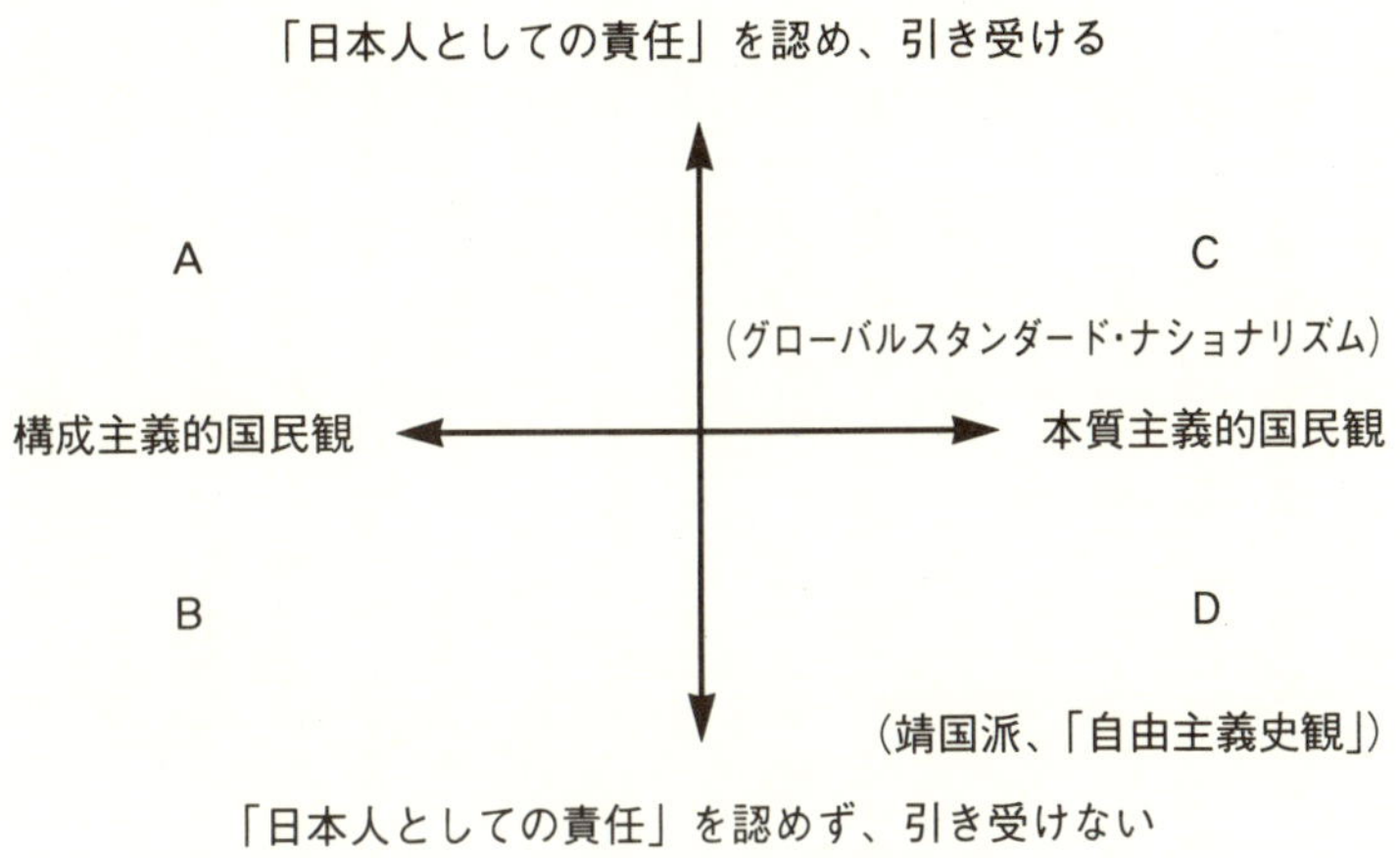

るものであるから、「背負いきれるか」どうかが問題なのではなく、「ある」かどうかが問題なのである。かりに「責任がある」ことを認めるのならば、「背負いきれないから負わない」などということはできないはずだ。可能なかぎり「責任」を負う姿勢を示すことだけが被害者から理解を得ることのできる道であろう。

「背負いきれない」というのは曖昧であり、それだけに危険な表現である。ここでは「倫理的責任」「政治的責任」および「補償責任」などの各レベルが想定されるが、そのいずれのレベルにおいても、まず、誰にいかなる責任があるのかを丹念に吟味するべきであり、それをしないままで「とうてい背負いきれない」とだけ言うと、被害者側の要求が法外な無理難題であるかのような既にある偏見をいっそう助長することになりかねない。なお、日本の軍関係者とその遺族に対して今日まで計四〇兆円以上にものぼる恩給や年金が支払われてきたことを想起するならば、「補償責任」

に関しては、日本国民にとって「とうてい背負いきれない」ものになるという根拠は薄弱である。「自分を共同体に同一化させずに、非国民をつらぬきつつ責任を果たす（あるいは果たさない）狭いわずかな可能性」というが、この文章は少なくとも、その「狭いわずかな可能性」を追求して「責任」を果たそうという呼びかけにはなっていない。「責任」を果たそうとすると「共同体に一体化」してしまうおそれがある、だから「責任」は負えない、といっているのである。

西川は別の文章でも、こう繰り返している。「私の内なる気弱な男が、俺はもう日本人をやめたいよ、とつぶやいている。それに私はいかなる権利があって、この未来永劫の大罪を私の子や孫や、コスモポリタン志向の現代の若者たちに押しつけることができるのだろうか」（「戦後五十年と、ある非国民のつぶやき」前掲書一一頁）。

「もう日本人をやめたいよ」というが、「国民」をやめることは実際には簡単ではない。自身ユダヤ人難民だったハンナ・アーレントの言葉を、ここで想起してみよう。

わたしたちがこうした政治的な、厳密な意味で集団的な責任を免れうるのは、当の共同体を離れることによってでしかない。そして、だれしも何らかの共同体に帰属せずには生きることはできないのだから、このことが意味するのは、ある共同体を別の共同体と交換し、したがってある責任を別の責任と交換することにほかならないだろう。二〇世紀が、国際的に承認されうる共同体のどこにも帰属しない、真のアウトカーストである人たちというカテゴリーを生み出したことは真実である。すなわち、じっさいには政治的には何にたいしても責任を負わされ得ない亡命者や国家なき人々を生み出したことは真実である（ハンナ・アーレント「集団の責任」『現代思想』一九九七年七月号、八二頁）。

アーレントはここで、個々の行為の「罪」は個人に帰すが、共同体の成員（国民）にはつねに政治的な意味での「集団の責任」が課されると論じている。「国民」をやめるというのは、国家の庇護の外に出ることである。しかし、自発的に、「真のアウトカースト」「亡命者や国家なき人々」、つまり「難民」になるのでないかぎり、ある国家の国民をやめたところで、どこか別の国家の国民になるしかないのであるから、そうなれば、別の国家の国民としての政治的責任を担わなければならないことになる。

国会議員は主権者である国民の投票によって選出され、政府は国会の承認を得て政策を実行する。国民の税金はある場合には戦争費用にも用いられ、別の場合には戦争被害者への補償金に用いられることもあるが、その使途を決定するのは窮極的には納税者である国民である。国家が政策を誤ったとき、それを変更させる責任は第一義的に国民にあるのであり、国家が他者に被害を与えてしまった場合、それへの謝罪と補償を政府に行なわせる責任もまた国民にある。

戦後世代の責任は、戦争時に不在だったという意味では戦前・戦中世代と同じ質のものではない。戦後世代には、過去の犯罪行為に関する限り、法的な意味での「罪」はない。その限りで、彼らに犯罪行為の当事者と同質・同量の責任を問うことが合理的でないことは明らかだ。しかし、戦前からの連続性をもち、現在なお被害者への謝罪と補償を満足に実行していない国家の主権者として、戦後世代の国民もまた、前述した政治的な意味での責任を負わねばならないことは否定できないであろう。そして、この政治的責任に背を向ける行為は、たんに倫理的に非難されうるのみならず、構造的に見れば自国の国家犯罪との共犯関係を形成することになるという意味で、限りなく「罪」に近いものといわねばならない。

戦後補償実現のための運動を自発的に担っている戦後世代日本人の一部からも、ときとして、「いわれのない責任をあえて負う」といった、誤解の余地の多い声が聞こえてくることがある。その人々の善意や誠意を疑うものではないが、その声が発っせられる心理のありようや、その声が客観的にもつことになる効果については疑問がある。彼ら彼女らにとっての「責任」は倫理的かつ普遍的なものばかりではない。それと同時に、それに重なって、前述の意味での「日本人としての責任」もまた彼ら彼女らに課されているからだ。それは「いわれのない」ものではない。

「日本人」の国民的責任を問題にする際、しばしば提起される疑念や反論は、「日本人」は均一で等質な実体をもつ集合的主体ではない、「日本人」の中にはアイヌなど北方民族、沖縄の人々、帰化して国籍を取得した朝鮮人なども含まれているというものである。これはこの限りではしごく当然な指摘だが、こうした人々（かりに「周縁部日本国民」と呼んでおく）が存在するからといって、「日本人としての責任」という範疇そのものが雲散霧消してしまうことはあり得ない。まして「周縁部日本国民」の存在を利用して、「中心部日本国民」（日本国民のなかの圧倒的多数派を占めるエスニック・ジャパニーズ）の免責を図ることなどは論外であろう。誰を国民に繰り入れるか、誰を排除するかといった支配権を事実上独占しているのは、この「中心部日本国民」なのである。

「日本人としての責任」とは、第一義的には、国民（主権者）であることによって生じる政治的責任なのであるから、その国民の民族的出自や、その個人が国民となった経緯といった事情は第二義的な考慮の対象にとどまる。「日本国民としての責任」といわず、「日本人としての責任」と言い続けることに意味があるとすれば、「日本国民」と多数派エスニシティとしての「日本人」とが、前述のように癒着している現実があるからである。

「帰化」朝鮮人についていえば、植民地支配と戦後の系統的差別政策という不当な圧力の結果として日本国籍への「帰化」を余儀なくされたという事情があるとはいえ、あるいはそれだからこそ、日本国の国民（主権者）となった以上、この人々は日本国に植民地支配と侵略戦争の謝罪と補償を実行させる政治的責任をいっそう自覚的に担うべきであると筆者は考える。原則的にいって、日本社会をその人自身にとって生きやすいものに変えていくためにも、そうすることが必要なのである。

ちなみに筆者は、在日朝鮮人二世である筆者自身にも、韓国籍保持者であるかぎり、ベトナム戦争被害者への「韓国人としての責任」はあると考えている。その中心的な内容は、被害者への謝罪と補償を韓国政府に実行させる政治的責任である。[9]

「国家」や「国民」という観念の自明性を解体しようと努めることは必要かつ正当だが、自分の頭の中でそれらへの帰属意識を否定したところで、「国民」をやめたことにはならない。国家ないし民族（集団）への「帰属意識をもつ」ことと、「国民である」という現実とは同じではない。ある個人が「コスモポリタン志向」であろうとなかろうと、つまりその個人が集団への帰属意識をもとうがもつまいが、国籍を保持し、そのことによって国家から有形無形の拘束と庇護とを受け、パスポート取得から参政権にいたるまで多岐にわたる国民的特権を享受しているという現実があるかぎり、その人はまぎれもなく「国民」なのである。多くの場合、日本の国民国家批判論者はこの明白な区別を認識することができないか、でなければ、意図的にこの点を混乱させているようだ。このような言説の最悪の例として、たまたま目にしたある法哲学者の文章を紹介しておこう。

集団的アイデンティティを持とうとしない人々にまで一体化を強要する民族国家（中略）の理念には反対である。私の目から見れば、『自虐史観』を批判して日本人としての誇りを主張する人も、戦後世代に戦争責任や罪障観を押しつけようとする人も、政治的な立場こそ違え、民族への帰属を強いるという点では変わらない。（中略）責任の償いがたさを情緒連綿と語るような人は、私には『金が問題ではない。誠意をみせろ』と無理難題を吹きかけてくるやくざを連想させる（森村進「シンポジウムへの補足」『倫理学年報』第四八号、日本倫理学会）。

この文章は、「責任」をテーマとしてとりあげた一九九八年の日本倫理学会大会のシンポジウムに関連して書かれたものである。「やくざ」云々という表現も聞くに堪えないが、結びのことばもまた、この人物らしいものだ。立論からすると、これは冗談や反語ではない。

人生は楽しむのが本当である。「日本一の無責任男」といったキャラクターに人々が共感をもつのも理由のないことではない（同前）。

重ねていうが、筆者はこの法哲学者や、西川のいう「コスモポリタン志向の現代の若者たち」に、日本民族への帰属意識をもつよう求めているのではない。自分たちが「国民（主権者）である」という事実をありのままに認識し、加害国の国民として、被害者への政治的責任を果たしてほしいだけなのである。人生を楽しむのは自由だが、それが被害者への責任を放擲する理由にはならない。それに、被害者への責任を放擲していては、人生をほんとうに楽しむこともできないであろう。

それでは図のAは、いかなる立場だろうか。それは一方で戦争被害者への「日本人としての責任」を承認し担いつつ、同時に他方で、「日本国」や「日本人」という観念の自明性に挑戦し、これを解体しようとする立場である。二〇〇〇年一二月の開催に向けて「女性国際戦犯法廷」の準備をすすめている人々は、おおむねこのような指向性を共有しているものと考えられるが、現在の日本の言説界において、このような立場をもっとも鮮明に打ち出しているのが高橋哲哉であるといえよう。高橋は一九九七年九月二八日に開かれた日本の戦争責任資料センター主催のシンポジウムで、こう述べている。

私は日本ナショナリズムを批判しつつ、しかし同時に、日本人として責任を負うことを肯定したいと思います。（中略）日本人が戦後責任を負おうとするとき、日本という政治共同体への帰属をあらためて確認することになります。問われているのは日本の戦後責任だからです。しかし、これはナショナリズムの掟への服属である必要もなければ、国民国家への融合や同一化である必要もありません。私がこの場合「日本という政治共同体」と言うのは、公的・政治的存在、したがって私たち自身の政治的行為によって変えることができる存在、という側面を強調したいからです（「責任とは何だろうか」『ナショナリズムと「慰安婦」問題』五七頁）。

高橋のこのような立場は、その後刊行された『戦後責任論』や、筆者との共著『断絶の世紀 証言の時代』においてさらに緻密に展開されているので本稿では詳述しない。

加藤典洋は九九年五月、日の丸・君が代の国旗・国歌法制化が目前の問題として迫っていたとき、日の丸を「戦後日本を象徴する国旗」として容認するとともに、君が代については「歌詞を別のものに変える」ことを提案し、日の丸は侵略国日本の象徴だから別の旗に代えるべきだという意見に対しては、「もしこれを簡単に捨て去るなら、そのことこそ、被侵略国の心ある住民の不信の種になるはずである」という、奇怪千万な転倒した見解を披瀝している（以上『毎日新聞』夕刊、一九九九年五月一一日)。

いうまでもなく、日本国が侵略の象徴である日の丸を捨て去ろうとしないこと、法律にまで定めて国民に強制しようとすることこそが被侵略国の住民の不信の種なのである。もし日本国がこれを「簡単に捨て去る」ことができたなら、被侵略国住民が心から快哉を叫ぶだろうことは疑いない。「簡単」どころか、この間の経緯によって、現在の日本で日の丸を捨て去ることがどれほど困難であるかが明らかになった。加藤がほんとうに「戦前とは違う戦後日本」を望んでいるのなら、日の丸との決別という困難な課題は避けて通れないはずだ。加藤はその課題に正面から立ち向かうことを回避しながら、回避している自己を正当化するため、あたかもそれが賢明な「代案思想」であるかのように言い繕っているのである。このレトリックは、『敗戦後論』と同じように、現在の日本社会において、かつての市民的リベラル派など、少なからぬ中間勢力の人々の自己肯定の欲望によく合致している。結果をみれば明らかなとおり、国旗・国歌法は昨年の国会で圧倒的多数の賛成によって成立し、加藤の(彼に言わせると)「一歩踏み込んでの提案」は実際には法制化推進の流れを利する結果になったほかには、いかなる意義ももち得なかった。

ところで加藤は、彼のこうした「提案」が「ナショナリズムへの回帰」としてしか受け取られない「牢固とした見方」が存在していると述べ、それを最も強力に支えているのは「ポストモダン思想に立脚した反国民国家感情」であるとして、高橋哲哉の著書『デリダ』(講談社)を「一例」に挙げている(同前)。

一方、前記のシンポジウムにおいて上野千鶴子は、「日本人」として「責任」をとるという高橋の立場は、国家への国民的同一化を前提とする橋爪大三郎の議論と「そう距離がないことになる」として、ナショナリズムへの罠にとらわれたものではないかとの疑念を表明した（上野千鶴子『ナショナリズムとジェンダー』青土社、一九九八、一八八頁）。

高橋は、加藤からはポストモダン派のアンチ・ナショナリストと名指され、上野からはナショナリストの嫌疑をかけられたわけだ。これを図の上でみると、高橋はCからはBであると、BからはCであると見なされていることになる。上野と加藤の両者に希薄で高橋に濃厚なものは、被害者（他者）の呼びかけに応答しようとする「責任」の自覚である。

ここに、九〇年代の日本の言説界において、Dへの引力が急激に強まる磁場の中で、曖昧なままに図の中央あたりにあった一般日本市民の意識がBあるいはCへと引き裂かれていった様子が端的に現われている。別の言い方をするなら、BまたはCへと向かう一見対立する引力が、Dへの引力の加速化に有利に作用しているのである。現在のところAの勢力は少数である。BないしCへの流れを、今後どれだけAの方向に引きつけていくことができるかが問われている。

五、おわりに

植民地支配、世界戦争、大量殺戮に特徴づけられた二〇世紀は、まもなく終わろうとしている。

その最後の一〇年間、日本における「証言の時代」は、日本と日本人が過去の国家犯罪への謝罪と償いを通じて新しく生まれ変わるための好機であった。日本国が国民大多数のコンセンサスを得て、アジアの被害民族に深く謝罪し、個々の被害者にその損害を賠償することは、過去の犯罪の償いという意味からだけでなく、未来の東アジアにおける相互信頼の醸成と平和の確保のためにも避けて通ることのできないプロセスである。元「慰安婦」などの被害者証人は、その意味で、いわば未来の平和のための証人であった。

しかし、日本において、この証人たちは尊ばれなかった。むしろ、しばしば辱めさえ受けた。「証言の時代」は、無残な現実を私たちの眼前にさらけ出している。

もちろん自覚的に責任を担おうとする少数の人々はいるが、日本人たちは全体として、被害者証人をはじめとする他者からの呼びかけに背を向け、自己中心主義の殻に立てこもる傾向を強めている。「なぜ、日本だけが非難されねばならないのか?」という、筋違いで幼稚な被害者意識が思いがけないほどの広がりをみせている。だが、日本が特別に不信や警戒の眼を向けられている理由は、過去との絶縁を明確にすることのできない日本自身にあることはいうまでもない。

一九九九年、日の丸・君が代が国旗・国歌として法制化されたが、これは、日本はついに変わらなかったこと、今後も変わるつもりのないことを全世界に向けて宣言するに等しい行為だった。しかも、二〇〇〇年になって四月九日には石原慎太郎都知事の「三国人」発言があり、その後を追うようにして、五月一六日には森喜朗首相が神道政治連盟国会議員懇談会で「日本の国はまさに天皇を中心にしている神の国であるぞ、ということを国民の皆さんにしっかりと承知していただく」と発言した（『毎日新聞』二〇〇〇年五月一六日）。

このような、保守勢力主導の右傾化、ナショナリズムの強化もさることながら、本稿で述べてきたように、かつては右派に対する牽制勢力、制動勢力として一定の機能を果たしていた市民的リベラル派の思想的頽廃ぶりが、さらに深刻な問題として浮上してきたといえる。ここに属する（あるいは、属していた）知識人たちは、他者からの呼びかけを真摯に受けとめることなく、ある者はレトリックの遊戯にふけり、別の者は責任逃れの空論に終始している。その結果、勇気をふるって名乗り出た被害者たちは置き去りにされてきたのである。

結局、いったい誰が宋神道さんの訴えに答えるのか？　元「慰安婦」として最初に名乗り出た金《キム》学順《ハクスン》さんは、九七年一二月に亡くなった。姜徳景《カンドツキヨン》さん、マリア・ロサ・ヘンソンさんも亡くなった。すでに高齢の被害者たちは次々に世を去りつつある。

この人々に誰が答えるのか？　それとも、このまま答えないつもりなのか？

行政、立法、司法、つまり代議制民主主義を標榜する国家の三権がいずれも答えようとしないのである。そのとき、国家犯罪の被害者の訴えに答える責任は誰に帰すのか？　国民主権を規定する現行の日本国憲法がまだ存続している以上、この問いへの答えは主権者すなわち日本国民をおいてあるまい。

アウシュヴィッツの生き残りであるイタリアのユダヤ人作家、プリーモ・レーヴィは、ナチ第三帝国の時代、ユダヤ人大虐殺が進行中だった時に一般ドイツ市民は何をしていたのかという若者の質問に答えて、一般のドイツ市民は「ナチズムへの同意に対する無罪証明に、無知を用いたのだ」、「この考え抜かれた意図的な怠慢こそ犯罪行為だ」と述べている(レーヴィ前掲書)。

「証言の時代」の一〇年間を経たいま、「知らなかった」「気づかなかった」というような言い訳はもはや通用しない。考え抜かれたものであるのか、それとも、あまりにも考え足りないためなのかはともかくとして、「意図的怠慢」という告発は大多数の日本人たちにも向けられなければならないであろう。

＊なお、本稿は筆者が女性・戦争・人権学会第三回大会で行なったシンポジウム報告「戦争責任・ジェンダー・植民地主義」の内容と一部重複することをお断わりしておく。同報告は、同学会誌『女性・戦争・人権』第3号、行路社、二〇〇〇年、に掲載されているので参照されたい。

註

(1) 本稿では「在日朝鮮人」という用語を、「国籍」ではなく「民族」的帰属を指す総称として用いる。

(2) 徐京植・高橋哲哉『断絶の世紀　証言の時代』岩波書店、二〇〇〇年、二一〜四頁。

(3) 「国家賠償法の施行前においては国の賠償責任を認める法的根拠はなく、明治憲法下の本件当時は、個人が国家の権力的作用によって損害を受けても、私法である民法は適用されず、国は民法七〇九条などに基づく不法行為責任を負わない」という主張。

(4) 不法行為が行なわれた時点から二〇年以上の「除斥期間」が経過すると、損害賠償の請求権が消滅する、という主張(民法七二四条)。

(5) 一九九八年四月二七日、福岡地裁下関支部は、朴頭理《パクトウリ》さんら元「慰安婦」三名、梁錦徳《ヤンクンドク》さんら元「女子勤労挺身隊」一名を原告とする賠償請求訴訟(「関釜裁判」)の判決において、元「慰安婦」に対する重大な人権侵害について国家の立法不作為の責任を認め、元「慰安婦」原告一人あたり三〇万円の国家賠償を命じる判決を下した。一方で国家の公式謝罪要求を棄却するなど、この判決を原告勝訴とまで評価することはできないが、現在の時点で、「慰安婦」関係の訴訟で部分的であれ国の責任を認め、立法による早急な解決策を求めた唯一の判決である。

(6) 「『日本人としての責任』をめぐって—半難民の位置から」日本の戦争責任資料センター編『ナショナリズムと「慰安婦」問題』青木書店、一九九八年、および、女性・戦争・人権学会第三回大会シンポジウム報告「戦争責任・ジェンダー・植民地主義」『女性・戦争・人権』第3号所収、行路社、二〇〇〇年。

(7) 石原都知事の発言内容とその問題点については、内海愛子・徐京植・高橋哲哉編『石原都知事「三国人」発言の何が問題なのか』影書房、二〇〇〇年、を参照。

(8) 加藤の所論に関する批判は、紙数の制約上ここでは簡単に述べるにとどめた。詳細は前掲『断絶の世紀 証言の時代』参照。なお、高橋哲哉『戦後責任論』講談社、二〇〇〇年、もあわせて参照のこと。

(9) 「『日本人としての責任』をめぐって—半難民の位置から」前掲書、所収。

参照・参考文献(単行本のみ、雑誌論文は省略)

高橋哲哉『記憶のエチカ——戦争・哲学・アウシュヴィッツ』岩波書店、一九九五年

同　『戦後責任論』講談社、一九九九年
同　『断絶の世紀　証言の時代』岩波書店、二〇〇〇年（徐京植との共著）
高橋哲哉・小森陽一編『ナショナル・ヒストリーを超えて』東京大学出版会、一九九八年
日本の戦争責任資料センター編『ナショナリズムと「慰安婦」問題』青木書店、一九九八年
上野千鶴子『ナショナリズムとジェンダー』青土社、一九九八年
加藤典洋『敗戦後論』講談社、一九九七年
同　『戦後的思考』講談社、一九九九年
同　『可能性としての戦後以後』岩波書店、一九九九年
同　『戦後を戦後以後、考える』岩波ブックレット、一九九八年
西川長夫『国民国家論の射程』柏書房、一九九八年
粟屋憲太郎ほか『戦争責任・戦後責任』朝日新聞社（朝日選書）、一九九四年
日高六郎『私の平和論――戦前から戦後へ』岩波新書、一九九五年
家永三郎『戦争責任』岩波書店、一九八五年
荒井信一『戦争責任論――現代史からの問い』岩波書店、一九九五年
吉田裕『現代歴史学と戦争責任』青木書店、一九九七年
田口裕史『戦後世代の戦争責任』樹花舎、一九九六年
アジアに対する日本の戦争責任を問う民衆法廷準備会編著『戦争責任　過去から未来へ』緑風出版、一九九八年
安彦一恵ほか編『戦争責任と「われわれ」』ナカニシヤ出版、一九九九年

第10章 戦後日本のフェミニズムと「慰安婦」問題
――メジャーとマイナーの結節点

山下明子

一、はじめに――「慰安婦」問題はなぜマイナー化するのか

一九九一年八月に韓国の金学順《キムハクスン》さんが被害者として初めて本名で元「慰安婦」だと名乗り出た。朝鮮が日本の植民地支配から独立して、四六年が経過していた。この「慰安婦」問題を契機として、日本、在日韓国・朝鮮、そして韓国の女性運動は新たな時代に入ったといえる。

元「慰安婦」たちが起した行動は、日本政府の欺瞞性を告発し、事実の認知と謝罪、補償を求めるという明確かつ一貫したものである。ところが、日本側の事情は複雑である。戦争責任にかかわる国際問題である上に、近代日本の性の政治の暗部とじかに関係しており、しかも、戦後憲法がカモフラージュしているものの天皇制の存在根拠に関わっている。苦境に陥った政府の対応はごてにまわり、おりしも自民党は五六年体制以来はじめて政権与党の座を失うという危機に直面していた。

九五年に連立与党となった元社会党の村山政権下で創設された「女性のためのアジア平和国民基金」(略称「国民基金」)は、苦肉の妥協案だったにちがいないが、公的性格があいまいで、「慰安婦」問題の核心である怒りの質を把握できなかった。その奇妙さは「大東亜共栄」の発想とすら似ている。「国民基金」の対象にされた韓国、台湾、フィリピンの大半の被害者たちは受け取りを拒否するのみならず屈辱感から怒り、自国政府にも訴えて対決の行動にでた。ところが日本では、「国民基金」によって股裂きが運動の現場におきた。政党や労働団体に属さない女性運動や市民運動においても、人間関係がらみの込み入った分裂によって多数が消極的となり、全体に運動はマイナー化したといえる。このような状況の中で、いわゆる「自由主義史観研究会」や「新しい歴史教科書をつくる会」が発足し、国家の危機を煽りながら「国民意識」の形成をうたった。新日米防衛協力ガイドライン関連法、日の丸・君が代の国旗・国歌法の成立、さらに憲法改正や靖国神社の公営化の準備など、冷戦後体制のなかでネオナショナリズムがフェミニズムを押し倒して進んでいる政治状況である。

本論では「慰安婦」問題の視点で戦後日本のフェミニズムの流れを検証することで、フェミニズムは上記のようなマイナー化に責任があるのか、それとも自身が社会的に困難なマイナー存在として、今後も多様に闘いつつ問題の解決にむけて連帯していけるのかを考察したい。なお、本稿でのフェミニズムとは、女性の従属と性差別を問い、これと闘う思想および運動として広い意味で使用している。七〇年代の「ウーマン・リブ」および八〇年代以降の女性学フェミニズムとの関連において、戦前のフェミニズムが戦後日本でどう再出発したのか、その流れを併せて検証する必要があると考えるからである。

二、「慰安婦」問題の特質

まず「慰安婦」問題の特質と課題をみておきたい。「慰安婦」という呼称は男の側に都合よく実態を隠しており、しかもいかにも日本的な用語によるカモフラージュである。しかし、「従軍慰安婦」（千田夏光、七三年）から「強制従軍慰安婦」（挺身隊問題アジア連帯会議、九二年）、さらには「軍隊性奴隷」（国連人権委員会、九六年）へと変化したことが示すように、「慰安婦」は旧日本軍による組織的な性犯罪の問題として、現在、国内よりもむしろ国際的に取り組まれている。

戦争時の犯罪を外国から外国人によって、また在日韓国人によって、証言・告発されたのだから、当初から国際問題だったのだが、大半の日本人にはその認識がなかった。「朝鮮」をいまも植民地か属国と錯覚して「また朝鮮人が……」と頭から思うか、上坂冬子が強弁したように[1]、あの当時は朝鮮人も日本人だったのに何をまた今さら……、というように国家も個人も、過去も現在も、まぜこぜになっている。フィリピンやインドネシアの女性たちの告発についても、「朝鮮」についての認識とあまり違いがない。

「慰安婦」問題は日本人の外国観や国家観のあいまいさを晒し出したといえる。これは後述するように日本のフェミニズムにおいても同様である。むしろ政府は、事の深刻さにとまどっただろう。冷戦体制後の日本が、中国や韓国をはじめアジアの諸国との外交関係を新たにしなければならない矢先に、覆ったはずの過去の蓋を開けてつきつけられた難題である。ところが追及しようにも、戦後の歴代の首相や大臣が旧日本軍の軍人だったり、遺族会の会長であるような国である。そこで、冒頭で述べたような対応にでた。しかし、元「慰安婦」たちが顔を持った個人として出現したことの意味や重さを政府は考えることができなかった。(2) 国際的な女性運動と人権思想については、明らかにその力をみくびっていた。

「慰安婦」は民族差別、性差別、階層差別が重なって起きたから、民族国家、男性中心社会、支配階層という三重の政治的な権力が犠牲者個々人にのしかかっていた。元「慰安婦」が個人として被害を訴え出るのに年月がかかったのは当然である。女性運動による支援があるとはいえ、このような権力構造は今もさして変っていないために、事情により名乗り出ることのできない女性たちも大勢いる。

一方、この問題への九一年以降の日本側の取り組み方をみると、政府の応答の失敗、識者をふくむ大部分の国民の冷たい反応、経済不安などからの国家主義への逃避、生と性が浮遊化している若者の問題意識の希薄さなどがあり、「慰安婦」問題は今や被害者よりも日本の問題である様相が濃くなっている。外部からは、日本のフェミニズムの責任を追及する声はむろんのこと、〈日本の女は何をしているのか、何を考えているのか〉というさらに根本的な問いかけがある。この問いは、日本の男のアジアの国々へのセックス旅行や性の接待に対して、あるいは「良い働き口」と騙して自分の国の女たちを集団で日本に連れて行くことについて、アジアで時々耳にする素朴かつ皮肉な声と重なる。

経済大国日本の女は、外部からステレオタイプにみられているというよりも、まるで見えないのである。フェミニズムと日本の女性運動が「慰安婦」問題によって大きく連帯し、政府に対しても対外的にもイニシアティブをとることができないのはなぜだろうか。次の点からその理由を考えなければならない。

第一に、「慰安婦」問題が国連人権委員会などを通して世界化したのは、現在も戦時下あるいは武力紛争下で起きている同様の性暴力犯罪を阻止するためであり、責任者処罰を求める運動が強まっている。グローバル経済の先頭にある日本でこのような国際的な女性の人権運動への反発心や懸念が強いのはなぜか(3)。

第二に、紛争下の女性への強かんや性拷問・殺害の実態を、大方の女性は知らないのではないか。難民認定はじめ日本の国家政策の閉鎖性やマスメディアの報道姿勢にも責任がある。これと関係して、敗戦時をふくむ戦争の性暴力の体験は女性たちの間でどう継承されてきたのか。

第三に、過去をどう現在と関係づけるかは、文化や歴史観によって異なるが、生の連続性を権力によって暴力的に切断され、戦後もその状態で放置されてきた人たちが、今、からだを張って告発している。これが「慰安婦」問題である。一方日本の女たちは、戦地から帰国した男たちの「記憶

郵便はがき

113-8790

料金受取人払

本郷局承認

45

差出有効期間
2003年3月
31日まで
郵便切手は
いりません

117

東京都文京区本郷
二-二七-五
ツイン壱岐坂1F

（受取人）

緑風出版

行

ご氏名

ご住所 〒

☎ （　　　） E-Mail:

ご職業/学校

本書をどのような方法でお知りになりましたか。

1.新聞・雑誌広告（新聞雑誌名　　　）
2.書評（掲載紙・誌名　　　）
3.書店の店頭（書店名　　　）
4.人の紹介　　5.その他（　　　）

ご購入書名

ご購入書店名　　所在地

ご購読新聞・雑誌名

このカードを送ったことが　有・

取次店番線
この欄は小社で記入します。

ご指定書店名

同書店所在地

ご住所

☎

ご氏名

書名

定価　円

ご注文冊数　冊

購入申込書

小社刊行図書を迅速確実にご入手いただくために、このハガキをご利用下さい。
ご指定の書店あるいは直接お送りいたします。直接送本の場合、送料は一律三一〇円です。

読者通信

今回のご購入書名

ご購読ありがとうございました。

◎本書についてのご感想をお聞かせ下さい。

◎本書の誤植・造本・デザイン・定価等でお気付きの点をご指摘下さい。

◎小社刊行図書ですでにご購入されたものの書名をお書き下さい。

殺し」に荷担することで戦後を生きてきたのではないか。それはなぜなのか。

第四に、日本は「わたし」のあいまいな国家であり、したがって「他者」との関係、国家との関係も定まらないが、戦後のフェミニズム思想と運動はどのような「わたし」の場を国家との関係においても確保したのか。八〇年来の「わたし探し」や「癒し」のブーム、若者の性の浮遊状況や自傷的なナルシシズムはどうこれと関係するのか。

第五に、アジアで今も日本の戦争責任が問われるのは、日本軍の異常な残虐行為、忘れることのできない残忍さのせいである。「慰安婦」もまたそのような暴力の被害者だったことを名乗り出た女性たちが証言している。いわゆる「皇軍」兵士たちがなぜアジアの各地で、戦時下という言い訳や時間の経過だけでは決して解決できない類の行為をしたのか。

これに関しては、元兵士への聞き取り調査の結果が本書に発表されているし、戦後を通じた日本人の心の欠落部分として指摘した精神医学者の野田正彰の鋭い分析がある。(4) しかし「慰安婦」の組織的連行と奴隷的な使用という「皇軍」の行為を、当時の天皇制国家が行なったとすれば、今後、日本は謝罪と補償、さらには責任者処罰をどのように行なうことができるのか。内なる天皇制を含めて、天皇制は今日も日本の権力システムの基盤をなしており、マスメディアにおいても批判はタブー視されている。フェミニズムはこの問題と思想的にどこまで対峙しつつ運動してきた(いる)だろうか。第四点とも関連するが、「さわらぬ神にたたりなし」の「わたし」形成や国家論では、この国で「慰安婦」問題と向き合うことは困難である。

三、和解――戦後日本の女性運動の再出発

私はあまりに多く他人の奴隷となりすぎて来た。余にも多く男のおもちゃにされて来た。私は私自身を生きていなかった。私は私自身の仕事をしなければならぬ。（中略）私はそれをしたい。それをすることによって、私達の生活が今直ちに私達と一緒にある。遠い彼方に理想の目標をおくようなものではない。(5)

これは一九二六年に獄中で自殺した金子ふみ子が残した自伝の一節である。大逆罪による死刑の判決が恩赦で無期懲役に減刑された後に、二三歳の彼女は憤然と自死を選んだ。金子ふみ子がどうして自身を朝鮮の民衆と重ね合せるほどに激しく日本を憎んだかは、獄中手記にその悲惨な生い立ちと朝鮮時代をふくめた時代的背景を自分の言葉で書き尽くしているので、よく理解できる。わたしが金子ふみ子の思想で注目するのは、女がわたし自身を生きること、そのためには今ここで、わたし自身の仕事をしなければならないのだと気付き、実行した点である。この濃密ともいえるふんばりが彼女に今日でも希有な居場所を与えている。

戦後の日本の女性運動は、ふみ子の死から約二〇年後、男女の平等を保証した新憲法の下で再出発した。女を縛った古い家制度も新民法により廃止された。しかし、この間に朝鮮の少女たちは、

日本をふくむアジア各地の基地や戦線に送られて「皇軍」用の「慰安婦」にされていたことになる。金子ふみ子が幼児期からの悲惨をへて体得しながら、天皇制国家に潰されたような「わたし」の場所を、「家」からも「銃後の務め」からも解放された戦後の女たちは、晴れて自分のものにしたのだろうか。

戦後の女性運動には、平塚らいてうがそのシンボル的存在だった母親運動・平和運動の流れ、戦後草の根運動の原点ともいわれる立川など米軍基地拡張に反対した主婦パワーの基地闘争、そして戦前の廃娼運動から連なる売春禁止運動と、大きく三つの流れがある。これらに共通しているのは、戦争を「悪」と否定して、敗戦によって得た女性の権利を押し進めようとした点である。戦時体制をふくむ過去との和解、あるいは「無罰化」による再出発といえる。

庶民の女性史を掘り起こした加納実紀代たちの『銃後史ノート』の「女にとって〈八・一五〉は何であったか」というアンケート調査（復刊6号）によっても、圧倒的多数の女性が「負けてよかった」と戦後を肯定し、米軍による初期占領時代を「解放感と希望に満ちた時代」としている。これは加納が「〈銃後の女〉になることによってしか自らの解放欲求を満たせなかったほど、日本の女たちは閉ざされていたということでもある(6)」と分析する戦時下の女たちの解放の有りようと対をなしている。

同じく『銃後史ノート戦後編1　一九四九・一～一九五一・七』から朝鮮戦争勃発についてみると、よく覚えていなかったり、景気がよくなるのならよいと思ったなど、やはりほとんどが朝鮮戦争にも、警察予備隊の創設にも無関心だったことがわかる。周囲の人間に聞いても、小学校低学年だったわたし自身の記憶も、同様である。例外は、当然のことながら在日朝鮮人と、占領軍や朝鮮帰りの米兵の相手をした女性たちだった。

藤目ゆきは、朝鮮戦争中、日本が性的「慰安」基地化し、凶悪な強かん・輪かんが多発したこと、また基地で働いていた日本女性たちが朝鮮に連行されて「慰安婦」にされ、多くが殺されたというこれまで闇に葬られてきた事件を正面から取り上げて、米軍の性暴力を追及している。(7) この朝鮮戦争のさなかにサンフランシスコ講和条約によって日本は独立したが、同時に日米安保条約の時代に入って、今日に至っている。藤目も指摘するように、その体制とは天皇制の温存であり、戦争に責任のある戦前の支配層の延命、軍隊「慰安婦」連行や細菌部隊などの戦争犯罪の無視、戦犯公職追放の解除などといった、日本の権力側の要求とも合致したものだった。(8)

講和問題については、平塚らいてうなどは日本の絶対中立の立場から全面講和を求めて運動したが、敗北した。鈴木裕子の批判的研究に明らかなように、(9) らいてうの平和思想は新憲法に立脚しつつも、母性主義を基盤にしたものである。しかし、母親たちからなる地域婦人会をふくめて、大方の女性はアジア諸国の日本への怒りや補償要求には冷たかった。「高額な賠償」を支払わないといけないという被害者としての意識のほうが強かったからだろう。日本軍の残虐行為やその地での夫や息子の屍の有様も知ら（され）ないままだったからだともいえるが、結果として愛する者の無残な死をも放棄したことになる。

「慰安婦」の存在についても、敗戦後の日本女性の性被害と奇妙に「相殺」することで、すでにこの時点で政治的にも社会的にも表面からは消されてしまっている。同じことが「売春」廃止のプロセスとその結果にも現れている。

公娼制度の廃止は明治以来の婦人運動の悲願のひとつだったから、マッカーサー司令部の関与による公娼の法的な廃止（四七年）と実質的な「売春防止法」の成立（五六年、沖縄に適用七〇年）は運動の歴史的な成果にはちがいない。しかし、深江誠子が指摘してきたように、女性解放運動の質は、性道徳をめぐって主婦と売春婦が互いにどんな関係をつくれるかにある。[10] 主婦を是、売春婦を非とするものではない。

廃娼運動をしたキリスト教婦人矯風会などには自身の苦しい性体験から入会した女性たちも多い。夫に性病を移されたり、子生みだけの道具にされたり、売られたり、離縁されたり、自ら離婚したという女性たちが、全国の各地の現場でそれぞれの思いで熱心に運動に取り組んだのであって、かならずしも中央の指導者の言説や態度のように売春婦を「醜業婦」や「国辱」と考えたわけではない。[11]

しかし、「終戦後は、労働組合運動のはげしさになれっこになってか、個人の事では、百万言を尽しても、社会も、政治家も、誰も耳を貸してはくれないように思われる。だから私たちは、同じ気持の人が共同して立上り、社会に向かって、苦衷を叫び訴える団体運動によらねばならなくなるのです。悲しくとももうしかたがない[12]」というような売春婦たちの団結した抗議の声も無視され、結局、国会での男女議員による満場一致の「売春防止法」の採択となった。

「もはや戦後ではない」といわれる時代に入っていた。赤線の廃止は戦前からの積み残しだった公娼制度の廃止によって時代に一つの区切りをつけたことはまちがいない。しかし、買春の性意識はひとつの法律で変えられるほど単純なものではない。長い間に男の性欲はそのように作られてしまっている。結局、新たに登場した性風俗産業に働く女性たちが売春防止法で縛られることになった。

女性運動のもうひとつの流れである主婦パワーの反基地闘争はローカルだったが、学生運動や労働運動にも支持されて、その後、広範な六〇年安保闘争に結実したといえる。政治を身近なものとして体験できたこの闘争の熱いエネルギーが、その後も政治意識となって持続した主婦と、無力感やその後の経済成長による生活向上で冷めてしまった主婦はおよそ半々のようである。[13]

いずれにしても、家族を性支配から問い、性の二重基準（母と娼婦）など性的な関係を政治として認識したのは、第二波のフェミニズムにおいてである。

四、わたし探し――からだと国家

「ウーマン・リブ」（リブはリベレーションの短縮）とよばれる新たなフェミニズムの波が一九六〇年代後半に始まった。「慰安婦」と同様に本来、侮蔑をふくんだ呼称であるが、そんな社会の目をものともせず、性的な抑圧からの解放を求めた女たちの運動は、日本では七〇年安保闘争、全共闘運動の中から男たちと決別しながら生まれている。

リブ運動は私的なものとされる性愛が男の支配体制の根幹だとするラディカル・フェミニズムの日本での先駆であり、田中美津が七〇年に言い放った「便所からの解放」[14]がよくこの運動を表現している。リブの大半が二〇才前後の若い女性たちだったこともあり、当時のメディアは嘲笑と揶揄、中傷に満ちた報道を繰り返した。

ウーマン・リブの鮮烈さは、女のからだとセクシュアリティを「わたしのもの」と自覚し、新しい性的主体によるまさに居直りの革命を日本の社会にむけて宣言したことだろう。この場合のからだとは身体と心の一体化したもので、モノ的な肉体を意味しないが、当然ながら身体性に重きがある。それまで女のセクシュアリティとしての身体は、少なくとも近代以降、もっぱら母性と結びつけて、あるいは男の性欲の対象物として受け身だったから、リブの実践は母から女へ、さらにわたし自身への身体の変化、つまり生と性の意識の変化だった。

売春防止法ができても性風土が変らなかったことは、「トルコ風呂」を皮切りに新たな性風俗産業の発展ぶりが示している。さらに「日本株式会社」とよばれる日本型資本主義の高度成長と共に、六〇年代には男たちは韓国はじめアジアの国々へと、ジャンボジェット機による団体のセックス・ツアーを開始した。夫の出張や接待旅行が買春込みであることを妻たちは知っていても、何も言えなかった。主婦たちはすでに夫の会社にまるごと抱え込まれ管理されていたのである。女たちは家庭でも、職場でも、組合でも、キャンパスでも、わたしの場に不安を抱きはじめていた。

このような状況下で「家族」や「男」を直視したリブたちは、女であるわたし自身を探し求めて行動したから、仲間には共感できた。抑圧体制や歴史を分析し根拠を示そうとしたわけではないから、他者には理解されなかったが、たとえ取り乱しても実践をとおして本音の自分と出会おうとした。[15]

家族と同様に国家（クニ）もまた身体を通して撃とうとした。全共闘の男たちがバリケードの中で国家を論じながら自分たち女を抱き、手足のように雑用に使ったことへの怒りと幻滅からだった。行動の違いはともかくとして、五〇年前の金子ふみ子の社会主義（者）との決別もまた同じ理由からだったことを考えれば、男たちの甘えた性意識がこの国の文化の性差別構造の根底をなしていることがわかる。いいかえれば、女たちもまた「母」や「娼婦」となってそんな男たちを甘やかし支えてきたからこそ構造は成り立っている。

リブには各地にさまざまなグループがあった。「侵略＝差別と闘うアジア婦人会議」（七〇年結成）は沖縄や三里塚と同じ目線でかつての侵略戦争や「従軍慰安婦」を問題にし、天皇制を問う連続講座も開いた。「キーセン観光に反対する女たちの会」（七三年）は、当時、年間、五〇万人近くに増えていた韓国への団体の買春ツアーを阻止するために、韓国の女性運動と共同行動をとり、一定の成果をあげた。しかし、日本型家父長制の代名詞ともいえる天皇制はつづき、男たちの買春行為も贈答文化の中でさらなる接待用セックスとともに場所と方法を変えた。

ウーマン・リブ運動は七〇年代後半で自滅的に消えたが、なぜ終わったのだろうか。この運動の評価と限界性については、八〇年代のフェミニズムを代表する江原由美子、金井淑子、上野千鶴子などが分析しており、また、『資料　日本ウーマン・リブ史』全三巻（九二～九五年、ウイメンズブックストア松香堂）も刊行されたから、今後、より幅広い視座からの研究もされるだろう。ここでは上記してきた「慰安婦」問題の課題にしぼって、二つの根本的な原因を考えたい。

一つは、国家観の甘さである。リブは家族と国家をともに女の抑圧装置と認識していたが、近代国家はクニとはちがう。合言葉にされたような「自然な女」や「女の論理」で撃つことができるほど単純な体制ではない。他の「国民国家」も「想像の共同体」（B・アンダーソン）としての共通性はあったとしても、現実にはそれぞれに特徴があり、女を取り込むシステムも状況も変化している。冷静な現実認識こそが他国で闘う女たちとの連携を戦略的に可能にする。とくに七〇年代は西欧先進国を含めて世界は冷戦の緊張のさなかであり、アジアの国々はもろにその政治経済に巻き込まれていたのである。

さらに一つは、やはり身体観のあいまいさである。日本の性文化風土は平安時代以来の神道と仏教の混淆が影響して、独特にモノ的でしかも屈折している。このような国の女が長い間に男によって慣らされてきたようなモノ的な身体ではない身体性を回復するにはどうすればいいのか。近代政府は一夫一婦制などの性規範を「文明開化」として導入したが、同時に公娼制度を設け、軍隊にまで「慰安婦」を連行して、管理的な性の政治を行なった。戦後、売春防止法以降も多分に国策的に性風俗産業を許可したから、性の商品化が進んできた。

日本の女はこの国で母と娼婦に二分されたというよりも、母の身体（母体）と娼婦の身体（女体）

の両方をともにモノ的に内面化させられている。女性がこのような性差別構造を破るためには、自己のセクシュアリティはむろんのことだが、「公けの私（わたし）」としての身体性（個）を国家と対峙しても獲得していこうという覚悟がいる。平塚らいてうや高群逸枝など戦前の代表的フェミニストが本質主義的な女性原理によって天皇制国家に取り込まれたことを考えれば、「母」を利用する日本の男たちに油断は禁物である。

リブは「従軍慰安婦」を日本の性差別の問題として提起しながら、具体的には取り組めなかった。韓国の女性運動もまだその期に達していなかった。しかし、韓国の女性運動がその後、民主化運動のなかで国家とぶつかり文字どおり血まみれになりながら性的な人権（意識）を獲得していったプロセスを考えれば⑯、わたしに居直ろうとしたリブといえどもかなり観念的にことばを叫んでいたことがわかる。天皇制を問うたリブ運動に応答できなかった左翼の男たちの責任も大きい。

七〇年代後半になると、オイルショック後の新たな共同体を志向していたエコロジーとウーマン・リブとが結びついて、日本のエコロジカル・フェミニズムの流れがはじまった。しかし、リブの上記のような国家観の甘さがやはり欠陥となった。エコ・フェミニズムを代表する反近代派の青木やよひとの論争を八〇年代半ばに仕掛けて勝ったのが日本のマルクス主義フェミニズムの代表となった上野千鶴子である⑰。

上野はその後の巧みなマスメディア戦略により、また「女の時代」ブームにも乗って、一躍日本を代表するフェミニストとなり、その後の女性学フェミニズムをリードした。九〇年代にかけて家事労働と性別役割分業を性差別問題の中心にすえることに成功した。このような上野のマルクス主義フェミニズムは、雇用が急速に拡大し、女性労働者の需要も増し、大量消費時代となったバブル経済の日本に適っていたといえるし、上野のもつ先見力でもあった。生産労働中心主義に疲れていた男たちも上野の理論に救われたようにフェミニズムに入ってきたから、まさに「女と男の解放」戦略であった。性別分業の解体路線は、解りやすさもあって日本のフェミニズムのメジャーとなり、男女雇用機会均等法（八六年）の下で、役所の女性政策課も巻き込んで成果をあげてきたといえる。

しかし一方で、七〇年代後半から八〇年代はテレビドラマの「金妻」シリーズのヒットに象徴されるように不倫ブームとなり、家庭内離婚や暴力が増えた。男たちの間には家庭用のアダルト・ビデオを始め、各種の風俗店や性的メディアによる性の商品化が多様に進行した。九〇年代に入って、これらの男たちの欲求に答えるように中高校生のテレクラやデートクラブ、援助交際などの売春が加わり、性と身体（個）の浮遊状況が加速している。かつての処女あるいは主婦と売春婦の二項対立の構造は、境界領域がますます広がり、若者を中心に有名無実化している。これはリブ以来の性の解放、あるいは「わたし探し」とどう結びつくのか。

五、浮遊——セクシュアリティからジェンダーへ

大学生に「慰安婦」問題を講じると、女子学生の大半は性暴力としてからだで理解して、日本政

府は当然に謝罪し補償すべきだと心情的に答える。性暴力として、民族のちがいや歴史的文脈はほとんど問題にならない。男子学生の場合は「性暴力」にうろたえて異論も出るが、政府は謝罪すべきだという結論では同じになる。ところが、男女学生に共通しているのは、日本（政府）と自分との関係、過去と現在のつながり方がわからないために、結局は他人事になるか、責任として問題を心に刻んだのはいいが、どう対応してよいかわからないので自己不安に陥るという点である。友人はともかく夕食時に家族に話す学生も多く、たいてい父親や祖父のリアクション（逃げ）のせいで、孤立して落ち込むことになる。意識的に明確に行動することに慣れていないのは、日本では大人も同様である。

自己不安を訴える学生には、心理面もふくめてアフターケアが要るが、根本的には学校教育のあり方そのものが問われる。セクシュアリティについて、性暴力への取り組みが進んできたのはフェミニズムの成果であろう。しかし、それが被害者の癒し中心になっている、あるいはならざるをえない現状、さらには民族問題や国家、歴史、そしてなによりも日本社会についての知識と思考力のなさは深刻というしかない。

性暴力はセクシュアリティへの暴力である。ニーチェの用語を借りれば人としての「生の歓喜」を暴力的に女から奪いとる行為である。「慰安婦」問題とは近代国家日本が外国・他民族の女性に対して組織的に行なったこのような種類の戦時暴力である。これを自身のからだに重ねることによってしか理解できないとすれば、想像力の貧困ということではすまされないだろう。女性学フェミニズムの輸入的なジェンダー議論や性的主体性論をよそに、若者たちは性的メディアに浸って性行動をポップ化し、軽く楽しく自分を解放できると考える一方で、意味を求めて自傷行為も増えている。

フェミニズムは九〇年代に入ってようやく「上野千鶴子」批判がはじまった。上野がマイナーだったフェミニズムをメジャー化あるいはポップ化したことの功績は大きいが、『女遊び』(八八年)、『スカートの下の劇場』(八九年)、『ミッドナイトコール』(九〇年)、『性愛論——対話編』(九一年)と、性と愛をユニセックス的に遊戯化して軽やかに語り続ける上野に対して、大越愛子などは労働における性役割分業解体中心主義の上野の戦略に対しても批判的だった。国際化してきた女性の人権運動の認識をめぐって対立がおきた。[18] 労働以外の現場でさまざまな運動に関わっている女性たちの間でもフェミニズムへの不信感や怒り、不安が大きくなっていた。反フェミニズムの意識も高まった。平和ボケの日本に湾岸戦争が冷戦後の世界の現実をつきつけ、バブル経済も崩壊した。韓国の金学順が名乗り出たのはこのような時である。

女性学フェミニズムは上野を中心に「和」[19] の共同体、あるいは上野の言い方によれば「女縁」を形成してきたから、上野批判は個人としての上野にむろんとどまるものではない。実際、セクシュアリティについて上野ほど饒舌かつ華麗に語り、時代を先取りしてきたフェミニストはいないが、女性学はこの領域には取り組めなかった。[20] 上野のように「強制ではない売春」をセックス・ワークとして肯定するという立場にも、踏み込めないし、否定もできない。これでは女性学フェミニズムは「慰安婦」問題にとても取り組めそうにもない。

次のような大越の批判は、この点で的をえているだろう。「先端的な記号論を駆使することで、愛と性から意味をひたすら脱落させていくことにこそ、下部構造派上野氏のしたたかな本領が発揮されていることを、読み取る必要がある。だが（中略）上野氏の戦略は、彼女の意図とは裏腹に、この国の文化風土を撃つよりむしろ、この国の文化イデオロギーに即したものになってしまってはいないだろうか[21]」。

しかし、上野は今度は、社会学の国民国家論によって、反天皇制的な立場の歴史家の鈴木裕子を名指しで批判しながら「慰安婦」問題に参入してきた。また、これはよいことだが、男たちを巻き込んで論争を広げた[22]。しかし、ここには性役割論もセクシュアリティ論も見られない。

上野の論点は、要約すれば三点ある。第一に、「慰安婦」問題は元「慰安婦」が被害者として名乗り出たこと、つまり実証史学によってではなく、フェミニズムなどによって歴史解釈のパラダイムが変ったから可能になった。鈴木らの「反省的女性史」もこのパラダイム転換以後のことである。第二に、証言によるオーラル・ヒストリーは事実の多様性を明らかにするもので、「モデル被害者」をつくってはならない。第三に、近代国民国家は「想像の共同体」である。それまで「国民」にしてもらえなかった女性の「国民化」は戦時の総動員体制によっておきた。当時それを「革新」として喜んだ女性たちを、後知恵で「反省」することができるのか。国民国家＝ナショナリズムこそジェンダー視点で問題にすべきである。

この論争は、わたし自身が文書史料優位主義の日本の史学に対してかねて批判的だったので、同感する部分もある。しかし、だからといって文書資料の価値や地道な発掘の重要性が減じるわけではない。また、元「慰安婦」にかぎらず、アジアの女性たちへの聞き書きの経験から明らかなのは、本人がそれを当時言葉にしたかどうか、あるいは法制上の人権規定の有無にかかわらず、性暴力については、過去に事実だったことは現在も事実である。元「慰安婦」はパラダイム転換や歴史の再審によって「被害者」になったのではなく、当時も苦しみ傷ついた被害者だった。苦しみの記憶は、語られる時に個別の物語となるが、集積した「慰安婦」の物語は、過去の日本の罪を明らかにしている。

ただし、本人たちをふくめて聞き手と支援側が被害者の記憶の細部を丁寧に寄り合わせ、史料とも比較しながら、真実を再構成していくことは、吉見義明も述べるように[23]「慰安婦」問題の解決のためには重要な作業となっている。また、被害者がいる以上、当然に加害者がいるわけであり、これらの作業を通してはじめて加害の状況と実態が浮き彫りになってくる。加害者が当時、加害性を感じていたかどうかは別のことがらであり、被害者と同列にできるような事実ではない。

国家の加害責任については、たとえアメリカなど戦勝国をも同時に撃ちうるジェンダー視点からであれ、国民国家を同一的に論じることは論理的にはともかく実際上はできないだろう。国民、個人、わたしは、上野が言うように当然分離しうる概念であり、民主主義の理念の基本ともいえる。しかし、日本を告発した元「慰安婦」たちは、具体的に韓国で、中国で、フィリピンで、その他の国々で、そのようには生きていないし、生きることも許されなかった。民衆の女性はそのような分離が不可能な身体性を生きており、だからこそ強いともいえる。宗教的な個を生きる女性も多い。しかし他民族や他国によって踏みにじられ、自国の権力にも利用されてきた。

女が性的主体としての人権、生と性の全体性を奪われないことを要求する運動は、今日、この意味で国際的な闘いとなっている。元「慰安婦」たちは、たんに己れのセクシュアリティの癒しを求めているのではないからこそ、その運動の最先端にあるといえる。「慰安婦」問題は本質的にナショナリズムのことではない。しかし、日本のフェミニズムは、このような「慰安婦」問題に直面して、この国の国家主義を越えられるかどうかが問われているのである。

六、おわりに――結節点として

冒頭で述べた「慰安婦」問題の課題と戦後日本のフェミニズムの成果とを比べてみると、国際運動であることの認識、性暴力体験の継承、生の連続性の回復、わたし(公けの私の身体性)の場の獲得、残虐行為の文化的土壌の解体、天皇制の問題など、残念ながらどれにおいても明るいものとはいえない。しかしながら、わたし自身フェミニストの一人として、性別役割分業の解体の他にも、セクシュアル・ハラスメントやドメスティック・バイオレンス、児童虐待など、女性や子どもへの暴力、またアジアの女性たちとの連携、反原発や環境問題などでの女たちの取り組みにおいて、広範囲な現場の思想と運動の広がりを感じることができるのも事実である。

このようなフェミニストは日本社会においては決してメジャーではないが、「慰安婦」問題に取り組んでいる各地の民間運動を含めて、メジャーとマイナーの結節点に位置している。広がっている国家主義の流れの中で、個々のフェミニストがこれと政治的に強く対峙しながら、生き方と思想を深めつつ、さらに運動を広げていけることを願う。

註

(1) 上坂冬子「韓国人従軍慰安婦などというものは存在しなかった。なぜなら韓国という国が地球上に存在しなかったからだ。韓国人従軍慰安婦というのは言葉としてまちがっている。正しくは元日本人従軍慰安婦問題というべきだ」(『週間ポスト』一九九二年二月二八日号掲載の「新聞の〝従軍慰安婦報道〟って、おかしくありませんか?」より)。

(2) 拙論「戦争責任とジェンダー」『戦争とおんなの人権』(明石書店、一九九七年)で、この点についてアジアの被害者たちへの聞き書き体験から論じている。

(3) 韓国の挺身隊対策問題協議会などの女性運動が、「慰安婦」問題を国連に訴えたのは日本ではらちがあかないだろうという見通しからだったし、その戦略は成功だった。国連人権委員会からの日本への一連の勧告などに直面して、「新しい歴史教科書をつくる会」の泰郁彦や藤岡信勝などは、これは反日勢力が仕掛けた謀略だとしている。一方、フェミニストでも上野千鶴子は国際人権による女性運動をパワー・ポリティックスへの視点から危険視している(「『従軍慰安婦』問題をめぐって」『ナショナリズムとジェンダー』岩波書店、一九九八年、その他)。
(4) 日本は罪の意識を抑圧し、精神が傷つくことを許されない文化であり、戦線では兵士は戦争神経症になることも暴力的に許されなかったから、下痢などの病気で死ぬか、集団に埋没し、無感覚状態で行動するしかなかったと野田は分析する。野田正彰『戦争と罪責』岩波書店、一九九八年、参考。
(5) 金子ふみ子『何が私をこうさせたか　獄中手記』春秋社、新版一九九八(初一九三一)年、三三〇頁。
(6) 加納実紀代『女たちの銃後』筑摩書房、一九八七年、七二頁。
(7) 藤目ゆき「冷戦体制形成期の米軍と性暴力」『女性・戦争・人権』第2号、行路社、一九九九年。
(8) 前掲書、一三一頁。
(9) 鈴木裕子「戦後における平塚らいてうの平和思想と『母性』」『フェミニズムと朝鮮』所収、明石書店、一九九四年。
(10) 深江誠子「性道徳からの解放」『女・エロス』9号、一九七七年。
(11) 拙論「日帝下の日本女性史とキリスト教」(『戦争とおんなの人権』前出)、「性侵略・性暴力の歴史と構造」(『日本的セクシュアリティ』法蔵館、一九九一年)などで、矯風会の廃娼運動をキリスト教の性思想や天皇制イデオロギーの問題点から批判してきた。この視座は今も変らないが、その後、地方の会員たちの現実から、日本のモノ的な性風土へのアンチとして矯風会の活動の必要性も知った。
(12) 新吉原女子保険組合機関誌『婦人新風』昭和三一年一月一日、投書記事、(復刻版)明石書店。
(13) 佐藤まや「安保闘争に参加した女たち――アンケート一七九人の声から」『銃後史ノート戦後篇5　女たちの六〇年安保』前出、一九九〇年。
(14)「公衆便所」が慰安婦の隠語だったように、「便所」とは性の対象として女を蔑視する語。田中は「女の性のみじめさは男の性のみじめさであり、それは現代社会のみじめさの象徴なのだ」と宣言する。田中美津「便所からの解放」ぐるーぷ・闘うおんなの一九七〇年のビラ初出、『何処にいようと、りぶりあん』に再録、八三年。

(15) 田中美津「わかってもらおうと思うは乞食の心」(『いのちの女たちへ』一九七二年)上野千鶴子他編『リブとフェミニズム』岩波書店、一九九四年、所収、八〇頁。

(16) 韓国女性運動の歴史は、金富子「韓国女性運動からみた朝鮮人慰安婦問題」『朝鮮人女性がみた「慰安婦」問題』(尹貞玉他著、三一新書、一九九二年)参照。また、女性運動が性拷問事件を契機として連帯した国々の事例としては、拙論「世界の女性運動はいま――性的人権侵害とのたたかい」『戦争とおんなの人権』(前出)または『いまも世界のどこかで』(学陽書房、一九九三年)参照。

(17) 日本女性学研究会は一九八五年に青木やよひを囲むシンポジウムをしており、その記録が『フェミニズムはどこへゆく』、八六年には江原由美子、金井淑子、上野千鶴子のシンポジウムで、『フェミニズムの現在と未来』(八六年)の記録が出ている。

(18) 日本女性学研究会主催のシンポジウム「八〇年代フェミニズムを総括する!」(九一年一月)で、「人権は歴史的な概念にすぎず、それに基づいてフェミニズムを整序化することは危険だ」とする上野千鶴子に対して、大越愛子や江原由美子はフェミニズムを人権概念によって普遍的価値観で確立することの重要性を指摘して対立。江原は『ラディカル・フェミニズム再興』(勁草書房、一九九一年)で、八〇年代の上野の戦略や女性学を批判的に検証し、リブ運動をラディカル・フェミニズムによって新たに継承しようとした。

(19) 日本の「和」の文化については、源淳子が仏教の性差別を問う視点で批判的に追及しており、『フェミニズムが問う王権と仏教』（三一書房、一九九八年）、「フェミニズムは、今こそ日本主義の解体を―梅原猛批判」『フェミローグ』（「フェミローグの会」編、京都玄文社、一九九〇年）に詳しい。また本書にも源の論稿があるので参照されたい。

(20) 金井淑子も「からだやセクシュアリティへの女性運動側のこだわりの深さ、またその思想的課題の大きさはじつはフェミニズムの中でもまだ十分な受けとめ方をされているとは言いがたい」と、女の要求がむしろ商業主義的に吸い上げられていることを指摘した。『フェミニズム問題の転換』勁草書房、一九九二年、一三頁。

(21) 大越愛子「フェミニズムは愛と性を語れるか」（山下編『日本的セクシュアリティ』前出）一八五頁。

(22) 「『国民国家』と『ジェンダー』――女性の国民化をめぐって」（『現代思想』一九九六年一〇月）、「記憶の政治学――国民・個人・わたし」（『インパクション』一〇三号）、これらは『ナショナリズムとジェンダー』（青土社、一九九八年）に全面的に改稿されて収録。その他、『シンポジウム　ナショナリズムと「慰安婦」問題』（日本の戦争責任資料センター編、青木書店、一九九八年）は、九七年九月の上野千鶴子、吉見義明、徐京植、高橋哲哉によるシンポジウムの記録と、論争後のそれぞれの追加論文を載せている。

(23) 吉見義明「『従軍慰安婦』問題と歴史像――上野千鶴子氏に答える」『シンポジウム』（前掲書、一三三頁）。

第11章　戦争論・戦争責任論とジェンダー

大越愛子

一、はじめに

二〇世紀が「戦争と暴力の世紀」であったことは、もはや誰も否めない。そのためか近年、二〇世紀を振り返るという論点の下で、「戦争」をめぐる議論が活発となっている。一九四五年の敗戦以後、戦争の破壊力と悲惨さの体験から、戦争を積極的に語ることを放棄していたこの国において、一九九〇年代はその封印が解かれた時代であったと言える。特に敗戦後五〇周年の九五年から朝鮮戦争開始五〇周年となる二〇〇〇年に至るまで、「戦争」をめぐる言説が堰を切ったようにあふれ出した。

五〇年前には、第九条で「戦争放棄」を主張している新憲法にもとづいて、平和を志向する言説が氾濫していた。そうした言説の氾濫とは裏腹に、新たに捏造された仮想敵に対する戦争体制の再建が始まっていたが、それは未だ暗黙の了解にとどまっており、それを正当化する言説が大声で語られるところまではいかなかった。しかし五〇年後の現在では、第九条の空洞化を言い立て、自己欺瞞の解消という口実を振りかざして、「戦争」を語る言説が顕在化している。それは現実的な軍事体制の強化への欲望と結びつき、政治的・法的な「戦争」の再定義の方向性を開くに至っている。

しかしまた「戦争」が饒舌に語られる時代は、「戦争」の絶対性、必然性が脱落していく時でもある。それはいうならば、一九世紀にクラウゼヴィッツによって捏造された「戦争を政治の継続」とする論にもとづく諸々の戦争正当化論が、その虚像をついに暴露してしまうということなのだ。もちろんその虚像に依然としてしがみつき、戦争によって戦争を肯定する循環論を説き続ける輩は跡を絶たないが。だが他方「戦争論」に取り組む中で、その循環論から抜けだし、「戦争」を相対化する論点を持つ立場、つまり「戦争」を裁く立場が出現しつつある。

「戦争」を不可避の暴力としてのみならず、「裁き」の観点から「戦争」を解明する「戦争論」は、「戦争責任論」に繋がっていく。それは、「戦争」の遂行者ではなく、「戦争」の犠牲者、被害者の観点にもとづくものである。戦争によって破壊され、全てを奪われた者にとって、いかなる戦争正当化論も無意味である。それゆえ戦争という不当でかつ巨大な集団的犯罪行為は、徹底的に裁かれねばならないのである。

このような告発、裁きの論点から「戦争」を語る言説の出現は、数多の「戦争論」の中で、唯一「戦争」を超える地平を拓くものであろう。このような新しい「戦争論」が主に女性によって主張されていることの意味は、決して小さくはない。概して男性の論者は、戦争によって戦争を論じる循環論にとらわれている。このジェンダー・ギャップは何にもとづいているのだろうか。そしてこのジェンダー・ギャップはいかなる問題のありかを証明しているのか。本稿はこのようなジェンダー観点を通して、戦争及び戦争責任について考察することをめざしている。

二、「戦争論」とジェンダー

近代以降今日に至るまで、「戦争論」が数多くの男性たちによって書かれてきた。マキャヴェリ、クラウゼヴィッツなどの欧米の古典的作品や、政治学者、法学者などによるものにとどまらず、近年はマンガや映像を使った大衆文化領域でも量産されている。

他方女性たちは「戦争」をどのように論じてきたであろうか。概して「戦争論」が戦争を遂行する立場において書かれてきたことを考えれば、「戦争論」の書き手からは女性は基本的に排除されていたということはできるだろう。とはいえ女性が「戦争」と無関係であったわけではない。女性もまた有史以来幾多の戦争に巻き込まれ、戦争によって正当化された暴力にその身体をさらしてきた。しかし女性が戦争の暴力の餌食となる機会が飛躍的に増大したのは、戦争の数が増加し、戦争の方法が著しく変化した近代以降であろう。

近代以降の「戦争」は、次の三つの要素においてそれ以前の戦争と異なるとされている。まず第一に国民国家形成のための、あるいは国民国家の勢力拡大のための戦争がある。第二に非ヨーロッパ世界を植民地支配下におくための戦争である。そして第三に軍事資本主義の欲望にもとづく戦争である。これらの三つの要素は相互にからみあっており、近代戦争の破壊力を著しく強化した。

男性たちによる「戦争論」の多くは、国民国家主義、植民地主義、軍事資本主義を自明の前提として論じている。マルクスのように、近代資本主義体制における戦争のメカニズムを批判的に分析する論点は提起されているが、それが戦争遂行者の観点にもとづくものであることには変わりはない。戦争を生み出す国民国家主義、植民地主義、軍事資本主義それ自体を問題化しつつ、戦争を論じたのはむしろ女性たちであった。例えばローザ・ルクセンブルク、シモーヌ・ヴェイユ、ハンナ・アーレントなどである。彼女たちの戦争論については、別稿で論じているので[1]、ここでは詳しく取り上げないが、彼女たちに共通する論点としてヴェイユの次の言葉を挙げておきたい。

戦争の原動力は絶望である。それは、あらゆる希求が完全に否定されてしまう情況へ順応することを余儀なくされた魂が自己自身におこなう暴力的努力である。……戦争の目的は忘れ去られてしまう。すべての目的を否定するにいたらなければならない。戦争は不条理であるにもかかわらずではなく、不条理であるゆえにこそつづくのである。この絶望は、人間が犠牲にされるすべてのところに存在する[2]。

彼女たちは、戦争とは何よりも「人間を犠牲にする」野蛮な精神にもとづくものであると見なした。それはどのような戦争正当化論にも貫通しており、結局は合理化された戦争の目的を不合理にし、人々を絶望と空虚感に追い込むのである。このような観点にもとづくゆえに、彼女たちは戦争を遂行者の立場ではなくて、戦争の犠牲者の立場において論じることができた。さらに彼女たちは「犠牲者」の立場において、国民国家主義、植民地主義、軍事資本主義を解き明かし、その暴力的なメカニズムをえぐり出した。彼女たちの思想には、こうした暴力的体制に対する明確な「裁きの思想」が存在するといえるだろう。

これら優れた先駆者たちの思想的系譜を受け継ぎつつ、そこに彼女たちが敢えて欠落させていたジェンダーという要因を導入し、戦争の暴力性を性差別・性暴力の論点から尖鋭にえぐり出しているのが、現代のフェミニストたちである。フェミニズムと戦争の関係は、その歴史的展開に伴って大きく変化してきたが、まずはその問題を整理しておこう。

現代のフェミニズム理論で鋭く批判され始めたように、一九世紀から始まった欧米の第一期フェミニズムにおいては、フェミニストたちは女性の国家的貢献を明示するために戦争体制に積極的に協力した。彼女たちは当時欧米中心に世界が再編成されていくことにも肯定的であり、植民地主義、軍事資本主義によってアジア・アフリカ・中南米諸国の女性の生活が破壊されていく状況に対しても無批判的であった。ルクセンブルクやヴェイユ、アーレントなどが同時代のフェミニズムに対して否定的であったのは、こうした当時のフェミニズムの限界を鋭敏に察知していたことにもとづいている。

一九六〇年代のベトナム反戦運動をへた第二期フェミニズムにおいて、戦争は性差別・性暴力を主柱とする男根中心的な家父長体制を維持する暴力装置として再定義された。ラディカル・フェミニズムは家父長制が法体系によって暴力を制度化してきたこと、特に女性に対する性的暴力が男女の性的関係と地続きに捉えられてきたこと、男根優位主義が性支配の最も有効な手段とされてきたことなどを、厳しく告発した。ラディカル・フェミニズムの理論家であるメアリ・デイリは、戦争と強姦者文化を結びつけて次のように述べた。

レイプ・ジェノサイド・戦争という最も神聖ならざる三位一体は、男根的権力の論理的表現である。これらは永続的な、さらなる自己疎外を絶えず生み出す疎外の構造なのである。(3)

デイリなどのラディカル・フェミニストによって、男根中心的な家父長制は戦争に帰結する構造的暴力体制でもあることが指摘された。彼女たちによれば、戦争は男性たちの暴力的衝動と結びついており、彼らはその権力を維持するための手段として戦争を行なうが、その際にスケープゴートとされるのは、男性たちの性暴力の餌食とされる女性たちである。男性の欲望はサディスティックであり、彼らはその支配欲を満たすために暴力をふるい、戦場で闘うのである。他方こうした暴力の犠牲となる女性たちは、本質的に平和愛好的であり、反戦的であると見なされる。しかしこの本質主義的女性観は、白人中産階級女性の自らの特権性に関する無知の産物にすぎないという手厳しい批判が、オードリ・ロードをはじめとするブラック・フェミニストから提起された。

戦争を家父長制と特権的に結びつけるラディカル・フェミニズムと異なり、戦争を世界規模の植民地主義や軍事資本主義の自然搾取・女性搾取・第三世界搾取と結びつけ、実践的な対抗文化運動に乗り出したのが、エコロジカル・フェミニズムである。イネストラ・キングは、フェミニズムとエコロジーと反軍国主義との関連を指摘し、自らの立場を次のように述べている。

私たちは戦争に反対している。私たちは知らされていないが、恐ろしい力にとりかこまれているのを知っている。女性にとっての戦争とは女性に対するあらゆる形の暴力——強姦、暴行、経済的搾取、脅し——であり、米国や世界の各地で起こっている先住の人びとに対する人種差別的暴力であり、地球に対する暴力である。……西欧の白人男性文化の持つ帝国主義は歴史上最も破壊的な帝国主義権力であり、生態系を破滅寸前にしてしまった。私たちは、自然を否定する文化は女性を否定する文化であると思う。(4)

ラディカル・フェミニズムもエコロジカル・フェミニズムも、女性を戦争や軍事体制の犠牲者と見なしており、犠牲者の立場において戦争や軍事体制の犯罪性を解明しようとしている。その意味において、それらは男性が権力を握っていた体制に対する「裁き」の思想と言うことができる。とはいえ同時に、彼女たちの「裁き」はあまりに本質主義的という批判を免れえない。

彼女たちに必要なのは、女性たちは決して一枚岩ではなかったし、戦争や軍事体制に共犯的役割を担う側面もあったという厳しい自己認識ではないだろうか。さらに女性は決して本質的に非暴力的・反戦的であるのではなく、むしろ構造的暴力体制において、そうした非暴力的・平和的役割を担わされていたにすぎないという歴史的認識も必要不可欠であろう。また現在「男女平等」「機会均等」の観点から、女性兵士の存在が肯定的に語られるという問題が出ている。構造的暴力体制を問うことなしに「男なみ平等」を求めるフェミニズム自体を問い直す議論も当然生じてくる。「男性」中心体制を「裁く」思想は、「裁かれるもの」のみならず「裁くもの」それ自体にも反転し、その基盤を揺さぶらずにはおれないのである。

フェミニズムは、その歴史的展開の中で、男性中心体制における女性役割の強調や、男性並の地位獲得をめざす運動から脱皮し、むしろそうした男性中心体制の構造的暴力を告発し、その解体を企てる思想へと変容しつつある。男性中心体制を解体するためには、その体制の基盤となった男性/女性のジェンダー二元論やそうした二元論によって隠蔽されていた階級、エスニシティ・人種・性的志向・文化などの様々な差異を浮上させる必要性が認識されたからである。このフェミニズムのポストモダン段階において、フェミニズムにおいてすら自明的に前提されていた「女性」、「男性」それ自体を問い直す作業が始まったのである。

ジェンダー二元論はいかにして構築され、あたかも自然的であるかのように偽装され、人々の中に内面化され、また外在的に制度化されたのか。そこにいかなる権力作用が働いたのか。この難題を解くためにフェミニズムは、近代国民国家体制・資本主義体制・権力体制を批判的に分析しているマルクス、フロイト、フーコー、ラカン、アルチュセール、デリダ、アドルノなどの理論を徹底的に利用する。また近代的イデオロギーの支柱となったルソー、カント、ヘーゲル、ニーチェ、サルトルなどのフェミニスト的読解に挑戦している。そうした理論的苦闘において、フェミニストたちの指針となるのは、やはりルクセンブルク、ヴェイユ、アーレントなどの先駆的女性思想家たちである。

これらの鋭い洞察力をもった女性たちは、「女性」というカテゴリーの中へ押し込められるのを嫌ったが、彼女たちは「女性」として不当な差別を受けることを免れたわけではない。男性中心の思想体系を完璧に理解できる知性を持ちながら、しかもその体系から排除されていた彼女たちの状況が、彼女たちを男性中心体系の自己欺瞞、そのジェンダー二元論の人為性と対決する道に追い込んだとも言うことができる。だからこそ彼女たちは、同時代の男性たちが気づかなかった近代システムの問題、国民国家主義・植民地主義・軍事資本主義の構造的暴力がいかなる犠牲を大量に生み出すかを洞察したのである。

現代のフェミニズムは、その基盤であった「女性」領域それ自体を問い続けながら、「女性」「男性」というジェンダー二元論を形成した近代男性中心体制を徹底的に究明するという極めて困難な作業に突入している。

それは、近代家父長制とリンクした国民国家主義・植民地主義・軍事資本主義にもとづく世界的な戦争体制を問題化していく営為でもある。それは、そうした体制を担う思想や制度・権力システムを「裁く」という論点を持つが、その「裁き」は、その体制に加担している自己自身の責任を問うという自己言及性を内包する。この自己言及性、さらには自己自身のテクスト化にこそ、フェミニズムの思想的・実践的威力があることはいうまでもない。

上記の論点にもとづくならば、フェミニズムにおいて「戦争論」は「戦争責任論」とならねばならないことが明らかとなろう。多くの男性たちの「戦争論」が戦争についてあれこれ論じながらも、結局は戦争それ自体を価値中立的に描き、戦争のルールを逸脱したことに関してのみ戦争責任を論じている姿勢との根本的差異が注目されねばならない。

しかしまたフェミニズムの「戦争責任論」は、戦争に関与した者はすべて戦争責任があるという類の総懺悔形式のものであってはならない。戦争体制の下に各自がどのように組み込まれ、権力作用に自縛され、どのようなエイジェント（行為体）であらねばならなかったのか、そこにどのような加害責任が発生したのかなどが綿密に調査・分析される必要がある。

これは戦争以後に可能となる論点という意味において、「戦後責任論」ともいいえる。そして、このような「戦後責任」においてもジェンダー・階級・民族などの要因が差異的に論じられねばならないのである。

三、戦争体制への加害責任とジェンダー

戦争体制への加害責任とはそもそも一般的に捉えられるべきではなく、むしろ個別的・歴史的な事象において具体的に記述・分析されるべきとする立場からみれば、加害責任にジェンダー的差異がどのように現れるかを論じることは、本質主義的と見なされるかもしれない。だがジェンダーが生物学的事実にもとづくのではなく、社会的・文化的に構築されると見なすからこそ、ジェンダー役割を強いられた存在が、ジェンダー的選択を強要されるために犯さざるをえない加害性を担うことを問題にしなければならないのである。単純な本質主義批判は、かえって本質とみなされるまでに強固に作られたジェンダー化に働く権力作用を不可視にする効果をもつことが、もっと洞察される必要があるだろう。

いずれにせよ、「加害責任にどのようにジェンダーが現れるか」という問いは、一筋縄ではいかない困難な問いである。この問いに思想的に取り組んでいる試みの一つとしてキリスト教のフェミニスト神学に注目したい。キリスト教は歴史的に振り返れば、護教、宣教などの名目の下で数々の戦争や暴力、虐殺、差別を行なってきたが、そうしたキリスト教の宗教としての加害性の問題は、ようやく二〇世紀後半に至ってキリスト教の内部から、神学的問題として問題化される地平が拓かれた。加害責任として扱われるのは、民族、人種、階級、セクシュアリティなど多岐にわたるが、特にジェンダーに関するものを取り上げてみよう。

フェミニスト神学者たちは総じて「加害責任」の問題を、「罪」の問題として論じている。「加害責任」と「罪」とは、前者が倫理的、後者が宗教的と異なる次元の問題と捉えるべきとする見解を十分予想できるが、ここでは敢えて、その「罪とジェンダー」という問題設定が「加害責任とジェンダー」を考えるための大きな示唆となる論点と捉えていきたい。

フェミニスト神学者にとって、「罪」とは権力欲や差別意識、支配原理によって成立している家父長制の構造的暴力体制にもとづいている。男性たちはこの暴力体制の主体者としての罪を担うが、女性たちも決して単なる犠牲者ではなく、その共犯者としての罪を担わねばならないのである。ローズマリー・R・リューサーは次のように述べている。

性差別を罪と認めることとは、男性が〈生まれつき〉悪だとか、女性が自らが犠牲になることにおいて男性に協力した罪以外、罪を犯しえないといった考え方とは無縁である。男性も女性も、人間である以上、悪を行う能力を備えている。しかし、女性は、征服された男性と同様、歴史的に、悪を行う同じ機会を持ってこなかった。支配階級の男性による権力と特権の独占は、悪の機会の独占をも意味する。これは、男性が人間の歴史の主要な決定者であるということだけでなく、権力と特権の独占によって定められた関係の形態自体が、暴力と男性の支配階級が夢見る〈よい目的〉を追求する抑圧的方法を生み出すことを意味するのである。

これはむろん、女性と征服された男性は悪を犯すことができないということではない。ただこの人たちの悪を犯す機会は、一般的に、男性の支配階級による権力と特権の独占という全般的状況の中の副次的システムの範囲に限られるということである。女性は、自らの隷属化に協力したり、解放を求める他の女性に暴力を働いたり、彼女たちの支配下にある子供や家内の使用人といった人々を抑圧したりして、罪を犯す。女性は、人種主義者、階級主義者たりうるし、自分を憎むことも、支配する男性を操ることも、子供を支配することもできる。しかし、これらの女性による悪は、歪曲された人間性のシステム全般に協力し、その永続化を助けるものである。そして、このシステムの頂点に立つのは支配階級の男性なのである。(5)

リューサーによれば、罪は個人の行為を通して現れてくるが、罪の責任を個人にのみ還元すべきではない。それは、「現実と歪曲された人間の歴史に対する責任を逸らす主要な手段」となるからである。そのような罪を生み出した歴史的・制度的・社会的権力システムに自らが加担していること、そのシステムとそれを正当化している諸イデオロギーと自らが共犯関係にあることを認識し、その解体のために闘うことが、「罪からの解放」を可能にすると、彼女は主張している。

罪は、普遍化や個別化作用によって抽象化されるのではなく、暴力的な支配システムの中に自らがどのように位置づけられ、どのような役割を担い、その体制の維持のために貢献したかという論点を通して、その呪縛を断ち切られるべきなのである。支配階級の男性は家父長的な暴力的・権力的主体へと構造化された罪に、女性は家父長体制に従属し、判断力を喪失し、その共犯者となった罪に直面し、それらの罪を裁きに委ねる必要がある。

このようなフェミニスト神学の「罪とジェンダー」の論点は、「加害責任とジェンダー」の問題に大きな展望を与えてくれる。ただし私見では、フェミニスト神学をはじめとする欧米系の神学においては、家父長制や自然搾取体制などの構造的暴力に対する罪意識は顕著だが、欧米中心の植民地主義・帝国主義・軍事資本主義に対する罪意識は比較的弱いように感じられる。つまり文明批判の観点は強烈だが、政治的権力や暴力が引き起こす具体的な現実破壊に対しては、高処の観点から降りてこないという嫌いがある。当議論における「加害責任」に関しては、当然後者の論点が不可欠である。

植民地主義・帝国主義・軍事資本主義を遂行してきた支配階級の男性は、植民地主義・帝国主義・軍事資本主義という体制が生み出した暴力や差別・抑圧・搾取・ジェノサイドなどに対する加害責任を自覚するべきである。とはいえ意識的にこうした体制に関与し、この体制の維持のために戦争をはじめとする暴力的な政策を立案・命令した実際の支配者たちと、その命令に従い、与えられた任務を忠実に果たした実行者たちとの間に無数にあるポジションの差異を看過することはできない。

しかしまた個別的な実行者たちの犯罪は、「ただ命令を実行しただけ」という言い訳で免罪されるわけではない。彼らは「命令の下でかくも残虐な犯罪を実行した自己の責任とは何か」という倫理的問題と、「このような犯罪者に自己を構成した体制に同一化していた責任」という社会的問題、さらに「このような犯罪が隠蔽され、自分もその隠蔽作業に加担していた責任」という歴史的問題に直面しなければならないであろう。

「加害責任とジェンダー」の問題に関しては、性別秩序、性役割、性規範、具体的生活実践などの各領域で綿密に行なわれる必要があるが、現在最も焦点が当てられているのが性暴力の問題である。「性暴力」において加害—被害の構図が鮮明に現れるにもかかわらず被害者に沈黙が強要され、加害者の犯罪が看過され、「不処罰化」にあるという倒錯がまかり通ってきたからである。

「性暴力」が「不処罰化」されてきたのは、性暴力は犯罪ではなく、性行為の一形態にすぎないとみなす「性暴力容認体制」が存続してきたためである。そしてこの体制の下で、男性の性的欲望は暴力的・攻撃的であることが自然視され、それを促進するための数々の装置（子供時代の性的虐待、男根中心的性モラルの強要、男根中心的性情報、ポルノグラフィー、買売春などの性産業）が形作られてきた。ベティ・リアドンは、この「性暴力容認体制」が家父長制を支えており、それはまた軍事主義の基盤でもあること、それが近現代社会のジェンダー化作用と結びついていることを、次のように指摘している。

少年や男たちは恐怖を感じたときには、より獰猛に、より攻撃的になるように奨励されるのである。男性のなかの恐怖は、攻撃性へと、そして、女性のなかのそれは、従順へと向けられる。そのいずれもが、家父長的権威主義の維持には必要だからだ。攻撃性と従順は、男女間の基本的関係の確信でもあり、多くの人々は、これが、男性ショーヴィニズムに対する女性の耐性の理由だとしている。また、これらの行動によって、あらゆる強制的搾取の主要原因であり、性差別主義と戦争システムの、おそらくはもっとも重大な共通の特徴であるレイプを説明することができると主張する人々もいる。レイプの本質は、力と暴力を使って、あるいは力と暴力で脅して、人もしくは人々に、従属と従順を強いることである。[6]

「加害責任とジェンダー」が問われるとき、男性たちは、従来的な「男性」カテゴリーに安住する限り、戦場で頻発する戦場強姦の当事者や、それを防止するという名目で設置された「慰安所」という名の「強姦所」の利用者となりうるという、自らが属する性別カテゴリーに内包される加害性に対する責任を担わなければならないであろう。実際の実行者は、犯罪を遂行した自己責任とともに、この「男性」カテゴリーにもとづく責任をも負わねばならない。

実行者でない男性の場合、「男性」カテゴリーの加害責任を問われることは不当に思えるかもしれない。だが彼が無批判的に同一化していた「男性」カテゴリーが、「女性」カテゴリーの上位におかれ、特権化され、その特権にもとづいて「男性」による「女性」への暴力や抑圧が自然視されてきた歴史に直面したとき、彼はその加害責任をもはや無視することはできないはずである。その場合の責任の取り方とは、単なる表面的な謝罪ではなく、アーレントが指摘しているように、自らが帰属しているカテゴリーに対する「闘争」を通して、そのカテゴリーの脱構築をはかることであろう。

「男性」カテゴリーの加害責任については、七〇年代以降フェミニズムによって多面的に論じられており、それに呼応する形でプロ・フェミニストの男性たちがこの問題にふれ始めているが、(7) まだ核心に届く議論がされているとはいえない。それに比べると、「慰安婦」制度のような剥き出しの形で性暴力犯罪が制度化された過去をもつ日本において、戦争における加害責任のジェンダー的意味が、男性たちにとっても明らかになってきたように思われる。

この「明らか」にも拘わらず、いやむしろ明らかになってきたからこそ、戦争責任の中にジェンダーを認めることから逃亡をはかる男性知識人は少なくない。そうした中で、一五年戦争における兵士の軌跡を執拗に書き綴っていた彦坂諦は、「慰安婦」たちと兵士の関わりを振り返ることで、戦争犯罪とジェンダー問題を次のように的確に捉えるに至った。

戦場における性のありようには、だから、人類の歴史とともに古い戦争の一断面——一つの集団が他の集団を殺し、ものにする——が、きわだってあらわれている、と言うこともできるだろう。たとえば、戦場における強姦とは、殺すこと・ものにすること、つまり戦争することの象徴的行為とも言うべきではないのか？　いささか逆説めくかもしれないが、兵隊はよりよく兵隊になるために、すなわち、よりよく殺し・殺されるために、〈女〉を犯さなければならない——強姦としてであれ、〈慰安婦〉を〈買う〉というかたちをとってであれ——のではない

のか？(8)

これは、近年のフェミニズムが戦場強姦を「戦術としてのレイプ」、「武器としてのレイプ」として捉える発想とつながる議論である。兵士たちは敵味方に別れて戦うが、その戦闘力を高めるために、敵方にダメージを与えるために、味方の復讐のために、非戦闘員のはずの女性たちを襲い、いたぶり尽くし、犯すのである。(9)それらの残虐な行為は、兵士たちが共有する性差別意識、性暴力肯定意識ゆえに、彼らにおいて犯罪と自覚されることがなかったし、当事者でない男性たちによっても犯罪視されてこなかった。だがこのような「男性神話」の加害責任が根底から問い直される事態が、ついに到来したのである。

四、「裁きの思想」とジェンダー

日本軍「慰安婦」問題の戦争責任を論じる場合、「男性」カテゴリーの加害責任が先ず徹底的に明らかにされねばならない。その場合「男性」カテゴリーの暴力性、攻撃性を最大限利用するシステムとして作られた「軍隊」の全体的な加害構造が問われることになるだろう。軍隊において兵士は戦闘マシンとなるべく徹底的に訓練され、その人間性を剥奪されていく。兵士たちが取得した破壊欲、攻撃欲を満たし維持するために戦場強姦および「強姦所」を兵士の戦意高揚の戦術とした支配層の責任が特に追及されねばならない。日本軍では「慰安婦」が兵士たちに「天皇からの下賜品」として与えられたと指摘されるが、そのように女性たちをモノ化して戦場へ送っていた非人間的な軍隊制度の最高責任者である天皇の加害責任が、単に情緒的反発ではなく、組織的、論理的に解明される必要があるだろう。

こうした加害責任の根元的追及のためには、その論拠となる「裁きの思想」が十分に確立されていることが肝要である。「裁きの思想」の欠落した加害性の追及は、加害者側の居直り、すり替え、あるいは加害構造の再生産を生み出す可能性が大きいからである。性暴力容認的な家父長制に対する「裁きの思想」は、フェミニズムによって着実に構築されてきた。その成果は、一九九八年八月国連人権小委員会で採択された、ゲイ・J・マクドゥーガル報告に結実した。その一一〇項に次のような言葉がある。

マシェルさんがその最終報告書で述べたように、〈殺人や拷問のような虐待は戦争犯罪として長い間非難されてきたが、強かんは、不幸ではあるが、避け難い戦争の副産物として、軽視されてきた〉。しかし、紛争下の性暴力を深刻な国際犯罪として訴追することについて、新たな視点が生まれている。国際社会は、不処罰の循環を終わらせるよう努力を重ねてきており、被害者と加害者の双方に正義が行われるよう保障しようとしている。[10]

ここで挙げられている「新たな視点」とは、「性暴力の加害者は告発・訴追され、被害者は補償救済されねばならない」というフェミニズムに由来する「裁きの思想」に他ならない。一一三項には、次のように述べられている。

奴隷制、人道に対する罪、ジェノサイド、拷問、戦争犯罪の個々の加害者は、国家機関に属する実行者であるか否かを問わず、国際法廷または国内裁判所で自己の犯罪の責任を問われなければならない。ただし、そのどちらの法廷で裁かれるかは、事件の状況や、事件を公平に裁き正義を適切に行う機関が国内にあるかどうかによって決まる。(11)

この言葉は、アジアの女性たちが、「日本軍性奴隷制を裁く女性国際戦犯法廷」を開催するための力強い論拠となる。はじめに既成の法廷ありきというのではなく、まさに事件の状況や「公平に裁く機関」の形成によって、法廷は作られていくと読むことができるからである。

またいうまでもないことだが、日本軍「慰安婦」問題は、性暴力犯罪のみに還元される問題ではない。それは、近代日本の植民地主義・帝国主義政策によって行なわれた戦争犯罪であるゆえに、日本の植民地主義・帝国主義に対する、またそれを担った主体に対する「裁きの思想」をも必要とする。

現在、一八世紀以来の世界的な植民地主義・帝国主義に対する本格的な「裁きの思想」の構築が要請されている。ガヤトリ・C・スピヴァックは、『ポストコロニアル理性批判』において、フェミニズムをも含めた欧米近代思想に潜むコロニアリズムを徹底的に批判する必要性をあげつつ、その批判がネオコロニアリズムに結びつく危険をも警戒して次のように述べている。

ポストコロニアル研究は、故意に失われた対象を賛美するだけで、それが一般的な枠組みの内部に位置づけられないならば、単なるアリバイ証明におわってしまう。コロニアル・ディスコースの研究は植民地化された人々や植民地の事象の表象化に集中している限り、植民地主義／帝国主義を過去に安全に位置づけるか、過去から現在への継続線を暗示することによって、現代のネオコロニアリズム的知識の生産に貢献してしまうのである。[12]

戦争責任や植民地主義に関する研究は、九〇年代の日本において少なからぬ領域で注目を浴び、その問題領域に介入する言説も少なくない。だがスピヴァックの指摘にあるように、戦争責任や植民地主義を生み出したメインストリームの思想体系を「裁く」という観点なしに、単なる知的興味や市場原理にもとづいた介入のあり方は、むしろ加害責任問題や植民地主義的現状への批判を曖昧にする意味において、ネオコロニアリズム的言説を再生産しているといわざるをえない。

九〇年代後半に日本国家の加害責任を厳しく告発する女性たちの運動への対抗言説として、様々な歴史修正主義が台頭している。一九世紀的な植民地主義／帝国主義的言説を反復する、右翼保守派の歴史修正主義の加害性は明確である。この立場の代表的なものとして、九八年に出た小林よしのりの『戦争論』と九九年の西尾幹二の『国民の歴史』がある。彼らは国民国家防衛の戦争に主体的に加担した「日本男性」というカテゴリーを捏造し、それと本質主義的に同一化し、戦争を国権の発動と捉え、戦争の加害性を全面的に否定する論点を展開している。「東京裁判」を「勝者の裁判」と規定する彼らは、戦争犯罪を戦争遂行の必要悪と捉える発想にしがみついている。彼らが「裁きの思想」を嫌悪し、恐怖するゆえんである。

戦争を過去の問題に位置づけて、現在の日本国家の戦後責任や加害責任を追及し「裁き」を要求する立場に批判的な言説は、スピヴァック的にはネオコロニアリズム的言説と言えるが、こうした言説は現在知識人にかなり蔓延している。九七年に出版された加藤典洋の『敗戦後論』は、「敗戦後」という問題設定によって戦争を過去に終ったものと表象し、謝罪主体の構築というアリバイづくりによってアジアの被害者に対する加害責任の問題を曖昧にしようとする論点から見ても、典型的なネオコロニアリズム的言説である。このような加藤の言説は、日本の戦争責任については熟知しているが、「日本男性」というカテゴリーの加害責任を負うこと、つまり戦後責任を回避したい、少なからぬ知識人に歓迎された。

この問題は、九八年の日本倫理学会で展開された論争、「日本女性」というカテゴリーを引き受けることで戦争責任を考えるスタンスをとった志水紀代子に対する、男性論者たちの反論において典型的に現れた。戦争責任問題にジェンダーを導入する志水に対する彼らの反発を通して、彼らに無意識にカテゴライズされていた「日本男性」への同一化がかいま見えた。彼らから、「日本男性」として「裁きの思想」に直面することへの「日本男性」としての抵抗が読みとれるのである。[13]

他方「日本男性」を支えてきた「日本女性」としてカテゴライズされることに抵抗し、「日本女性」の加害責任、戦後責任を回避しようとする、ネオコロニアリズム的言説が女性の中に登場してきている。「日本女性」というカテゴリーの加害責任を厳しく追及する鈴木裕子に対する、上野千鶴子などの言説である。戦時中に「日本女性」というカテゴリーへと同一化し戦争協力を行なった市川房枝や平塚らいてうの加害責任を問う鈴木を、上野は次のように批判する。

たとえば鈴木は、市川が〈国民化〉の罠を見抜けなかった限界、平塚が〈天皇制〉を理想化した〈無知〉を批判する。その背後にあるのは、〈国民化〉や〈天皇制〉が悪であるという絶対的な視点、言い換えれば戦後的な視点である。[14]

この上野の言説は、「日本女性」の加害責任を過去のものにしようとしている点、「国民化」や「天皇制」というメインストリームにそこから排除されたものの視点を通して切り込んでいく鈴木の立場を、「戦後的視点」という曖昧な表現にずらしてメインストリーム批判の意味を無化したことにおいて、まさにネオコロニアリズム的言説である。彼女はまた鈴木の立場を「告発史観」と揶揄することで、そこに内在する「裁きの思想」を隠蔽しようとする。ここに戦後責任の明白な回避志向が、屈折した形で現れている。
「裁きの思想」は、従来自明視されてきた家父長制・国民国家体制・植民地主義体制、軍事資本主義体制、性暴力容認体制の構造的暴力を明るみに出し、その不正義を裁くことで、暴力を克服する地平をめざす「女性」たちの中から生まれてきたものといえる。それはそうした体制を担ってきた「男性」たちの加害性を裁くのみならず、それを支え、共犯的役割を担った「女性」たちの加害性をも裁く。自分自身に対する「裁きの思想」をもたない「他者を裁く思想」は、説得力がないからである。

このような自己自身を問うというスタンスをもつ「裁きの思想」は、フェミニズムを揺さぶることになる。「女性」というジェンダーに階級・民族・身分・地域・世代差・セクシュアリティなどの様々な要因が導入されることで、「女性」の共犯性における様々な差異、加害責任の差異が細かく論じられる必要があるからである。たとえば「日本女性」の加害責任も、階級的差異に応じて異なった観点で論じられねばならない。支配階級の女性たちと労働者階級の女性たちの加害責任は決して同一ではない。

「女性」の戦争論・戦争責任論は、「裁きの思想」を提起することにおいて、加害責任の様々な位相を多元的に論じる地平を拓いた。それは個人の加害責任を問うとともに、その個人が担っている様々なカテゴリーが組み合わされて生成したシステムの加害責任を問うのである。このような画期的な論点で国際的な「女性法廷」が開かれることの意義は、もっと強調されてもよいのではないか。

それが、戦争を不可避としてきた一八世紀以来の「国民国家体制」を裁くことにつながり、二一世紀の新たな展望を開くと考えられるからである。

註

(1) 大越愛子「〈女性〉の戦争論」、「女性・戦争・人権」学会編『女性・戦争・人権』創刊号、三一書房、一九九八年。
(2) シモーヌ・ヴェイユ、山崎庸一郎他訳『カイエⅠ』みすず書房、一九九八年、一六頁。
(3) M.Daly, "Beyond God the Father", Beacon Press, 1973, p.114.
(4) イネストラ・キング「エコ・フェミニストの責務」、レオニー・カルディット他編、奥田暁子他訳『地球の再生』三一書房、一九八九年、二三頁。
(5) ローズマリー・M・リューサー、小檜山ルイ訳『性差別と神の語りかけ』新教出版社、一九九六年、二四二頁。
(6) ベティ・リアドン、山下史訳『性差別主義と戦争システム』勁草書房、一九八八年、七〇頁。
(7) cf. "Transforming a Rape Culture", ed by E.Buchwald and others, Milkweed Editions, 1993.
(8) 彦坂諦『男性神話』径書房、一九九一年、九八頁。
(9)「軍隊」システムは、兵士の暴力性を高めるために、性差別、階級差別、民族差別、人種差別、文化差別などあらゆる差別意識を動員し、兵士たちの非人間化教育を行なってきたこと、その結果兵士たちの暴力性、攻撃性は戦時のみならず、平時においても軍隊駐在基地周辺の住民達に向けられていたことが、近年の軍隊や軍事基地に関する調査報告や研究で指摘されている。『駐韓米軍犯罪白書』(青木書店、一九九九年)などを参照。

(10) ゲイ・マクドゥーガル、VAWW-NET Japan編訳『戦時・性暴力をどう裁くか』凱風社、一九九八年、八〇頁。

(11) 同前掲書、八一頁。

(12) Gayatri.C.Spivak, "A Critique of Postcolonial Reason", Harvard, 1999.

(13) 志水紀代子「戦後責任と戦後補償」、日本倫理学会編『日本倫理学会大会報告集』一九九八年、三六頁、志水紀代子「発表を終えて」、日本倫理学会編『倫理学年報』第四八集、開成出版、一九九九年、二〇〇頁、中岡成文「シンポジウム要録・第二会場総括報告」『倫理学年報』同上、一八四頁。

(14) 上野千鶴子『ナショナリズムとジェンダー』青土社、一九九八年、八三頁。

田中利幸（たなか　としゆき）

1949年生まれ。敬和学園大学国際文化学科教授。日本近現代史専攻。著書に『知られざる戦争犯罪—日本軍はオーストラリア人に何をしたか』（大月書店）、『Hidden Horrors —Japanese War Crimes in World War II』（Westview Press）、共訳書に『英文：絵で見る広島の原爆』（福音館書店）など。

彦坂　諦（ひこさか　たい）

1933年生まれ。作家。芝浦工大非常勤講師（ロシア語、日本語、文学）。三部作「ある無能兵士の軌跡」（全9巻、柘植書房新社）、『餓死の研究』（立風書房）、『男性神話』（径書房）など。

藤原　彰（ふじわら　あきら）

1922年生まれ。一橋大学名誉教授。日本近現代史専攻。主な著書に『昭和史[新版]』（共著、岩波書店）、『天皇制と軍隊』（青木書店）、『日本軍事史』上・下巻（日本評論社）、『南京の日本軍—南京大虐殺とその背景』（大月書店）など。

源　淳子（みなもと　じゅんこ）

1947年生まれ。関西大学人権問題研究室嘱託研究員。他非常勤講師。主な著書に『仏教と性』、『フェミニズムが問う仏教』、『フェミニズムが問う王権と仏教—近代日本の宗教とジェンダー』（以上、三一書房）など。

山下明子（やました　あきこ）

1944年生まれ。同志社女子大学他、非常勤講師。専門領域は、女性学、宗教学、キリスト教学など。著書に『戦争とおんなの人権』（明石書店）、『アジアの女たちと宗教』（解放出版社）など。訳書に『売春—性労働の社会構造と国際経済』（共訳、明石書店）など。

山田　朗（やまだ　あきら）

1956年生まれ。明治大学文学部教授。日本近現代史・軍事史専攻。著書に『大元帥・昭和天皇』（新日本出版社）、『キーワード・日本の戦争犯罪』（共著、雄山閣）、『軍備拡張の近代史—日本軍の膨張と崩壊』（吉川弘文館）など。

〈編者代表紹介〉

松井やより（まつい　やより）

フリー・ジャーナリスト。元朝日新聞編集委員。VAWW-NET Japan、アジア女性資料センター代表。主な著書に『女たちのアジア』『女たちがつくるアジア』（以上、岩波新書）など。

〈責任編集・執筆者紹介〉（五十音順）

池田恵理子（いけだ　えりこ）

1950年生まれ。NHKエンタープライズ21プロデューサー。主な番組に「50年目の『従軍慰安婦』問題」、「世界の女性は何と闘っているか〜北京女性会議」、「埋もれたエイズ報告」など。著書に『エイズと生きる時代』（岩波新書）、『「慰安婦」問題Q＆A』（共著、明石書店）など。

大越愛子（おおごし　あいこ）

1946年生まれ。近畿大学文芸学部教授、「女性・戦争・人権」学会運営委員、女性学・哲学・宗教学専攻、主な著書に『フェミニズム入門』（筑摩書房）、『ジェンダー化する哲学』（共編著、昭和堂）ほか。

〈執筆者紹介〉（五十音順）

井上摩耶子（いのうえ　まやこ）

1939年生まれ。フェミニストカウンセラー。ウィメンズカウンセリング京都代表。著書に『フェミニストカウンセリングへの招待』（ユック舎）。共著に『社会福祉実践の思想』（ミネルヴァ書房）、『教育で想像力を殺すな』（明治図書）など。

鈴木裕子（すずき　ゆうこ）

1949年生まれ。国士舘大学・東京経済大学・早稲田大学非常勤講師。主著に『フェミニズムと戦争』（マルジュ社）、『従軍慰安婦・内鮮結婚』、『「従軍慰安婦」問題と性暴力』（未来社）など。主要編著に『山川菊栄集』全10巻・別巻1巻（岩波書店）、『日本女性運動資料集成』全10巻・別巻1巻（不二出版）など。

徐　京　植（ソ　キョン　シク）

1951年生まれ。作家、東京経済大学教員。著書に『分断を生きる－「在日」を超えて』『新しい普遍性へ－徐京植対話集』（いずれも影書房）、『プリーモ・レーヴィへの旅』（朝日新聞社）、『断絶の世紀 証言の時代』（高橋哲哉との共著、岩波書店）など。

[編　者]
VAWW-NET Japan（バウネット・ジャパン）
（バウネット・ジャパン、正式名称「戦争と女性への暴力」日本ネットワーク、Violence Against Women In War-Network Japan）
[代表：松井やより、副代表：中原道子、西野瑠美子]
1997年秋「戦時・武力紛争下の女性への暴力をなくすために『女性の人権』の視点に立って、平和を創る役割を担い、世界の非軍事化をめざす」（「東京宣言」）ことを目的に、「戦争と女性への暴力」ネットワーク（VAWW-NET）誕生。98年6月に同日本ネットワーク（VAWW-NET Japan）が結成された。「慰安婦」問題では2000年12月「日本軍性奴隷制を裁く女性国際戦犯法廷」を提案、開廷した。
連絡先：〒135-8585　東京都江東区潮見2-10-10
TEL/FAX：03-3818-5903
E-mail：vaww-net-japan@jca.apc.org
URL：http://www1.jca.apc.org/vaww-net-japan/

日本軍性奴隷制を裁く──2000年女性国際戦犯法廷の記録　第2巻
加害《かがい》の精神構造《せいしんこうぞう》と戦後責任《せんごせきにん》

2000年 7月30日　初版第1刷発行
2002年12月10日　初版第2刷発行
定価2800円＋税

編　者　VAWW-NET Japan（バウネット・ジャパン）
発行者　高須次郎
発行所　緑風出版
〒113-0033　東京都文京区本郷2-17-5　ツイン壱岐坂
[電話] 03-3812-9420　[FAX] 03-3812-7262
[E-mail] RXV11533@nifty.ne.jp
[郵便振替] 00100-9-30776
[URL] http://www.netlaputa.ne.jp/~ryokufu/

装　幀　高橋優子
写　植　字 打 屋
印　刷　長野印刷商工　巣鴨美術印刷
製　本　トキワ製本所
用　紙　木邨紙業　E2000

ISBN4-8461-0010-3　C0030

◎緑風出版の本

▨全国どの書店でもご購入いただけます。
▨店頭にない場合は、なるべく書店を通じてご注文ください。
▨表示価格には消費税が転嫁されます。

ドキュメント 昭和天皇【全八巻】

田中伸尚著

四六判上製 揃二〇、六〇〇円

膨大な一次資料と綿密な取材で昭和史のタブーに挑み、昭和天皇の戦争責任を鋭く問う大河ドキュメント。「類書中、群を抜くできばえである」（毎日新聞）と大好評！

1 侵略　三五〇頁 1900円
泥沼の中国侵略から太平洋戦争前夜に至る昭和天皇を描く

2 開戦　四〇八頁 2200円
東条首相らとの会議の後、天皇の「開戦の聖断」は下った

3 崩壊　四五四頁 2400円
ミッドウェー海戦大敗以降、「大日本帝国」の崩壊が始まる

4 敗戦【上】　五四二頁 2800円
衰えない天皇の戦意の裏で、宮中の「終戦工作」が始まる

5 敗戦【下】　六一八頁 3200円
沖縄が焦土と化す。ついに天皇は「聖断」のシナリオを演ず

6 占領　二七四頁 2000円
「国体護持」の必死の工作の中で、降伏文書が調印される

7 延命　三四二頁 2500円
裕仁天皇は、天皇制と自らの延命のために手を打っていく

8 象徴　五一一頁 3600円
天皇とGHQの攻防は、憲法改正をめぐって頂点に達する

問い直す東京裁判

アジア民衆法廷準備委員会編

四六判上製 二七二頁 2200円

侵略戦争を指導した東条英機らが裁かれた東京裁判＝極東国際軍事裁判が、改めて問い直されている。この裁判がはらむ問題点を様々な角度から総括。内海愛子／粟屋憲太郎／住谷雄幸／永井均／芝健介／佐藤健生／吉田裕

時効なき戦争責任［増補版］
アジアに対する戦争責任を問う民衆法廷準備会編
四六判上製
二九〇頁
2200円
アジアに対する日本の戦争責任に時効はない。天皇と日本の戦争責任を市民の立場から追及することを宣言し、そのさきがけになった、アジア民衆法廷論集。「戦後五〇年国会決議」「自由主義史観」以後の戦争責任論を増補した。

戦争責任　過去から未来へ
アジア民衆法廷準備会編著
四六判上製
四四七頁
3200円
アジアに対する日本の戦争責任に「時効」はない。本書は様々な立場から戦争責任追及への不断の努力を宣言する「大法廷」の記録である。未来に向け、市民的権利・義務としての「不服従」「抗命」の権利の確立を強く訴える。

天皇制に挑んだ一七〇〇人
――「即位の礼・大嘗祭」違憲訴訟の記録
『即・大』いけん訴訟団編著
四六判並製
二九〇頁
2400円
「即位の礼」「大嘗祭」は政教分離規定に違反の疑いあり、との画期的判決が九五年大阪高裁で出された。信教・思想・良心の自由を求めて一七〇〇人近くもの原告が名を連ねたこの裁判闘争の意味を、さまざまな観点から考える。

裁判の中の天皇制
靖国・天皇制問題情報センター編
四六判並製
二八一頁
2400円
天皇代替わりの前後に、集会場使用拒否・広告掲載拒否などの「事件」が起こり、また行事・儀式に多額の国費・公費が使われ、多くの裁判が起こされた。本書は十件の訴訟を通じて天皇制がはらむ問題と自由・人権を守る闘いの意味を探る。

「戦争の記憶」その隠蔽の構造
――国立戦争メモリアルを通して
田中伸尚著
四六判並製
三五二頁
2500円
日本政府は「戦争の記憶」の何をどう伝えようというのか。戦争責任の所在を曖昧にしたまま建設が進められる「戦没者追悼平和祈念館（仮称）」。本書は計画の経緯、その展示内容をめぐる論争、構想の背景を探り、建設の是非を鋭く問う。